總策畫　林慶彰　劉楚華
主　編　翟志成

景印香港
新亞研究所

新亞學報

第一至三十卷

第六冊・第三卷・第二期

新亞研究所
NEW ASIA INSTITUTE OF ADVANCED CHINESE STUDIES

景印香港新亞研究所《新亞學報》（第一至三十卷）

景印香港新亞研究所《新亞學報》第六冊

第三卷・第二期　目　次

新亞學報

第三卷第二期

新亞研究所

本學報由美國哈佛燕京學社贈資印行特此誌謝

新亞研究所

目錄

新亞學報編輯畧例

（一）本刊宗旨專重研究中國學術，以登載有關中國歷史、文學、思想、藝術、宗教、禮俗等各項研究性的論文為限。

（二）本刊由新亞研究所主持編纂。外稿亦所歡迎。

（三）本刊年出兩期，以每年七月十二月為發行期。

（四）本刊文稿每篇以五萬字為限；其篇幅過長者，當另出專刊。

（五）本刊所載各稿，其版權及繙譯權，均歸本研究所。

讀文選

（一）

錢穆

建安時代在中國文學史上乃一極關重要之時代，因純文學獨立價值之覺醒在此時期也。詩書以下迄於春秋乃及諸子百家言，文字特以供某種特定之使用，不得謂之純文學。純文學作品當自屈子離騷始。然屈原特以一政治家，忠愛之忱不得當於其君國，始發憤而爲此，在屈原固非有意欲爲一文人，其爲楚辭，亦非有意欲創造一文學作品。漢代如枚乘司馬相如諸人，始得謂之是文人，其所爲賦，亦可謂是一種純文學，然論其作意，亦特以備宮廷帝王一時之娛，而藉以爲進身之階，仍不得謂有一種純文學獨立價值之覺醒存其心中也。

我所謂純文學獨立價值之覺醒，當於魏文帝曹丕之典論論文得其證。典論論文之言曰：

蓋文章，經國之大業，不朽之盛事。年壽有時而盡，榮樂止乎其身，二者必至之常期，未若文章之無窮。是以古之作者，寄身於翰墨，見意於篇籍，不假良史之辭，不託飛馳之勢，而身名自傳於後。

此始可謂是文學獨立價值之覺醒。試以陳思王曹植與楊德祖書所言較之，便見意境迥不相侔。書謂：

辭賦小道，固未足以揄揚大義，彰示來世也。昔楊子雲先朝執戟之臣耳，猶稱壯夫不爲也。吾雖薄德，位爲蕃侯，猶庶幾戮力上國，流惠下民，建永世之業，流金石之功，豈徒以翰墨爲勳績，辭賦爲君子哉！若吾志未果，吾道不行，將采庶官之實錄，辯時俗之得失，定仁義之衷，成一家之言。雖未能藏之於名山，將以傳

> 之於同好。

此乃一種傳統意見，惟認經史百家言爲有價値，不認純文學作品之同樣有價値也。楊德祖答書，頗持異議，謂：

> 今之賦頌，古詩之流，不更孔公，風雅無別耳。脩家子雲，老不曉事，彊著一書，悔其少作。若此，仲尼周旦之疇，爲皆有諐耶。君侯忘聖賢之顯迹，述鄙宗之過言，竊以爲未之思也。若乃不忘經國之大美，流千載之英聲，銘功景鐘，書名竹帛，斯自雅量素所蓄也，豈與文章相妨害哉？

足徵文章一觀念，其時已漸臻獨立，堪與功業箸作鼎峙匹對矣。

文章觀念既漸臻獨立，斯必進而注意文章之獨特體性與其獨特技巧，此亦在魏文帝典論論文始發其旨。其言曰：

> 夫文，本同而末異。蓋奏議宜雅，書論宜理，銘誄尚實，詩賦欲麗，此四科不同，故能之者偏也。唯通才能備其體。

又曰：

> 文以氣爲主，氣之清濁有體，不可力彊而致。譬諸音樂，曲度雖均，節奏同檢，至於引氣不齊，巧拙有素，雖在父兄，不能以移子弟。

此分文章爲四科，曰奏議，曰書論，曰銘誄，曰詩賦，是卽後世所謂散體文與詩歌辭賦之兩大類。而自詩書以下，春秋史記諸子百家言顧皆不預，此非文章觀念漸臻獨立之又一明證乎？文章既有獨特之體，斯必有其獨特之性，魏文帝專拈一氣字說之，又以音樂爲譬，於是文章遂成爲一種獨特之藝術，有其獨特之技巧，此義前人所未道，故曰純文學獨特價值之覺醒，在此時也。

故魏文帝典論論文在中國文學史上，實具有莫大貢獻，文學本身具有不朽價值之明白主張，一也。開始提出文章之分體觀，又指出文章之主要體性，即間接提供文章技巧之主要秘密，而遂確切奠定文學之藝術意義，二也。然建安文學之所以成其爲一種開創，亦必至是而始得以純文學作品目之者，則尙有故，請更引伸而備論之。

（二）

蓋建安文學之所由異於前人者，古之爲文，則莫不於社會實際世務有某種特定之應用。經史百家皆然。故古有文章而無文人。下逮兩漢，前漢有儒林，無文苑，賈董匡劉皆儒生也。惟鄒枚司馬相如之徒，不列儒林，是先已有文人之格，而尙無文人之稱。文苑立傳，事始東京，至是乃有所謂文人者出現。有文人，斯有文人之文，文人之文之特徵，在其無意於施用。其至者，則僅以個人自我作中心，以日常生活爲題材，抒寫性靈，歌唱情感，不復以世用攖懷。是惟莊周氏之所謂無用之用，荀子譏之，謂知有天而不知有人者，庶幾近之。循此乃有所謂純文學。故純文學作品之產生，論其淵源，實當導始於道家。如一遵孔孟荀董舊轍，專以用世爲懷，殆不可有純文學。故其機運轉變，必待之東漢，至建安，乃始有彰著之特姿異采呈現也。

所謂建安文學之特姿異采，可舉魏武帝曹操述志令爲例。詔令一體，其在兩漢，莊嚴樸重，辭不風華，語忌佻易，此帝王廟堂體製也。至魏武作述令志，論其當時之地位，既已身爲丞相，三子封侯，貴冠羣倫。其所爲令，亦以告其僚屬，正猶古者詔誥之體，而魏武乃自述平生志願身世，辭繁不殺，宛轉如數家常。自稱欲傳道我心，又曰：懇叙心腹，所言皆肝鬲之要。此始成其爲一種文人之文，雖亦用之於政令，而文體實屬新創，此蓋其時風尚意態之變之影響於文運則然耳。

其次可徵建安文學之特姿異采者，可舉王粲登樓賦爲說。漢人作賦，其先特承襲戰國縱橫策士遺風，鋪張形勢，誇述榮强，所以歆動人主，別有期求。其下者，又濟之以神仙長生，歌舞醪牢，馳騁畋獵之娛，狗馬聲色之奉。大體不越於是矣。漢之初興，天下未定，其時則有蒯通之徒。逮及文景，諸侯王驕縱，吳梁淮南盛招賓客，乃有鄒陽枚乘之輩。司馬相如由蜀赴梁，遂通其術，而爲之更益閎麗。武帝嘗讀其子虛賦而善之，訪求相問，相如曰：此諸侯之事，不足觀，請爲天子遊獵之賦。於是乃賦上林。蓋由列國策士，轉成宮廷清客，其所爲，主要在爲朝政作揄揚鼓吹，爲人主供怡悅消遣，僅務藻飾，不見內心。揚雄亦蜀人，慕效其鄉先輩司馬長卿之所爲，聿來漢廷，賦甘泉，賦長楊，然已時移世易，成哀之衰微，豈能與武帝一朝如日中天之比。無怪子雲晚而悔之，既閣筆不復爲辭賦，乃下簾寂寂，模論語作法言，效易草太玄，是徵子雲雖擅文人之筆，而乏文人之趣，彼似不知爲文人之自有天地，自有園囿。章如愚羣書考索謂：雄之太玄法言，蓋亦長楊校獵之流，而粗變其音節，此評可謂苛而深矣。

東漢班孟堅繼起，時當漢室重光，乃賦兩都，其言曰：

今論者但知誦虞夏之書，詠殷周之詩，講羲文之易，論孔氏之春秋，罕能精古今之清濁，究漢德之所由。

又曰：

賦者，古詩之流也。昔成康沒而頌聲寢，王澤竭而詩不作。大漢初定，日不暇給。至於武宣之世，乃崇禮官，考文章，內設金馬石渠之署，外興樂府協律之事，以興廢繼絕，潤色鴻業。言談侍從之臣，若司馬相如虞丘壽王東方朔枚皋王褒劉向之屬，朝夕論思，日月獻納，而公卿大臣御史大夫倪寬，太常孔臧，太中大夫董仲舒，宗正劉德，太子太傅蕭望之等，時時間作。或以抒下情而通諷諭，或以宣上德而盡忠孝。雍容揄揚，著於後嗣，抑亦雅頌之亞也。故孝成之世，論而錄之，蓋奏御者千有餘篇，而後大漢之文章，炳焉與三代同風。

班氏所言，意求提高漢賦地位，欲使上嬀雅頌，洵所謂攄懷舊之蓄念，發思古之幽情矣。而究其所爲，亦不過曰揚緝熙，宣皇風，下舞上歌，蹈德詠仁，則亦僅以爲時王昭代張大光美耳。故班氏之自稱曰：

義正乎揚雄，事實乎相如。

子雲仕衰微之朝，而虛騁頌美之辭，故曰義不正。長卿當盛德之世，而徒壯上林之樂，故曰事不實也。

繼班氏而作者，有張平子之賦兩京，尋其意趣，亦不過曰一反陋今榮古之俗，求躋大漢之德馨於上古三代之盛而已。如班張二人之所爲，姑無論其當否，要之時過境遷，太平不復覩，則頌聲難爲繼，則班張之所唱，其事必中竭，無可常續也。

抑班張之作，雖曰思古懷舊，力追昔人之前軫，而實有其開新之一面。前漢諸賦，大體多在舖張揄揚，題材取諸在外，至於班張，始有敘述自我私生活與描寫一己內心情志者，如孟堅幽通賦，平子思玄賦，此皆體襲楚騷，義近靈均，此乃班張作賦之另一面也。而平子歸田一賦，尤爲傑出。在其前者，有班叔皮之北征，曹大家之東征，亦以作者自我私生活爲題材。漢書敘傳稱：桓譚欲借班嗣家書，嗣報曰：漁釣一壑，則萬物不奸其志，棲遲一邱，則天下不易其樂。叙傳又稱，嗣性好老莊，叔皮嗣之從弟，實亦染道家言。北征之亂曰：

　夫子固窮，遊藝文兮。樂以忘憂，惟聖賢兮。達人從事，有儀則兮。行止屈申，與時息兮。

所陳雖本儒訓，情趣實兼聃周，此風直至建安，乃無弗然。吳質答東阿王，所謂鑽仲父之遺訓，覽老氏之要言也。

　惠姬承其家學，其東征之亂曰：

　君子之思，必成文兮。盍各言志，慕古人兮。先君行止，則有作兮。雖其不敏，敢不法兮。

又曰：

　貴賤貧富，不可求兮。正身履道，以俟時兮。脩短之運，愚智同兮。靖恭委命，唯吉凶兮。敬愼無怠，思嗛約兮。清靜少欲，師公綽兮。

班氏一門，既薰陶於莊老者至深，故能遊藝述志，蕭然自申於塵俗之外而無所於屈。以此較之馬揚之所爲，玆所謂昂首天外，遊神物表，清濁既別，霄壤斯判。故曰中國純文學之興起，論其淵源，當上溯之於道家言，卽此亦其證也。

　孟堅幽通賦屢及道字，曰：道混成而自然兮。又曰：矧耽躬於道眞。則孟堅亦承其家學，而沉浸於道家言。其亂曰：

　天造草昧，立性命兮。復心弘道，惟聖賢兮。渾元運物，流不處矣。保身遺名，民之表兮。

此亦道家言也。沈約宋書謝靈運傳論，謂自漢至魏，四百餘年，辭人才子，文體三變：相如工爲形似之言，二班長於情理之說，子建仲宣以氣質爲體，此亦以班氏父子爲前漢至建安中間一過渡也。

平子題標思玄，其宗老子更顯。故曰：

御六藝之珍駕兮，遊道德之平林。結典籍而爲罟兮，敺儒墨而爲禽。玩陰陽之變化兮，詠雅頌之徽音。嘉曾氏之歸耕兮，慕歷阪之嶔崟。

其亂曰：

天長地遠歲不留，俟河之清祇懷憂。願得遠渡以自娛，上下無常窮六區。超踰騰躍絕世俗，飄颻神舉逞所欲。天不可階仙夫稀，栢舟悄悄吝不飛，松喬高跱孰能離，結精遠遊使心攜。迴志朅來從玄諆，獲我所求夫何思。

時命屯邅，儒術難施，遂逃而從玄，情趣顯然矣。其尤皎著者在歸田賦。五臣李周翰曰：

衡遊京師，四十不仕。順帝時，閹官用事，欲歸田里，故作是賦。

其辭曰：

遊都邑以永久，無明畧以佐時，徒臨川以羨魚，俟河清以未期。……諒天道之微昧，追漁父以同嬉。超埃塵以遐逝，與世事乎長辭。……仲春令月，時和氣清，原隰鬱茂，百草滋榮。王睢鼓翼，倉庚哀鳴，交頸頡頏，關關嚶嚶，於焉逍遙，聊以娛情。爾乃龍吟方澤，虎嘯山丘，仰飛纖繳，俯釣長流。觸矢而斃，貪餌吞鉤。……于時曜靈俄景，繼以望舒，極盤遊之至樂，雖日夕而忘劬。感老氏之遺誡，將迴駕乎蓬廬。彈五絃之妙指，詠周孔之圖書。揮翰墨以奮藻，陳三皇之軌模。苟縱心於域外，安知榮辱之所如。

此殆如陶彭澤歸去來辭。沈約宋書謝靈運傳論稱之，曰：平子豔發，文以情變，絕唱高踪，久無嗣響。可證文章本乎意境，意境隨乎時事。世運既衰，莊老斯興，用世之情歇，而適己之願張，不供廟堂作頌，乃爲自我抒鬱，作者一己之心情變，而文運亦隨而變，班張兩家，同在其一身先後之間，而意氣之盛衰，文辭之豐淸，可以迥然不同。而莊老道家言，其於此下新文學之關係，亦其證鑿鑿矣。

然大體言之，班張兩家，題材已新，文體猶舊，藻重則情不彰，辭麗而景不切，馬揚繁縟，僅求形似，本乏內心，班張效其體，猶之瓔珞稠披，難於妙舞，鏗鏘雜陳，掩其淸音。此正莊生之所譏文滅質而博溺心也。故知歸田一賦之淸新灑落，如溽暑之候而凉風徐拂之尤爲爽人心脾也。

逮及建安，王仲宣登樓賦一出，而始格貌全新，體態異舊。此猶美人罷宴，卸冠佩，洗芳澤，輕裝宜體，顰笑呈眞，雖若典重有減，而實氣韻生動。自此以降，田野重於廟堂，閨房光於殿閣，題材意境，辭藻體氣，一切皆變。此風一暢，不可復止。昔人亦有言，歡樂之辭難精，憂虞之言易工，梧桐葉落，潭水始淸，此亦時代之影響心情，心情之激發文辭者則然也。

抑又有進者，尋班張二家之作，不意存雅頌，卽心冀玄曠，究其識趣所極，不曰詩書，則曰老氏。古人著述，六藝百家，途轍分明，存着其胸懷間，其辭則倣揚馬，其情則追先秦，固未能空所依傍，豁見己眞也。王粲登樓則不然，卽就目前之景色，直抒心中之存抱，非經非子，不老不孔，而粹然惟見其爲文人之文焉。宜乎魏文特稱之，曰仲宣獨自善於辭賦矣。故曰文學獨立之覺醒，必至建安而始然，因建安爲文，心中若無古人，此尤其長也。章實齋文史通義，必謂著作衰而後有文集，此亦一偏之見，未爲公允之論也。然此亦非謂班張才情於此有不逮，而建安之造詣乃始獨出也。蓋文運之遞變，移步換形，方其未達，雖極智難於强窺，及其既到，而當時有不知其已然者。

此中甘苦，苟能畧曉一二，亦庶可以稍息狂瞽者之妄爲主張，而輕肆譏評焉耳。

（三）

然論建安文體，固尚不以此爲極則。竊謂當時新文佳構，尤秀出者，當推魏文陳思之書札。此等尤屬眼前景色，口邊談吐，極平常，極眞率，書札本非文，彼等亦若無意於爲文，而遂成其爲千古之至文焉。至是而文章與生活與心情，三者融浹合一，更不見隔閡所在。蓋文章之新頴，首要在於題材之擇取，而書札有文無題，無題乃無拘束，可以稱心欲言也。古人書札，亦有上乘絕頂之作，如樂毅之報燕惠王，司馬子長之報任少卿，皆是也。然皆有事乃發，雖無題而有事，建安書牘，乃多幷事無之，僅是有意爲文耳。無事而僅爲文，所以成其爲文人之文。文人之文而臻於極境，乃所以成其爲一種純文藝作品也。

然建安諸子，誠已到此境界，却仍未鮮明擴開此意識，不僅陳思王如此，卽魏文帝亦復如此。故其典論論文，終曰：惟徐幹能著論成一家言。又其與吳質書亦曰：偉長著中論二十篇，成一家之言，辭義典雅，足傳於後，此子爲不朽矣。魏文屢稱徐幹，又深惜應瑒，曰：德璉常斐然有述作之意，其才學足以著書。美意不遂，良可痛惜。是魏文心中所追向，亦仍以古人著書成一家言者爲其最高之準則，彼固未嘗確認彼當時所隨意抒寫，傾吐心腑，薄物短篇，若無事爲文者，而終能爲文章之絕唱，亦可與古者一家之言同傳於不朽也。

故建安以下作者繼起，終是結習難袪，爲文以賦爲大宗，爲賦仍自以漢人爲極則。左太冲賦三都，構思十稔，洛陽爲之紙貴，是其證也。陸機文賦有云：

誇目者尚奢，愜心者貴當。言窮者無隘，論達者唯曠。詩緣情而綺靡，賦體物而瀏亮。

亮哉斯言。蓋賦以體物，正貴窮言誇目，詩本緣情，乃求曠懷愜心。所謂曠者，乃指心中無事物，無存藏，乃可直覩心眞，而本以爲言，乃有所謂愜心而得當也。陸氏又言之，曰：

課虛無以責有，叩寂寞而求音，函緜邈於尺素，吐滂沛乎寸心。

凡茲所言，皆妙發詩人之深致。若操毫爲賦，何待課虛無，叩寂寞乎？若馬揚之爲，累牘盈篇，惟堆浮艷，更復於何處覓其方寸之所蘊蓄乎？至如平子歸田，仲宣登樓，正以緣情而有作，豈在象事體物之必窮形而盡相乎？文心不同，題材亦別，後之作者，猶相競以賦體爲之，此所謂舊瓶盛新酒也。

（四）

然則爲建安文風開先者，當在詩，而非賦，瞭於此義，乃可以論古詩十九首之年代。古詩十九首應出東漢，其事確鑿有內證。如曰：

驅車策駑馬，游戲宛與洛。洛中何鬱鬱，冠帶自相索。

又曰：

驅車上東門，遙望郭北墓。

此昔人多已言之矣。至云：

明月皎夜光，促織鳴東壁，玉衡指孟冬，衆星何歷歷。白露霑野草，時節忽復易，秋蟬鳴樹間，玄鳥逝安適。

李善曰：

春秋運斗樞曰：北斗七星，第五曰玉衡。淮南子曰：孟秋之月，招搖指申。然上云促織，下云秋蟬，明是漢之孟冬，非夏之孟冬矣。漢書曰：高祖十月至灞上，故以十月爲歲首。漢之孟冬，今之七月矣。

此條若確證此詩應在漢武太初改曆之前。然太初以前，雖以十月爲歲首，而四季之名實未改，此事淸儒王引之考之甚詳，則此詩之孟冬，蓋是孟秋字譌耳。

又如曰：

凜凜歲云暮，螻蛄夕鳴悲。涼風率已厲，游子寒無衣。

李善曰：

禮記曰：孟秋之月涼風至。

或者又疑：七月涼風至而云歲暮，似亦太初前以十月爲歲首故云。不悟此詩並不言涼風初至，而云涼風已厲。涼風至爲七月，涼風厲豈亦在七月乎？

又如曰：

迴風動地起，秋草萋已綠，四時更變化，歲暮一何速。

此若秋草緊接歲暮，而細審仍未是。五臣注呂向曰：

秋草既衰，復盛綠。萋，盛貌。

蓋草衰在秋，復盛萋綠在冬，而草長則在春。此皆不足證古詩十九首有出武帝太初改曆前者。

徐陵玉台新詠以行行重行行，青青河畔草，西北有高樓，涉江采芙蓉，庭中有奇樹，迢迢牽牛星，東城高且長，明月何皎皎八首皆枚乘作。或曰：子又烏以見玉台新詠之必無據，而此八詩之必非枚乘作乎？曰：治文學史者，首貴能識別時代，又貴能直探各時代作者之文心。西漢正是辭賦時代，世運方隆，作者多氣浮情誇，追慕在外，曾未觸及一己內心深處，又於人生悲涼面甚少體悟。劉勰文心雕龍云：漢成帝品錄樂府詩三百餘篇，不見有五言，竊謂縱云西漢可有五言詩，亦終不能有古詩十九首。古詩十九首乃衰世哀音，迴腸盪氣，感慨蒼凉。鍾嶸詩品謂其驚心動魄，一字千金者是也。方其時，煊爛已過，木落潭清，凡屬外面之藻飾鋪張，既已無可留戀，乃返就眼前事，直吐心中話，其意興蕭颯，寄託沉鬱，已開詩人之時代，遠與西漢辭賦蹊徑隔濶。且西漢人心中僅知有黃老，而古詩十九首則轉途向老莊，此又絕不同也。枚乘尚在漢武前，厠身吳梁游士賓客間，於吳濞驕悖，梁王奢縱，皆有諍諷。景帝曾拜乘爲弘農都尉。及武帝即位，又蒲輪徵之，死於道路。此人畢生在政治場中，關心世事。玉台新詠所隸八詩，皆與其身世經涉社會情況有不類。且乘於當時文士圈中負盛名，爲魁傑，其子枚皋，又入武帝內廷，一時辭賦之士，皆所交游。若乘生前吟此八詩，新體別創，偉辭獨鑄，何其後絕無人焉慕而傚之，埋藏冷落兩百年，必待東漢季世，此種五言詩體乃又一時崛興，與此枚乘八詩，遙相應接乎？此又無說以處者。

朱彝尊曝書亭集書玉臺新詠後，謂

古詩十九首，以徐陵玉臺新詠勘之，枚乘詩居其八。至驅車上東門，載樂府雜曲歌辭。其餘六首，玉臺新詠不錄。就文選本第十五首而論，生年不滿百，常懷千歲憂，晝短苦夜長，何不秉燭遊，則西門行古辭也。古辭夫爲樂，爲樂當及時，何能坐愁怫鬱，而復待來茲。而文選更之曰：爲樂當及時，何能待來茲。古辭貪財愛惜費，但爲後世嗤，而文選更之曰：愚者愛惜費，但爲後世嗤。古辭自非仙人王子喬，計會壽命難與期，而文選更之曰：仙人王子喬，難可與等期。裁剪長短句作五言，移易其前後，雜糅置十九首中，沒枚乘等姓名，概題曰古詩，要之皆出文選樓中諸學士之手也。

朱氏此辨，極爲無理。一文體之新創，往往可出於幾許不知名人之手，乃益證其天籟心聲，妙出自然。文選所載詩篇，無不備詳作者主名，何獨於枚乘八詩必加以掩沒乎？若謂生年不滿百一首由古辭來，此可謂五言詩與樂府古辭有關係，不知何人，裁剪此篇成五言，事亦可有，何必定出文選樓中諸學士乎？至近人梁啓超辨之則曰：

西門行古辭，樂府詩集引古今樂錄，謂據王僧虔技錄古西門一篇，今不傳，然則僧虔時其詩已佚，詩集所錄，乃據樂府解題。但其辭意淺薄，似采古詩十九首添補而成，非古辭。

此亦可備一疑。然亦未見其必然也。

文選又有蘇李河梁贈別詩，因謂五言始蘇李。然此諸篇，非蘇李作，昔人辨者亦多，其辭與蘇李當時情節甚不符，讀者可以自見，不煩一一詳論。漢書載李陵作歌曰：

行萬里兮渡沙漠，爲君將兮奮匈奴。路窮絕兮矢刃摧，士衆滅兮名已隤。老母已死，雖欲報恩將安歸。

以此與河梁詩相較，遠爲近眞。又有班倢妤怨歌行，亦五言，文選李善注引歌錄但稱古詞，故劉勰文心雕龍謂李陵班倢妤見疑於累代也。然則謂五言詩當起東漢，事蓋無疑。

劉勰文心雕龍又曰：

建安之初，五言騰踴，文帝陳思，縱轡以騁節，王徐應劉，望路而爭馳。

又曰：

造懷指事，不求纖密之巧，驅辭逐貌，惟取昭析之能，是其所同。

故知建安文學，論其精神，實當自當時新興之五言詩來，而並不上承漢賦。緣情與體物爲代興，亦即此可證矣。鍾嶸詩品謂：古詩十九首中去者日以疎，客從遠方來二首，舊疑建安中陳思王所製，竊謂此實較玉台新詠以行行重行行等八詩歸之枚乘，遠爲近情也。

（五）

抑余謂建安詩體驟興，其事與古樂府有關，尙可舉文選所收魏武帝樂府詩兩首爲證。一短歌行四言，其辭曰：

對酒當歌，人生幾何。譬如朝露，去日苦多。
慨當以慷，憂思難忘。何以解憂，唯有杜康。
靑靑子衿，悠悠我心。但爲君故，沉吟至今。
呦呦鹿鳴，食野之苹，我有嘉賓，鼓瑟吹笙。
明明如月，何時可掇，憂從中來，不可斷絕。
越陌度阡，枉用相存，契濶談讌，心念舊恩。
月明星稀，烏鵲南飛，繞樹三匝，何枝可依。

山不厭高，海不厭深，周公吐哺，天下歸心。

李善注引魏志曰：

武帝從軍三十餘年，手不捨卷，晝則講軍策，夜則思經傳。登高必賦，乃造新詩，被之管弦，皆成樂章。

今按：魏武此詩，乃傚小雅鹿鳴而作也。詩中亦明引鹿鳴舊句。蓋此詩分主客相對敘述，前兩章共八句，乃設爲諸賢居亂世，多抱憂思，故勸其不如飲酒。次三四章共八句，乃武帝自述思賢若渴，故曰但爲君故，沉吟至今，今諸賢既集，故鼓瑟吹笙以喜樂之也。下五章四句，又重言居亂世之多憂。六章四句，故貴談讌相存，以恩義相結也。七章述諸賢良禽擇木之意，八章述作者優賢禮士之心。讀者試設身處地，若親入魏武幕府，飲讌之次，聽此樂歌，能無知己感激之意，懷恩圖報之心乎？

又苦寒行五言，其辭曰：

北上太行山，艱哉何巍巍。羊腸阪詰屈，車輪爲之摧。樹木何蕭索，北風聲正悲。熊羆對我蹲，虎豹夾路啼，谿谷少人民，雪落何霏霏。延頸長歎息，遠行多所懷。我心何怫鬱，思欲一東歸。水深橋梁絕，中道正徘徊。迷惑失故路，薄暮無宿栖。行行日已遠，人馬同時饑。担囊行取薪，斧冰持作糜。悲彼東山詩，悠悠使我哀。

此詩乃傚豳風東山，詩中亦明引之。讀者試設身如自在行伍中，親歷此諸苦，軍中主帥，作此歌辭，相與同唱，豈不使三軍一時有挾纊之感乎？

魏武此兩詩，亦我所謂眼前事，口頭話，而心中一片眞情，所謂直接歌詠人生，與人以同感，而其詩又自樂府來，可被弦管，如此始可謂其確有深得於古詩風雅之遺意矣。上較司馬相如班孟堅，僅騁辭墨，浮誇不實，豈堪相提並論哉。

文選樂府收魏武兩詩外，尚有魏文帝兩首，陳思王四首，氣度風骨，已見遠遜，然亦師倣父意而作也。魏文四言苦哉行，五臣張銑曰：山林之人，節行危苦，欲其入仕以取逸樂，此猶魏武之短歌行也。其七言燕歌行，五臣呂延濟曰：此婦人思夫之意。竊疑此首作意，亦猶魏武之苦寒行，蓋借閨婦之怨思，以慰羈宦之久曠，一反東山詩之筆法語意而善用之者也。陳思王四首，箜篌引言樂飲，名都篇言射獵，美女篇喩賢士難屈，猶魏武之歌繞樹三匝也。白馬篇言壯士捐軀赴國難，則仍師魏武苦寒行之意而微變焉者也。

然則曹氏父子所爲樂府，在其當時，亦皆有對象用意，一爲賓客僚從飲宴而作，一爲軍旅行役勞苦而歌，循此思之，二曹書札，所以敘朋舊，憶歡娛，道契濶，念死亡，亦有魏武短歌行之用心，固非盡無端而發者。魏文令諸臣同作阮瑀寡婦賦，亦即燕歌行之意也。此皆所以通上下之情志，結羣士之懽心。而建安諸臣公讌贈答諸什，亦由此而起。文學之於時代，時代之於心情，心情之於生活，沆瀣一氣，皆於詠歎淫佚中洩發之。而此種流風餘韻，遂以影響後代，久而彌盛，開文苑之新葩。推原其始，亦可謂由魏武一人啓之也。

綜觀建安一代之文風，實兼西漢賦家之誇大奢靡，與夫東漢晚期古詩十九首中所表達之頹廢激盪，縱橫家言與老莊思想相間雜出，宮庭文學與社會文學融鑄合一，而要爲有一種新鮮活躍之生命力貫澈流露於其間，此則爲以下承襲者所不能逮也。

（六）

建安以降，文學遂分兩大宗，一曰體物之賦，一曰緣情之詩。而緣情之風終勝於體物，蓋前者特遺蛻之未盡，後者乃新芽之方茁。而其同爲趨向於一種純文學之境界而發展則一也。其有別者，體物重於外照，緣情重於內映。外照者，謂其以外面事物爲對象，而加以描述，作者本身則超然文外。此種文學，亦可發展爲神話，爲寓言，爲小說、戲劇，而在中國，此一枝成熟殊晚。其時所得謂之外照文學者，則惟賦之一體，沈約所謂相如工爲形似之言者是也。惟其重在外照，故其描述必求特殊而具體。內映者，主以一己之內心情感爲中心，使作品與作者相交融。此體惟詩最適，而其抒寫必抽象而空靈。蓋事物在外，可以客觀，而文學上之描寫，則必以表出每一事物之獨特之別相爲能事。否則即不見所描寫之眞實也。心靈在內，限於主觀，而文學描寫，則以揭發人心普遍之共相爲能事。否則亦無以獲讀者之共鳴也。故體物不嫌纖密，用字貴多藻飾，藻飾所以窮極其形相。謀篇貴能展張，展張所以具備其體段。此正賦體所長。而抒情之作，則貴直湊單微，把捉此最敏感，最深刻之心靈活動之一刹那，而與人以共曉共喻。此既無事於麗采，亦復甚忌作曼衍。故詩體尙單純，尙涵蓄，頰上三毫，傳神阿堵，少許可以勝多許，所謂不著一字，盡得風流。而建安以下之風氣，於此兩途似未能明晰劃分，雖尙緣情之作，仍重藻飾之工。既喜建安之淸新，仍守漢人之窟穴。歷史進展，每有半明半昧之勢，而要之，建安以下，我所謂純文學獨立價値之覺醒之一端，則可謂已臻於一種昭朗之境界矣。今試據梁昭明太子文選之序目，不憚委悉詳說之，以重申我上文之所論。

文選序：

式觀元始，眇覿玄風，冬穴夏巢之時，茹毛飲血之世，世質民淳，斯文未作。逮乎伏羲氏之王天下也，始畫八卦，造書契，以代結繩之政，由是文籍生焉。

今按：古人言文質，並不指文籍與文學言。古人言文學，亦非後世所謂之文學也。昭明此序，始以後世文學家眼光敘述歷史，此古人所未有也。

易曰：觀乎天文以察時變，觀乎人文以化成天下，文之時義大矣哉。若夫椎輪爲大輅之始，大輅寧有椎輪之質。增冰爲積水所成，積水曾微增冰之凜。何哉？若踵其事而增華，變其本而加厲，物既有之，文亦宜然。隨時變改，難可詳悉。

今按：建安以降，能對文學抱新觀念，有新創造，故昭明此序，乃能以變動的歷史眼光敘述文學，此亦前人所未有也。

嘗試論之，曰：詩序云，詩有六義焉，一曰風，二曰賦，三曰比，四曰興，五曰雅，六曰頌。至於今之作者，異乎古昔。古詩之體，今則全取賦名。荀宋表之於前，賈馬繼之於末，自茲以降，源流實繁。述邑居則有憑虛亡是之作，戒畋遊則有長楊羽獵之制。若其紀一事，詠一物，風雲草木之興，魚蟲禽獸之流，推而廣之，不可勝載矣。

此述賦體來源及其演變。

又楚人屈原，含忠履潔，君匪從流，臣進逆耳，深思遠慮，遂放湘南。耿介之意既傷，壹鬱之懷靡愬。臨淵有懷沙之志，吟澤有憔悴之容，騷人之文，自茲而作。

此述屈子離騷，下開詩境，以其同屬言志抒情，故連類而及；以示別於上述紀事詠物之賦也。宋玉與荀卿並舉，列之在前，顧獨以騷體歸之屈子，不與荀宋爲伍，此一分辨，直探文心，有闡微導正之功矣。其前皇甫謐三都賦序，已發其旨。曰：

> 賢人失志，詞賦作焉。孫卿屈原之屬，存其所感，咸有古詩之意。皆因文以寄其心，託理以全其制，賦之首也。及宋玉之徒，淫文放發，言過於實，誇競之興，體失之漸，風雅之則，於是乎乖。

昭明之序，卽承士安此旨也。隋書藝文志論文賦之體，乃深美乎屈宋鄒嚴枚馬，又謂永嘉以後，玄風旣扇，辭多平淡，文寡風力。降及江東，不勝其弊。此乃唐初人意見，衡評標準，遠爲膚淺，漫失屈宋騷賦之辨，不足以語乎前人之深旨矣。

> 詩者，蓋志之所之也。情動於中而形於言，關雎麟趾，正始之道著。桑間濮上，亡國之音表。故風雅之道，粲然可觀。自炎漢中葉，厥塗漸異，退傅有在周之作，降將著河梁之篇，四言五言，區以別矣。又少則三字，多則九字，各體互興，分鑣並驅。

此述漢以後之詩篇。雖固上承風雅，亦復近師屈騷，而與賦分途，此可謂卓切之論。惟謂五言源於河梁，則不可信。要其單拈情志以言詩，是實透宗之見也。

> 頌者，所以游揚德業，褒讚成功。吉甫有穆若之談，季子有至矣之歎。舒布爲詩，旣言如彼，總成爲頌，又亦若此。

此下總述賦與詩以外之各體文而首及於頌，以上述文學淵源，專舉詩三百，頌體顯自詩來，故先及也。

次則箴興於補闕，戒出於弼匡。論則析理精微，銘則序事清潤。美終則誄發，圖像則讚興。又詔誥教令之流，表奏牋記之列，書誓符檄之品，弔祭悲哀之作，答客指事之制，三言八字之文，篇辭引序，碑碣誌狀，衆制鋒起，源流間出。譬陶匏異器，並爲入耳之娛，黼黻不同，俱爲悅目之翫。作者之致，蓋云備矣。

自頌以下所述各體，皆屬上文所謂於社會實際世務有某種特定之使用者。故昭明此序，連類而及，而復以陶匏黼黻爲譬也。若論文章正宗，則惟賦與詩，故昭明之書首列之。故以謂之乃一種文學獨立價值之觀念之覺醒也。

余監撫餘閑，居多暇日，歷觀文囿，泛覽辭林，未嘗不心遊目想，移晷忘倦。自姬漢以來，眇焉悠邈。時更七代，數逾千祀。詞人才子，則名溢於縹囊，飛文染翰，則卷盈乎緗帙。自非畧其蕪穢，集其清英，蓋欲兼功，太半難矣。

此自述文選緣起。

若夫姬公之籍，孔父之書，與日月俱懸，鬼神爭奧，孝敬之准式，人倫之師友，豈可重以芟夷，加之剪截。老莊之作，管孟之流，蓋以立意爲宗，不以能文爲本。今之所撰，又亦畧諸。

此以箸作與篇章分席，因此經子皆不入選。亦可謂不以經子列於純文學之類也。魏文尚混家言於集部，以此較之，其對純文學之觀點，可謂尤更清澈矣。

若賢人之美辭，忠臣之抗直，謀夫之話，辯士之端，冰釋泉涌，金相玉振，所謂坐狙丘，議稷下，仲連之却秦軍，食其之下齊國，留侯之發八難，曲逆之吐六奇，蓋乃事美一時，語流千載，概見墳籍，旁出子史。若斯之流，又亦繁博。雖傳之簡牘，而事異篇章，今之所集，亦所不取。

此謂辭令言語亦異於篇章，故亦不入純文學之選也。

至於記事之史，繫年之書，所以褒貶是非，紀別異同，方之篇翰，亦已不同。

此謂史部記事，復非純文學也。

若其讚論之綜緝辭采，序述之錯比文華，事出於沉思，義歸乎翰藻，故與夫篇什，雜而集之。

此謂史書中惟論贊一體，可以視同篇什，故獨以入選。所謂序述者，如范蔚宗東漢書宦者傳論，逸民傳論之類，此仍論贊也。何以曰事出於沉思？蓋姬孔之經，所以明道，老莊百家，重在立意，記言記事，各有標的，而特以文字表而出之。則文學僅成爲工具，亦可謂此等乃經史百家之文，非文人之文也。文人之文，文外更無標的。獨具匠心，別出杼軸，經營布置，並無外在之束縛。蓋文人之文，意卽在文，文中所包，僅供我文之運使，給我文以備用而已。故文人爲文，特重於思，此所謂思，乃一種文思也。文思者，此卽文之技巧，文之藝術之所由見，而亦文之高下精粗美惡之所由判也。陸士衡文賦已屢言及思字，其言曰：其始也，皆收視反聽，耽思旁訊。精騖八極，心游萬仞。又曰：罄澄心以凝思，眇衆慮而爲言。又曰：言恢之而彌廣，思按之而愈深。又曰：藻思綺合，清麗芊眠。又曰：思風發於胸臆，言泉流於脣齒。又曰：攬營魂以探賾，頓精爽而自求，理翳翳而愈伏，思軋軋其若抽。此所謂思，卽沉思也。言，卽翰藻也。文學既有獨立之體性，斯必有其獨特之技巧，此亦昭明選文所獨具之標準也。清代如阮芸臺等，乃專以駢偶之辭爲文學，是又失之矣。

遠自周室，迄于聖代，都爲三十卷，名曰文選云爾。凡次文之體，各以彙聚。詩賦體既不一，又以類分。類分之中，各以時代相次。

（七）

以上備引昭明文選序，畧陳其指歸，此下復就其目錄，於其所分文章之體類先後而逐一闡說之。

一，賦。

京都，郊祀，耕籍，畋獵。

今按：若就歷代文學發展順序言，當先詩，次騷，乃及賦，然昭明之選，以賦爲首，良以當時人心目中，賦爲文學大宗也。若專就賦言，則荀宋在前，賈馬次之，而昭明此選，又於賦體中分類，而京都一類褎然居首，故開卷第一篇乃爲班固兩都賦，次爲張衡兩京賦，窺昭明之意，特取孟堅兩都賦序，賦者雅頌之亞之說，故以兩都兩京爲冠冕也。如是，則雖主文學有獨立之價値，而仍必以文附經，故劉勰文心雕龍亦以宗經爲其開宗明義之首篇焉。次郊祀，次耕籍，次畋獵，始及司馬長卿之子虛上林。今試問當長卿賦子虛賦上林時，又何嘗心中有雅頌爲師法乎？後之賦家繼起，靡不慕效相如，尊奉如高曾，即孟堅之賦兩都，其果爲詩三百雅頌之遺體，抑亦長卿子虛上林之舊軌乎？內襲茂陵之神思，外攀豐鎬裝門面，仍是賦家浮誇之一徵而已。

紀行，遊覽。

爲文首要在擇題，題材變，文體亦隨而變，而文學之意義與使命亦將變。若以京都郊祀耕籍畋獵爲雅頌之亞，則紀行遊覽當爲國風之遺矣。此兩類題材，主要在以作者自我入文中，並以自我作中心，而尤必以作者自我當境之心情作中心，於外面舖陳之中，而兼內心之抒寫。若以前四類爲賦體之正，則此二類乃賦體之變。循此以往，終於轉落詩境。此乃文心之由外轉內，即由其題材而可見矣。故此種題材，亦可稱之爲交替題材，因文體轉變，乃因此等題材而交替也。

宮殿，江海

此二類仍以體物爲主，則亦賦之正體也。相傳蔡邕嘗欲賦魯靈光殿，十年不成，見王延壽賦，遂輟不作。張衡賦兩京，左思賦三都，亦皆十年，後人遂有研京練都之語。西京雜記謂相如爲子虛長林賦，意思蕭散，不復與外事相關，幾百日而後成。桓譚新論云：楊子雲賦甘泉，思精苦倦，小臥，夢五臟出外，以手收而納之，乃覺，病喘悸少氣。蓋爲賦重在獵取辭藻，堆垛費時，豈若行旅遊覽，情景當前，轉瞬即逝，如東坡詩所謂作詩火急追亡逋，清景一失後難摹乎？或問裴子野爲文何速。子野云：人皆成於手，我獨成於心。然豈有無心而能成文者，蓋其心盡傾在外，不知遊心內運，反本之於方寸，故謂之成於手也。

物色，鳥獸

此二類雖亦體物，而實兼宣情。物色一類，所收自宋玉風賦以下，如潘岳秋興，二謝雪月，皆此下詩人所愛用之題材也。鳥獸一類，始賈生鵩鳥賦。揚子雲有言，如孔氏之門用賦，則賈誼升堂，相如入室矣。漢賦皆乏內心，惟賈生所作，直承屈騷，而鵩鳥一賦尤爲卓絕。緣情託興，可觀可怨。孔門重詩教，文如屈賈，何以見其不用乎？子雲徒震讋於相如，及其悔之，乃曰童子雕蟲篆刻，壯夫不爲。不悟此可以譏相如，不得以譏賈生也。惟皇甫士安於漢賦獨推賈誼，可謂深識矣。抑賈生之賦鵩鳥，實深得於莊周。故余謂中國之有純文學，當導始於道家言，此亦其一例也。賈鵩以下，如禰衡賦鸚鵡，張華賦鷦鷯，皆寄託有詩人之致。及顏延之賦白馬，鮑昭賦舞鶴，雖亦尚然，抑辭采重矣。以下此種題材，乃盡歸詩境，不復以之作賦矣。

志，哀傷。

此兩類皆詩境也。志之一類，如孟堅幽通，平子思玄歸田，先已論之。次爲潘岳之閑居，自稱以歌事遂情。情志入賦，此亦一種交替題材也。潘岳於賦前有序，文長近四百言，實散體文之高品，在先惟二曹書札有此氣韻，入後惟唐宋古文家，能彷彿其神味，蓋擴大短序，減削長賦，卽成唐宋古文矣。此等題材，顯然以入詩文爲宜，潘氏以之作賦，亦是以新酒裝舊瓶也。

哀傷一類，首司馬長卿長門賦，南齊書陸厥傳已云：長門上林，殆非一家之賦。五臣呂延濟曰：陳皇后復得親幸，案諸史傳，並無此文，恐叙事之誤。顧炎武亦曰：相如以元狩五年卒，安得言孝武皇帝？今按序曰：聞蜀郡成都司馬相如，天下工爲文，奉黃金百斤，爲相如文君取酒，而相如爲文以悟主上，此亦與狗監楊得意進相如事不類。果武帝先讀長門，而爲感動，又何待讀子虛而始訪問其人乎？何焯亦疑其辭細麗，不似相如，殆後之好事者妄託也。此下收向秀思舊，陸機歎逝，潘岳懷舊，此皆建安以後作品，哀傷入賦，亦舊瓶裝新酒，我所謂交替題材之一例也。又潘岳寡婦賦有序，謂昔阮瑀既沒，魏文悼之，並命知舊，作寡婦之賦。魏文之序曰：作斯賦以叙其妻子悲苦之情，潘序亦曰：余擬之以作，叙其孤寡之心焉。此皆主抒寫心情，豈雕蟲篆刻之比乎？厥後有江淹恨別二賦，內實無情，外渲辭藻，文運至此，又告衰落矣。而別賦之結尾有曰：

雖淵雲之墨妙，嚴樂之筆精，金閨之諸彥，蘭臺之羣英，賦有凌雲之稱，辯有雕龍之聲，詎能摹暫離之狀，寫永訣之情者乎？

此數語却道出爲宮廷作賦之人，初不知叙及尋常民間之幽怨也。

論文，音樂

典論有論文篇，而陸士衡繼之爲文賦，此亦見文學獨立觀念之既臻成熟矣。音樂一類，作者滋多，陳思王與吳質書，謂君子而不知音樂，古之達論，謂之通而蔽。馬融好音律，能鼓琴吹笛，然融亦喜治老莊。嵇康治老莊，而亦少好音聲。蓋喜老莊，擅音樂，此二者，皆與建安文風有關。老莊開文章之意境，音樂助文章之藝趣，此亦可見一時之風會也。

情

昭明專設此類，似無義趣，所收除宋玉高唐神女登徒子三篇外，尚有曹子建洛神賦。殆以專託於男女之間者而謂之情也。惟子建洛神，實是緣情而作，當上承屈騷，不當與宋玉相倫類。屈子離騷曰：吾令豐隆乘雲兮，求宓妃之所在，此子建作賦之所本也。

（八）

二，詩。

補亡，述德，勸勵。

就於上引，建安以下，賦題皆已侵入詩境。故知詩體，實當時文學大統所係也。昭明此集，取名文選，而詩之卷帙，乃占全書三分一以上，可見其重視矣。其以補亡、述德、勸勵爲首，正如賦之首京都郊祀，特取以爲冠冕，若詩人之風會精神，則固不在此。

獻詩

以此上承補忘、述德、勸勵三類，皆所謂體面也。以上四類，除謝靈運述祖德兩首外，餘皆四言，亦因題材陳舊，故未能脫詩三百之牢籠耳。

公讌，祖餞。

此兩類所收極多，飲食宴樂之餘，繼以歌詠，悲懽離合，皆當前人生最眞實處，雖若無事可舉，而詩情正從此中出。文學用入於飲讌，此等意境，此等風氣，則皆自建安開之也。至於自劉宋以下，性情隱而聲色盛，乃又為詩運一大轉關。善讀詩者，固不以其詩題之僅在飲讌而輕之，亦如善讀賦者，不當以其賦題之在京都郊祀而重之也。

詠史

賦以體物象事，詩以抒情言志。詠史一類，借古陳今，正是最好詩題，此亦創自建安。

百一

應璩為百一詩以當諷諫，蓋有古小雅詩人之意焉，然似以舊釀入新瓶，故後人不之效。

遊仙，招隱。

身涉亂世，寄情仙隱，此尤見莊老思想與建安以下新文學之關係。招隱之題，由淮南王劉安招隱士而來，亦可證詩體之承騷而起也。

遊覽

此類亦始建安，作者絕多，既以入詩，回視王粲登樓，轉形辭費矣。

詠懷，哀傷。

此猶賦體中之有志與哀傷二類也。陸機文賦有云：或文繁理富，而意不指適。極無兩致，盡不可益。立片言而居要，乃一篇之警策。悟此，知詩之爲體，即賦之警策耳。故詩體盛而賦體衰，皆由文心之由外轉內成之也。

贈答

此類始於建安，後起作者特多，不學詩，無以言，故此尤爲新詩之主幹。

行旅，軍戎。

軍戎一類，惟收王仲宣從軍詩五首，其實亦猶行旅也。晉人以行旅作賦，惟見潘岳西征一篇，而見於詩者實繁，亦題材變則文體必變之一例。

郊廟

惟收顏延年郊祀歌兩首，然以較之揚子雲甘泉賦，卻似得體多矣。故知以漢賦上媲雅頌，僅孟堅一家之私言耳。

樂府，挽歌，雜歌，雜詩，雜擬。

樂府與五言詩之關係，及雜詩一類中所收古詩十九首及蘇李河梁詩皆非西漢人作，已申論在前。魏文陳思王粲劉楨多以雜詩名題，李善曰：雜者，不拘流例，遇物即言，故云雜也。五臣李周翰曰，興致不一，故云雜詩。蓋雜詩乃詩之無題者，詩體當自樂府來，而雜詩繼之，皆無題也。其實一切詩皆無題，詩之有題，猶此詩之序耳。惟詠史一類，若爲有題，然詠史特借古詠今，實非詠史，故有題仍無題也。惟如顏延之秋胡詩，以詩詠事，乃爲有題，有題斯有拘束，無拘束故無窮極，惟其無窮極，故貴涵蓄而不盡。有拘束則有窮極，有窮極則必以能達其所當窮極者爲止境。此皇甫謐三都賦序所謂欲人不能加也。如孔雀東南飛，如木蘭當戶織之類，皆當起於顏延之秋胡詩之後。然循此則成爲長篇敘事詩，長篇敘事又是一種交替題材，因其已侵入散文境域也，由此遂發展出唐人之傳奇。如白居易長恨歌，即有陳鴻之傳奇作配，元微之會眞記，即有李紳之長詩作配，可徵此中消息矣。

又按顧亭林亦有言，古人之詩，有詩而後有題，今人之詩，有題而後有詩。有詩而後有題者，其詩本乎情。有題而後有詩者，其詩徇乎物。竊謂詩而有題，斯詩情失，詩道衰矣。而韓柳以下之古文，顧多無題者。何謂有題，何謂無題，學文者由此細參之，可悟文章之深趣矣。

三、騷。

文選首列賦詩兩體，奉爲文學之大宗，此意上承陸機文賦，自下即以騷體緊承之，以詩體即承騷而來也。玉篇有云：今謂詩人謂騷人。試問如辭賦家言，亦得謂之詩人或騷人否。此一分別，惟當直探文心而始得之。然則縱謂韓柳唱爲古文，乃爲善讀文選者，亦無不可也。

四、七。

七之爲體，創自枚乘，此下有傅毅七激，張衡七辯，崔駰七依，皆不收，惟收陳思王張協兩篇，其實七即賦體，苟有所賦，何必以七自限乎？故昭明亦不多取也。

以上關於純文學者，此下乃及其他各體。

五、詔。六、冊。七、令。八、教。九、文。

凡此諸體，皆政府文字，皆由上達下者。昭明僅收西漢詔兩首，此下皆收魏晉以下。魏文帝陸士衡論列文體，不及詔令，因此諸體，政治性之拘礙過重，不當以文逞長也。獨魏武作令，擺脫上下體制成格，稱心抒寫，如對朋儕，如話家常，尤其述志一令，此乃散文中絕高妙品也，而文選顧獨見遺。蓋昭明之意，仍重藻采，若謂無藻采即不足爲文，不悟緣情述志，豈待藻采。昭文有見於詩，而無見於散篇之文，此其失也。故此所收，皆屬無內心之作，豈可居政府之高位，儼然下詔，而一無內心可覓，此復成何文字乎？昭明一選，爲後世詬病，正在此等處。從知文人乃人中之一格，文人之文，亦文中之一格耳。陸機文賦有云：體有萬殊，物無一量。今專據文人意境作文選文，奉爲惟一之標格，亦是所見不廣，因之文運衰而世運亦衰矣。人心世運文風三者相關合一，建安以下，文人之文獨盛，其爲功罪，固未可一概論也。

十、表。十一、上書。十二、啓。十三、彈事。十四、牋。十五、奏記。

以上諸體，亦皆政府文字，而皆由下達上者。昭明所選，亦皆專主麗采，因無內容，此諸體中遂無奏議。即西漢如賈晁董生，皆所不錄，此大病也。魏文言奏議宜雅，陸士衡亦云：奏平徹以閑雅。然雅字義何所指？若僅在辭藻中求雅，則如虎賁中郎，又若衣冠儼然，而土木爲軀，其可乎？惟魏文衡文以氣爲主，此始無病。漢人奏議，浩氣流轉，昭明不錄，是其識窄。然後代奏議，竟亦甚尠佳者，蓋以拘礙於事，此等題材，終爲與新興之文學觀念有所距離耳。陸士衡文賦有云：或辭害而理比，或言順而義妨。離之則雙美，合之則兩傷。清代曾國藩亦言，古文無施不可，惟不宜說理。奏議貴盡事理，亦說理也。蓋自有文人之文，而文之與筆終於分鑣，魏晉以下，病在重文輕筆，宜於筆者而仍强以爲文，此所謂合之兩傷也。惟唐陸贄以儷偶爲奏議，辭雅氣暢，理無不盡，可謂難能矣。

十六、書。十七、檄。

書體爲建安文學一大貢獻，已論在前。文運進展，貴能增新體，文體廣斯文心暢，可以無所不達。陸機文賦又云：謝朝華於已披，啓夕秀於未振。此不僅遣辭琢句爲然，蓋尤貴於能創題而製體也。齊書張融傳，謂文豈有常體，但以有體爲常。若僅求創新，乃成無體，則又失之更遠矣。

十八、對問。十九、設問。二十、辭。

此三體淵源楚辭，如東方朔答客難，揚雄解嘲，班固答賓戲，文中非無我，而仍乏內心，則依然宋玉司馬相如之流派耳。獨陶淵明歸去來辭，乃能上接屈騷，爲千古上乘文字。文章之高下，試參於此，可得其中三昧矣。故文人之文之尤可貴者，仍在其人。而人之可貴，在其文心之幽微。而豈可强求於外哉！

二十一、序。

著書有序，其起甚後，此類所收，首爲卜子夏毛詩序，相傳係東漢衞宏作，或其時已有五言詩如古詩十九首之類，正值文風將變之際，故詩序之言風詩，尤重於雅頌也。

詩序又曰：

詩者，志之所之也。在心爲志，發言爲詩，情動於中而形於言，言之不足故嗟歎之，嗟歎之不足故永歌之。永歌之不足，不知手之舞之，足之蹈之也。

今按：荀子曰：詩，言是其志也。虞書：詩言志，歌永言，聲依永。小戴記樂記曰：故歌之爲言也，長言之也。長言之不足故嗟歎之，嗟歎之不足故不知手之舞之足之蹈之也。詩序似合此三文爲言。然古人謂詩言志，不兼情字。樂記又云：樂者，人情之所不能免。情以言樂，不以言詩。衞宏此序，情志聲詩，合一而言，引樂記以通之詩，可以轉經學爲文學矣。詩序又曰：

變風發乎情，止乎禮義。發乎情，民之性也。止乎禮義，先王之澤也。

此言尤爲深允。竊疑衞宏作序，其心中縱不知有古詩十九首，亦當知有樂府。故鄭玄箋毛，猶守經生之家法，而衞宏序詩，實拓文人之新宇，此亦所當舉而出之也。惟若一依聲音之說，往而不返，如劉彥和文心雕龍所謂無韻者筆，有韻者文，重文輕筆，斯又失之。惟魏文言氣體，其道始廣，蓋氣體可以通聲韻，聲韻不足以盡氣體。衞宏專以言詩，則無病耳。

詩序下有孔安國尚書序，杜預左氏傳序，此亦以尊經爲冠冕。此下乃爲魏晉新作。其於石崇思歸引，陸機豪士賦，皆僅收其序，不錄其詞，此事大堪注意。蓋作者自感本文不足，故重加以序，今又僅取其序，不錄其本文，此證人心取捨，卽文體將變之徵也。韓柳古文，正有承文選中此等序文而起者，明眼人當自識之。惟如顏王兩家三月三日曲水詩序，徒競麗藻，詩情漸失。齊梁以下，文運復衰，端爲此也。

二十二、頌。二十三、贊。二十四、符命。

此諸體所收漢人之作，亦皆賦體也。建安以下，始有新構，如劉伯倫之酒德頌，夏侯湛之東方朔畫贊，皆所謂蟬蛻龍變，棄俗登仙者也。治文學史者，試專就此兩卷書細誦之，亦可見文心之變，與夫文體之不同之所在矣。

二十五、史論。二十六、史述贊。二十七、論。

此諸體所收，除賈誼過秦論，東方朔非有先生論，王褒四子講德論三篇以外，皆東漢以下作品，東漢亦僅班氏父子叔皮孟堅兩家。持論之善，則多在魏晉以下。蓋論亦貴直抒其內在所見，不貴向外舖陳也。

二十八、演連珠。

此體所收，惟陸機一家。李善引傅玄敍連珠曰：所謂連珠者，興於漢章之世，班固賈逵傅毅三子受詔作之，其文體辭麗而言約，不指說事情，必假喻以達其旨，而覽者微悟，合於古詩諷興之義。今按：連珠言義理，是論體也，故昭明附之於此。然尚辭藻，則近賦。又求以假喻諷興則近詩。文體各有當，混而用之，迹近以文爲戲矣。故文家少爲之。

二十九、箴。三十、銘。

此兩體不貴誇飾。而陸倕石闕銘新刻漏銘兩篇，淫辭連綴不休，乃當時號爲冠絕。齊梁以下，詩情已失，宜文運之不振矣。王應麟玉海謂此等題苟無主意，止於舖叙，何緣見文字精神，此說得之。

三十一、誄。三十二、哀。

此兩體所收，皆起建安以下，傷朋痛舊，誄德彰美，而潘安仁哀永逝一篇，尤爲幽淒，此皆騷人之遺，非辭賦家所知也。

三十四、碑文。三十五、墓誌。三十六、行狀。

此三體惟蔡邕碑文近雅，餘無可稱。以賦體作誌狀，宜無佳者。須俟韓柳出，乃有新製耳。

三十七、弔文。三十八、祭文。

弔祭承騷則佳，誄狀模賦則劣，文章利病，即此可見。

景印本・第三卷・第二期

讀柳宗元集

錢穆

韓柳倡爲古文，下及宋代，操觚者羣奉爲斯文不祧之大宗，然余讀柳集，宋人傳本，已多可議，畧而論之，爲治目錄版本之學者參考焉。

四庫提要收柳集凡三種，一、詁訓柳先生文集四十五卷，外集二卷，新編外集一卷。二，增廣註釋音辯柳集四十三卷。三，五百家註音辨柳先生文集二十一卷，外集二卷，新編外集一卷，龍城錄二卷，附錄八卷。今商務印書館四部叢刊影印增廣註釋音辯唐柳先生集，卽是四庫所收之第二種也。余讀其書，首有乾道三年十二月吳郡陸之淵序，稱柳文音義，謂其書薈萃於雲間人潘廣文緯、字仲寶。曰：一旦，廣文携音訓數帙示余。又曰：柳州內外集凡三十三通。然其書實分四十三卷，提要謂是童宗說注釋，張敦頤音辯，與潘氏音義，各自爲書，而坊賈合刋爲一編，故書首不以柳文音義標目，而別題曰增廣注釋音辯唐柳先生集。今按：提要所辨甚是。蓋張敦頤音辯本分四十三卷，坊賈以潘氏音義附入之，卷數則仍張氏之舊。陸序稱內外集凡三十三通者，或潘氏音義本爲三十三卷，或陸氏未見潘氏音義全帙，而自以當所見柳集作三十三卷者說之。要之在當時，柳集自有四十三卷與三十三卷之異本，則斷可知也。

又按：此書於陸序外，又有劉夢得原序，謂：子厚病且革，留書曰：以遺草累故人。禹錫遂編次爲四十五通行於世。此卷數與詁訓柳先生集同。然提要引陳振孫書錄解題曰：劉禹錫作序，稱編次其文爲三十二通，今世所行本皆四十五卷，非當時本也。提要又曰：今本所載禹錫序，實作四十五通，不作三十二通，與振孫所說不符，或後人追改禹錫之序，以合見行之卷數。今按：提要此疑亦是。四庫珍本五百家注柳集附錄卷三，有劉夢得序，亦已改作四十五通，而同卷復有張敦頤柳先生歷官紀引劉序文，明作三十二通，可證矣。惟余又讀四部叢刊影宋本劉夢得集，其序柳集，實作三十通。然則縱謂劉編柳集實非四十五卷，而尚有三十通（影宋本夢得集），三十二通（陳振孫所見劉序），及三十三通（陸之淵序潘氏音義本所說）三說之異，固孰爲劉編分卷之眞乎。此又疑莫能明也。

音辯本集末附錄，又引天聖九年，穆修舊本柳文後序一篇，謂晚節見其書，聯爲八九大編，夔州前序其首，以卷別者凡四十有五，此穆修所得之本也。附錄又有政和四年沈晦四明新本柳文後序一篇，謂見柳文凡四本，大字四十五卷，所傳最遠，初出穆修家，云是劉夢得本。小字三十三卷，元符間京師開行，顚倒章什，補易句讀，訛正相半。曰曾丞相家本，篇數不多於二本，而有邢郎中楊常侍二行狀，冬日可愛平權衡二賦，共四首，有其目而亡其文。曰晏元獻家本，次序多與諸家不同，無非國語。四本中，晏本最爲精密。又曰：柳文出自穆家，又是劉連州舊物，今以四十五卷本爲正，而以諸本所餘作外集，鋟木流行。此爲四明沈晦本，大體承襲穆修所傳之四十五卷本，而始有內外集之分。據其說，則小字三十三卷本應無外集，而前引陸序音義本，乃謂柳州內外集凡三十三通，此又可疑。或小字三十三卷本自分內外集，而特與沈晦本之內外分集不同乎？

沈晦於柳集，用力甚勤，自謂漫乙是正，凡二千處而羸。後人乃多襲用沈本，惟其所云穆修家四十五卷本乃連州舊物者，此語尙有辨。穆氏後序僅曰：晚節見其書，眞配韓之鉅文。書字甚樸，不類今跡，蓋往昔之藏書也。是穆修僅得此一全本，而認爲是往昔舊書，彼固未明定其所得之卽爲夢得舊編也。謂穆修本卽是連州本者，實是沈晦之臆說。或沈晦以前先有此說，而沈氏承之，則不可知。

今據上引沈晦序文，柳集在當時，至少當有三種不同之編次。沈晦謂小字三十三卷本，顚倒章什，補易句讀，是三十三卷本之篇目前後，必多與四十五卷本不同。而沈晦所稱最爲精密之晏本，亦謂其次序多與諸家不同，惟此種不同之詳，今已無法確考，則大可惋惜也。

附錄復有紹興四年李褫舊本柳文後序，謂出舊所藏，及旁搜善本，手自校正，創刊此集，其編次首尾，門類後先，文理差舛，字畫訛謬，無不畢理。今李本已不傳，然此序中編次首尾，門類後先八字，實大可注意。可證當時李褫所見柳集諸本，其相互間，編次尾首、門類後先，必多不同，此即沈晦之所謂顚倒章什，次序不同也。惟李褫用語，更爲扼要。蓋文集之纂輯，編次首尾，門類後先，至屬重要，其中大有義理高下深淺得失可辯，惟當時傳刊柳集者都不瞭此，大率以意抉擇，又不著諸本首尾後先不同之所在，使後人無可追論，此誠大可惋恨也。

至四庫所收五百家注本，僅有二十一卷，實因其書本是不全殘本，商務影印四庫珍本有此書，首葉有乾隆御筆一則，謂正集廿二卷以下至末皆闕，又改目錄終以彌縫之，更非完善云云。而館臣作提要，乃諱此不言，又減去其目錄，良可恠矣。

宋刻柳集傳世，爲四庫所未收者，尙有廖瑩中世綵堂本，爲世豔稱，上海蟫隱廬有影印本，今考其凡例有云：韓柳二集，閣京杭蜀及諸郡本，或刋韓而遺柳，或刋柳而遺韓。惟建安所刋五百家註本，二集始具。然所引諸家註文，間多龐雜。而胥山沈晦辯，雲間潘緯音義，卻未附見，今幷會粹增入。又云：卷帙所載篇章，諸本互有先後，今並從沈晦本所定次第。是世綵堂本大體乃襲五百家注本，故今五百家注本之二十一卷，乃與世綵堂本之前二十一卷篇目亦大體相同也。世綵堂本所注意者，殆側重於李褫氏之所謂文理差舛，字畫訛謬之一端，而於編次首尾，門類後先，則亦不瞭其重要，故遂專據沈晦一本爲定，此又大可惋惜也。

世綵堂本附錄有紹興丙子張敦頤韓柳音釋序一篇，謂給事沈公晦，嘗用穆伯長劉夢得曾丞相晏元獻四家本，參考互證，往往所至稱善。今四明所刊四十五卷者是也。惟音釋未有傳焉，余用此本篇次，撰集凡二千五百餘字，是張氏音釋，亦卽承用沈晦本，故今對校音辯本與世綵堂本兩書卷帙，及篇目先後，亦大體如一焉。

又張序謂沈氏本所至稱善，是知當時此四十五卷本，已掩諸異本，獨見流行矣。惟張序中有一語大可注意者，謂沈氏用穆伯長劉夢得曾丞相晏元獻四家本，校之上引沈氏序文，似張氏乃以小字三十三卷本謂是劉夢得原本也。否則乃是張氏誤讀沈序，然乎否乎，今亦無得而詳論矣。

世綵堂本文集後序一卷又載有方舟李石河東先生集題後一篇，謂所得柳文凡四本。其一得之於鄉人蕭憲甫，云京師閤氏本，其一得之於范衷甫，云晏氏本。其一得之於臨安富氏子，云連州本。其一得之於范才叔之家傳舊本。閤氏本最善，爲好事者竊去。晏氏本蓋衷甫手校以授其兄偃刋之，今蜀本是也。才叔家本似未經校正，篇次大不類富氏連州本，樸野尤甚，今合三本校之，以取正焉。觀此，李氏所舉，又與沈氏不同。試加猜測，其所謂臨安富氏子之連州本，似卽相當於穆修之四十五卷本也。其謂范才叔家傳舊本，篇次大不類，則似相當於沈序之所謂晏元獻家本。然沈氏謂晏本最精密，而李石氏乃謂其樸野尤甚，或是李石所謂范才叔家傳舊本者，實與范衷甫手校之晏氏本乃同屬一祖本，惟一經范衷甫手校，不僅校其字句，或已移其篇第。而范才叔家傳本，則未經校正，故篇次仍見爲大不類耳。又李氏謂京師本最善，此本亦已不知其淵源，豈卽沈晦氏之所謂小字三十三卷本乎？沈氏謂其訛正相半，而李石氏稱之爲最善，此固出於兩人評騭眼光之不同。然在未有沈氏四明新本漫乙是正二千處而贏以前，則訛正相半之本，亦正可謂卽是最善之本也。

以上特就僅有可見之史料，而爲宋代流傳柳集諸本作一種無可證實之推想，然有一點可斷言者，卽今傳之四十五卷本，決非劉編之舊是也。此不僅卷數相異而已。劉序明曰：凡子厚名氏與仕與年，暨行己之大，有退之之誌若祭文在，今附於第一通之末。陳振孫曰：今世所行本，皆四十五卷，又不附誌文，非當時本也。此已一言而決矣。然繼此尚有一較深入之問題，若劉氏原編分卷，亦如四十五卷本，卽今所見之音辯本，五百家注本，與世綵堂本，以雅詩歌曲爲第一卷，則試問韓誌與祭文，又烏可附於此卷之末乎？故知李褫氏所謂編次首尾，門類後先，此八字實大可玩味也。或者李褫所見柳集，尚有不以雅詩歌曲爲編首者。然則劉編柳集之第一通，究當是何類文字乎？此又甚爲可疑也。

今試再作推想，當時京師開行本，本屬小字三十三卷本，而陳振孫所見劉序，謂三十二通，僅差一卷，可見京師本分卷，或轉近劉編之舊。或第一卷不屬柳文正編，正如後世附錄之類，而劉氏編之於首。若去此一卷不計，則柳集正編恰是三十二通矣。至今傳宋本劉夢得集，又云三十通者，或脫一二字，亦未可知。凡此亦均屬臆測，而所以不憚煩言之者，正以古書傳刻，多經增改移動，而古人編書精義，轉以漫沒，此一義爲學人所不可不知耳。

卽如音辯本附錄，首有小注兩行，云：舊附楚詞天問，今移就十四卷天對篇內。錯綜該載，以便觀覽。此所謂舊附，亦決非夢得原編之舊。所以知者，沈晦新本後序，謂以楚詞天問校天對，此沈氏自述其用心之精勤。若夢得舊編本附天問，誰又不知加以證對，而有待於沈氏之特筆而書乎？故知天問或由沈氏四明本附入，或尙在其後。

今考五百家注本天對篇題注引蔡夢弼語，謂取楚辭屈原天問，章分句析，以條於前，仍以子厚之對繫而錄之，庶使問對兩全，以便稽考。是引天問入柳集，其事實始於蔡夢弼，世綵堂本全錄夢弼此節題注，而顧刪去夢弼嘗苦其文義不次，乃取楚辭屈原天問以下云云，是又無法使後人獲知引天問列天對前之來歷矣。

又如音辯本瓶賦題注引東坡曰：揚子雲酒箴，有問無答，子厚瓶賦，蓋補亡耳。而五百家注本世綵堂本皆即幷酒箴附入之。又如唐相國房公德銘之陰題注曰：房琯也。德銘，李華所撰。而五百家注本世綵堂本又皆將李華德銘附入。可知書籍傳刻之愈後而愈失其眞也。

又按：音辯本天說篇末有小注一條，曰：劉禹錫云：柳子厚作天說，以折韓退之之言，文信美矣，蓋有激而云，非所以盡天人之際，故作天論以極其辯，附錄集末。今按：今本天說在第十六卷，與鶻說捕蛇說諸篇同卷，此實猶可見劉編柳集之舊。蓋自今十四卷以下，至十七卷，皆有激之言，皆所謂變騷之體也。劉之天論則是正論，非激言，劉爲故人編遺集，未必附入己文，以短長相形，是非相較。不知何人附入天問，乃又附入天論，惟音辯本已移天問入正集，而天論仍在附錄，而五百家注本世綵堂本又皆改以天論附天說篇後，不知天說與天論文體不同，實未可並列也。否則夢得之編，何不以天說與封建論四維論諸篇同卷，而顧使與鶻說捕蛇說諸篇相比次乎？此又後人妄附篇章，而漫失原編精義之一例也。

又按：沈晦四明新本一依穆修本作四十五卷，而音辯本作四十三卷，以非國語兩卷入別集，此意卻是，世綵堂本徑以非國語上承卷四十三古今詩下爲四十四、四十五兩卷，此當襲諸沈晦本，或五百家注本亦如此，此實於義無當，音辯本則采晏元獻本無非國語之意，故編次之爲別集。即此亦見晏本之確有勝於穆修之四十五卷本也。至五百家注本，又附入龍城錄，更益非是。世綵堂本獨不因襲，爲有識矣，明人郭雲鵬濟美堂本，號稱翻廖，而重依五百家注本增入龍城錄，斯可謂不知別擇也。

又按：李石河東先生集題後有云：劉賓客序云：有退之之誌幷祭文，附於第一通之末，蓋以退之重子厚，叙之意云爾也。蜀本往往只作幷祭文，其他有率意改竄字句以害義理者，尙多此類。今按：蜀本卽范衷甫所校晏氏本也。似晏氏本決不如此，此蓋范衷甫依他本校之，刪去韓誌，而尙留其祭文，故蜀本傳刻，乃妄爲滅去序中韓誌字樣，而卻留下幷祭文三字。陳振孫書錄解題亦云：今世所行本，不附誌文，則似陳氏所見，亦尙附有韓之祭文也。今傳音辯本與世綵堂本，則幷韓之祭文亦不復見。此可見古書傳刻，旣有竄入，復有剔出，要之其爲失眞則一也。

今試再爲推論之如次：

音辯本附錄一卷，其目如下：

天問（移就十四卷）

天論三篇　劉禹錫

唐書本傳　宋祁

祭柳柳州文　皇甫湜

祭柳員外文　劉禹錫

重祭柳員外文　劉禹錫

爲鄂州李大夫祭柳員外文　劉禹錫

此下尙有曹輔黃翰許尹三祭文，又汪藻永州祠堂記一篇，又穆修以下諸序，不詳列。

今按：此卷附錄，魚龍混雜，絕無義類。然有可資推說者。蓋劉編柳集，本附韓誌及祭文於書首第一通之末，後人傳鈔，先以移之於集末，逮後又刪去韓誌，而尚留祭文，其後乃幷祭文並刪之。加入新唐書宋祁所作傳，卽以替代韓誌也。加入皇甫湜祭文，則因劉序亦曾提及皇甫湜也。旣以皇甫之祭文代韓之祭文，於是遂以劉之祭文亦一幷附入焉。於是又續附以宋人祭文三篇，及祠堂記一篇，此爲一類。此雖無義類可指，而實有情節可推也。其所以刪去韓誌與祭文者，則以宋人韓柳並重，並常以兩集合刋，故於柳集獨刪去韓文耳。至下附穆修以下諸序則爲又一類，而上附天問天論，則又爲另一類。買菜求益，俗陋如此。世綵堂本盡爲刪去，可謂有識，而郭氏濟美堂本又重以附入焉。衡量書品高下者，正當於此等處求之。若徒論其版本之遠近，與夫字畫楮墨之精粗美惡，此皆無當於治學之大端與深趣，此又讀書媚古之士所不可不深曉也。

余讀音辯本與世綵堂本，尚可畧覩晏氏本之一鱗片爪者，聊舉如下。如第二卷愈膏肓疾賦題注，晏元獻嘗親書此賦，云膚淺不類柳文，宜去之。又第二十卷舜禹之事題注，晏元獻曰：此文與下謗譽咸宜等篇，恐是博士韋籌所作。又卷二十四序飲序棋題注，晏元獻本題二篇，古本或有或無。又卷三十七禮部爲文武百寮請聽政表三首，第二表題注，晏元獻本據文苑英華，此表乃是林逢請聽政第三表，別有子厚第二表，亦見文苑英華。又小注字句異同引晏本不具詳。是晏氏當時，尚多見柳集其他古本，不如穆修之僅得四十五卷本一種也。又其用心，確有超乎諸家之循行數墨，僅知在字句上作漫乙音釋之工夫者。沈晦氏雖稱其最爲精密，而獨於其篇目次序之多與諸家不同處，未知留意。其於三十三卷之小字本，則更意存輕蔑，謂其顚倒章什，不知編次首尾，分類後先，其間正有莫大意義。今既專據四十五卷本一種，而於他本篇目先後異同未能表而出之，惜哉！惜哉！

蓋昔人治集部，每多注意於訛字錯句，僻音奧義，能爲校勘音訓，謂已盡其能事，而於全集之體類大義，尠知探討。此可謂僅知以散篇詩文治集部，而不復知以古人成一家言之精神重集部也。而劉夢得之編次柳集，余疑其必有特出之勝義，其編次首尾，分類後先，有所異於前人者，正可籍以窺見當時柳劉諸人對於創爲古文之意見與其抱負。此其意，余已約畧揭出其大趣於雜論唐代古文運動篇，而惜乎劉編柳集之原樣，已無可再見，更無從再加以申說，然即就今本如第十四卷至第二十卷之篇目，其有關文體分類，及其編次先後，至少亦尚可想像劉氏原編之深義於依稀彷彿間。而就劉氏編次呂和叔集之意見衡之，似其編柳集，亦未必以雅詩歌曲一類爲首。至於以賦列第二卷，騷列十八卷，亦有可疑。晁无咎編續楚辭，即多采柳賦及今本十四卷以下諸體，如愚溪對，晉問等篇，蓋此等在柳集中，皆所謂變騷也。然則又何爲必先以賦繼雅詩而以與十四卷以下諸篇相隔絕乎？若謂此乃師昭明文選以賦爲首，而昭明選賦又以兩都兩京爲首之例，故列雅詩於先，而以賦次之，則不知韓柳倡爲古文，正爲鄙薄齊梁，劉編柳集，決不襲取昭明舊例也。若果襲取昭明，復不當以論辯碑銘先於騷體與詩之前矣。故知今四十五卷本之編次首尾，分類後先，殆決非劉編柳集之舊也。

余謂劉編柳集，必有深義可尋，此可旁證於劉編之呂溫和叔集。劉夢得爲和叔集序謂古之爲書者，先立言而後體物。賈生之書首過秦，而荀卿亦後其賦。和叔年少遇君而卒以謫，似賈生。能明王道，似荀卿。故余所先後視二書。斷自人文化成論至諸葛武侯廟記爲上篇。然今四部叢刊景宋鈔本和叔集，共分十卷，仍冠以賦，次詩，而人文化成論及武侯廟記均列末卷，顯非夢得編次之舊矣。因此其編次之深意，亦已不可得而詳論，亦可惜也。余又考舊唐書柳宗元傳，謂其有文集四十卷，則可見柳集之有異本，自唐已然。豈不以劉氏之編柳呂二集，獨具深意，世俗不瞭，故遂輕肆竄易乎。韓公昌黎集由李漢編次，其序云，收拾遺文，得賦四，古詩二百一十，聯句十一，律詩一百六十，雜著六十五，以下云云，是乃仍遵昭明選例，先賦後詩，此斷無當於韓公當時倡爲古文之深義。而以其通俗，轉無甚多更易，吁！可歎矣。至李編韓集雜著一類，更爲龐雜不倫，其原道諸篇，皆入雜著，以此較之今本柳集，分類後先，高下之間，相去尚甚遠。故余獨深惜劉編柳呂二集之未能發得其眞也。夫集部內容，本已叢碎，編次者又不能心知其意，抉發作者之心精，與其生平撰述之用意，於是古人專家之學，終不免流爲絺章琢句之業，斯又可惜之尤也。

余又按商務印書館影印日本平安福井氏崇蘭館舊藏宋劉夢得集，末附日學者內藤虎一跋，謂此本先文後筆，仍是六朝以來集部體製，若通行本先文後詩，經明刻恣改耳。然誠能深推劉氏手編呂和叔集之意，謂古之爲書者，先立言，後體物，而今柳集，亦文在前，詩在後，則明刻劉集之先文後詩，或得劉氏生前本意，實未可譏。竊謂據此正可疑今柳集之以雅詩歌曲與賦列卷首之必非劉編之舊耳。蓋自韓柳倡爲古文，直至姚惜抱選古文辭類纂，分十三類，首論辨序跋而終乃殿以辭賦，始爲抉得其用意。此乃中國文學史古今觀念一大轉變，所當鄭重闡發者。蕭選姚纂，各是代表一種趨勢與潮流，而從來甚少人爲之剖析發明，此因韓柳二集先已失正於前，故後世乃踵繆襲晦者數百年，斯余於劉編柳呂兩集之失其舊本，所以終不勝其甚深惋惜之意也。

讀姚炫唐文粹

錢穆

余讀姚炫唐文粹，全書一百卷，其於文體分類，頗多可議，然正可於此推見韓柳唱爲古文於唐代文學中所引起之影響，亦可藉以窺測直至宋初，時人對韓柳古文運動所抱持之觀點，並於拙著畧論唐代古文運動一篇，可資闡證，爰再畧而論之。

姚書第一卷至第九卷爲古賦，第十卷至第十八卷爲詩，選文以賦詩兩類爲首，顯是上承蕭統文選體例，至書中各類所分子目，細碎較蕭選益甚，是亦承蕭選舊規而無可自解免耳。蕭選於賦詩兩類後，即繼以騷七，惟姚書自第十九卷以下爲頌，二十三卷以下爲贊。蓋姚氏以騷入詩，而七體於唐爲缺，所以獨取頌贊爲次者，此亦本於蕭選賦類以班氏兩都賦爲首，班氏自序，所謂雍容揄揚，著於後嗣，抑亦雅頌之亞。賦旣重在揄揚，故以頌贊嗣之也。以上可謂姚書之第一部分，比較屬於純文學方面者。

姚書自卷二十五以下至三十卷，爲表奏書疏，而以制策附之。此可謂姚書之第二部分。蕭選詔誥教令在先，表奏牋記書誓符檄在後，兩漢以下，朝廷詔誥不能嗣響繼美，故姚書獨收表奏書疏。此一部分，當歸屬於政治文件，若以前一部分爲古詩之流，則此一部分乃書之支流餘裔也。

姚書自第三十一卷以下，至第三十三卷，標其名曰文，此三卷殊爲龐雜，當畧論在後，惟此三卷中，除最後一卷外，亦可謂是一種政治文件，後世文勝，古人雖無此等文字，要其同爲政治文件則一，故以上皆可謂是姚書之第二部分，皆書體之變也。

姚書自第三十四卷以下，至第三十八卷，曰論，自第三十九卷以下至第四十二卷，曰議，此當爲姚書之第三部分。蕭選有論無議，其入選篇目，姚書亦遠較蕭選爲多，此一部分，論其大體，可謂是古者諸子著論之流變也。姚書以上諸部分，其門類分別，卷帙先後，大體皆師蕭選，卽稍有變通，亦無足深論，學者可就此兩書而比觀之。卽姚氏自序，亦屢稱蕭選，可見其師法之所自也。

姚書最値注意者，乃在自第四十三卷以下，至第四十九卷，特標一目曰古文，所收多自韓柳以下始有之新文體，若以消納於蕭選舊規之內，則見有格格不相入者，此淸代四庫館臣所謂後來文體日增，非舊目所能括也（文苑英華提要語）。故姚書乃不得不別標古文一目以處之。

姚書於此古文一目之下，又別分子目逾十六七以上，仍有僅舉篇名而無適當之子目可標者，其書分類之雜亂無義類，此亦一證。若依後代人文體分類之新例，則僅論說或論辨或論著之一目，卽可括盡。此見文體分類，其事亦經久始定，姚氏尚在宋初，韓柳古文，於時尚未大行，故姚氏亦不能細爲辨識其歸類所宜也。其實此八卷古文一目，正可與上編第三十四卷至三十八卷之論之一目爲合編。卽在姚書所收此五卷之論，其作者亦大體自韓柳以下。至姚書議之一目，自第三十九卷至第四十二卷共四卷，此當分歸兩類，一當屬之奏議類，應與表奏書疏合編，一當屬之論議類，仍當屬論議辨說之列，今姚書專就其題名爲議，而合爲一類，亦復失之。然姚書卽以古文八卷緊承於論議九卷之後，則未爲無見。

今卽就上所指陳而申說之，則蕭選賦與詩之兩類，乃由古者詩三百首演變而來。蕭選詔令奏議兩類，乃由古者尙書之體演變而來。此可謂皆是承襲於古者王官之學而逶迤遞變者。此亦可謂其以古經籍爲淵源也。至韓柳以下之古文，大體可謂是上承儒道名法諸子著書之意，此當是古者百家言之遺蛻。淸儒章實齋，著文史通義，嘗謂家言衰而集部與之代興，以此論建安以下之集部，實更不如以此論韓柳以下之集部爲尤貼切矣。

姚書自第五十卷以下至第六十五卷爲碑，共得十六卷。又第六十六卷以下至第七十卷，共五卷，爲銘。其所收義類亦駁雜不純。一則以碑記之碑與墓碑相混，一則以箴銘之銘與墓誌銘相混。然畧其小疵，而論其大義，則碑碣誌銘，正是韓柳創爲古文以後絕大一體類，蕭選中亦有碑文墓誌，然所收共僅六篇，而姚書多至二十一卷，此項文體，可謂由國史而演變爲家乘，正亦猶是王官學與百家言之分野也。然則謂自韓柳古文興而家言復盛，此亦其一例矣。

姚書自七十一卷以下至七十八卷，共八卷，爲記。此一體蕭選所無，乃自韓柳創爲古文以後而大盛。記之爲體，較碑益寬，無事不可書，抑且其體亦不專於記事，比興寄託，言情述志，無往不宜。蓋古文中自有記之一類而其用始弘。其體兼詩史，會文質，通上下，包公私，亦可謂散文體中之有記，正所以與荀宋屈馬之賦爲代興也。

姚書七十八卷爲箴誡銘，在蕭選亦有箴銘，惟蕭選所收，若依姚書體例，多當納入碑銘類，此係小節，不具論。

姚書自第七十九卷以下至第九十卷，共十二卷，爲書。此亦絕大一門類，其所分子目，共二十有五。洵可謂無所不包矣。爲篇共一百二十二，可見其繁富。蕭選於此類，亦得三卷，所收凡二十四篇。然建安一代已占其半。魏文帝陳思王兄帝又占建安諸篇之半。余嘗謂書體之驟盛，乃建安新文學之大貢獻，而韓柳唱爲古文，其對此方面之貢獻爲更大。此體若遠溯自春秋以來，幷左氏傳與戰國策兩書中所收各書一幷計之，亦可謂此體乃中國文學自始即最盛行之一體，然必自韓柳以下，而此體之爲用始廣，亦必自韓柳以下，書體在文學範圍中之地位亦益顯而益高，故亦可謂書牘一體之正式成爲文學，乃是韓柳以下而始確定也。

姚書自九十一卷以下至九十八卷爲序，共八卷。序跋贈序，混而不分，此爲大病。惟姚書此類中所分子目，如唱和聯題、如歌詩、如錫宴、讌集、餞別、凡此諸目，實相類似，若專以贈序一目包之，反見未安。今觀姚書此一類之內容，更可證明拙著唐代古文運動一篇中所主張，贈序一體乃由詩歌演變而來之痕迹。今試再就姚書此八卷所收，重爲分析，可謂序之一體，在唐代顯有兩壁壘。一曰典籍撰著之序，此乃源於古之書序，體近論辨。一曰歌詩讌集之序，此乃源於古之詩序，義通風雅。在蕭選亦有序，共兩卷，亦已包有此兩體，至唐代乃演而益暢，爲篇益富。自宋以下，始多無詩而專爲一序者，於是乃可確然別爲立贈序一目，然後人亦遂因此而忘此一體之實自詩歌演變而來矣。唐代正在其轉變之中途，故觀於姚書而此體所由演變之痕迹乃益顯也。

姚書九十九一百兩卷，曰傳錄記事。所收內容，乃在雜記小說之間，亦蕭選所無。觀於此兩卷之所收，可悟唐代之小說傳奇，乃受古文運動之影響而始臻於成體者，若謂韓柳古文運動乃受當時小說傳奇文體之影響，此則倒果爲因，以一偏概全體，斷無是處也。

今有一事宜再申論者，即姚書何以於第四十三卷以下至第四十九卷之七卷，獨標古文之目，而於五十卷以下，碑銘記書序傳錄紀事諸類，又不稱之曰古文？若謂姚意以爲碑銘書序諸體，皆承襲舊有，故仍標舊目，則記之一體，顯爲蕭選所無，其最後傳錄紀事之目，亦姚書所新增。試問何不將古文一目，與記述傳錄兩類，共相連綴，以承一切舊有文體之後，以見惟此爲新創，而其餘則舊有乎？此實無說以通也。

再推姚編之意，實以其書所收古文一類，凡諸文體，皆與前兩編論議兩體相近，如韓愈之五原，原道原性諸篇，實卽論體也。又如韓愈之師說，杜牧之罪言諸篇，皆卽論體也。姚書古文一類中之子目，有辯，有析微，此亦論體也。在姚書論之一類中，本有辨析一子目，特以原題標出一論字者，始以歸入論之一類，而原文未標出一論字者，遂以另編爲古文一類，而仍立辨與析微兩子目，然則豈如韓愈氏之諱辨，始得爲古文，而如韓愈氏之省試顏子不貳過論收入姚書論文類辨析一子目者，便不得謂之爲古文乎？故曰姚書之文體分類，實多可議也。

然大體言之，姚氏亦未嘗不知其所收古文一類，其文體實與其所編之論議兩類大體相近，特以姚氏拘於本文原題之標名，凡原以論字標題者，卽歸入論類，凡原以議字標題者，卽歸入議類，而凡不以論與議字標題者，始爲特立古文一目，而卽以緊承論議兩類之後。而不知凡其所收論議兩類之文，其文體實已皆是古文，此則姚書分類標目之未當也。

抑且不僅姚氏所收論議兩類之文，皆已是古文，卽此下碑銘記書序傳錄紀事諸類，其文體亦皆已是古文，此在姚氏，亦不得謂其於此全無知，故姚編卽以此諸類緊承於論議古文三類之後，其間有舊自有之者，如碑銘書序之類是也。有舊傳所無，體屬新創者，如記與傳錄紀事之類是也。姚氏不再於此加以區別，故以記體羼雜於碑銘之後，書序之前，而以傳錄紀事一類爲其全書之殿。然則在姚氏心中，亦並不以此兩類文獨爲新創，而謂其與碑銘書序有別，可知矣。

然則通觀姚書一百卷，當可分爲兩大部分，卽自三十四卷論文一類之前，大體承襲蕭選，其所收文字，大體可代表韓柳唱爲古文以前唐文之舊風格，自三十四卷以下，大體乃代表韓柳以下唐文之新體製，雖其篇題標名，有大體仍襲前傳之舊者，而其爲文之風格體製，則已迥然不同，此其大較也。

然復有不盡然者。此於其書自第三十一卷以下至第三十三卷之所謂文之一類目者最可見。試問全書既標名文粹，何一篇而非文，何獨於此三卷而獨標一類，目之曰文乎？通觀姚書分類，獨於古文一目與文之一目最爲無理，蓋因姚氏於文章分體，太過拘於篇題之命名，此三卷莫非以文字命題，故姚氏總爲立一類而名之曰文，此則姚氏之失也。文之一目，蕭選亦有之，然所收皆策秀才文，與姚書文類大不同。實則姚書此三卷中，有吉文，有哀文，有朝廷廟堂之文，有私家民間之文，其三十一三十二兩卷，適爲朝廷廟堂文字，此可謂之王官文也。而第三十三卷則盡屬家人言，乃可謂之私家文。尤其是三十三卷之下卷，傷悼哀辭之類，所收正多韓柳古文運動以下之新文。然則如我前之所謂韓柳古文運動，乃古者家言之復起，其用重在社會，在私家，不重在廟堂，在政府，此又其一徵矣。下迄宋代，韓柳古文，既已風行一世，然仍不爲廟堂所采用，縱如歐陽修王安石蘇軾，皆一代古文大師，然當其爲朝廷廟堂文字，則仍必遵時王之制，用四六體，可見其中消息矣。

漢代詔令，不求古而氣體自古，後世無可模擬，即漢人之奏議亦然。蕭選僅錄表與上書，而兩漢奏議獨擯不與，何者？此因蕭選尚文，而奏議重質，必先實事而後文采，故蕭選不之取也。姚書乃頗及奏議，然其所收，乃多在韓柳唱爲古文之前，若以韓柳所創古文之法度氣體繩律之，此等皆非文章之上乘。抑韓柳集中亦殊無好奏議，韓集中此類文字爲後世傳誦者，如佛骨表，仍是表，而非奏。唐人奏疏文最佳者必推陸贄。然陸氏奏疏，固不以古文爲之。宋代蘇氏父子，好作奏進之文，東坡尤號爲傾慕賈陸，然東坡奏疏一類，正因其以古文義法出之，亦不見佳。又如荆公東坡之萬言書，雖上師賈誼治安策，然亦非奏疏中正規文字也。蓋古人文以備用，無專自求工於文之意，故其時尙文質合，後世乃始有專意爲文者，故文之與質，有時合，有時離，此不僅漢人之賦，魏晉以下之詩爲然，即韓柳以下之古文，亦何嘗不然。

故以古文爲奏議，卽不能有佳作，因奏議貴於就事論事，又限於時王體制，不得專意爲文也。

若明乎此，則知韓柳以下之古文，正爲與漢人之賦爭席而代興，韓柳亦有時偶爲小賦，然殊不足重，李漢編韓集，不瞭此意，赫然冠一編之首者，曰感二鳥賦，此與蕭選之首兩都兩京，可謂迹似心違，卽姚書賦爲第一類，亦以李華含元殿賦李白明堂賦作冠冕，宋人傳刻柳集，仍亦以賦列前茅，然嫌如佩韋瓶賦之類，若不足以壓卷，乃復以雅詩歌曲弁其前，此亦正與姚氏同一見解耳。然姚氏薈萃全唐一代之文，又畧以時代先後分卷，以賦爲弁，猶之可說。今爲韓柳私家編集，奈何亦效其例，此則徒見其爲無識矣。

抑柳集雖不重爲賦，而頗有意於續騷，其集中此類佳構極多，今姚書於楚騷體，獨采皮日休，不及柳作，此亦可議。下至晁无咎乃始多以柳集續騷，是知文字創作固不易，而識解評騭他人文字，亦殊難耳。

然余讀姚書自序，其人雖在宋初，其時文運尙未融，要亦不可謂其乃無識者，淸四庫館臣亦極稱之，謂其於歐梅未出以前，毅然矯五代之弊，與穆修柳開相應，又謂論唐文者，終以是書爲總滙，不以一二小疵掩其全美。所論允矣。然提要所指摘，則尤爲其書小疵中之小者，余故專就其書編纂分類之大節而稍稍論列之，以見有唐一代文運之所以必以韓柳唱爲古文爲其轉捩之點之大概焉。

毘沙門天王父子與中國小說之關係

目錄

毘沙門天王父子與中國小說之關係

柳存仁

(一)李靖天王之由來

向來治內典者與讀中國舊小說者，皆不甚注意毘沙門天王父子與中國小說之關係。蓋小說者俗學，無非茶餘酒後醉飽談資，無關治亂；而釋籍之所重則在直指人心，彼談經世者尚輸其一著，矧此煙粉靈怪發迹變泰里巷猥談者耶？然探求中國小說人物或故事之原者，亦不可不留心其衍變之迹。

毘沙門天王父子故事之見於中國小說者，以封神演義所叙述者最爲完整。彼編著之人，蓋撮取若干繁雜而無系統之故實，排比之，增飾之，使合爲己用；故該書第十二至第十四回之故事獨立，且不論文字及組織鋪排，皆富有强烈之創造性。此故事卽爲書中李靖及其三位公子之神異事迹，尤以幼子哪吒之剔骨肉還父母故事最爲動人。

書中所叙，李靖乃商紂時陳塘關總兵（第十二回），然亦出身道家，曾拜崑崙山度厄眞人爲師，惟尚未得成仙道。靖有三子：長金吒，爲文殊廣法天尊門徒（文殊之稱蓋源出於釋教之文殊 Manjusri）；次木吒，爲普賢眞人（Samantabhadra）之徒；最幼哪吒，爲太乙眞人弟子。父子四人於後日武王伐紂時俱助周滅商；四人雖有法寶，具異行，然在小說中皆被描繪爲凡夫而非仙侶。倘非吾人自佛教典籍、尤其自密乘中勾稽其衍變之根原，且與若干話本互較，恐難獲悉此故事若干角色之淵源，自亦不易說明何者爲小說作者之創構。蓋中國小說之傳統：故事必有因襲，而未心悉出因襲；增潤與改寫，既所難免，則表襮而出之，使讀者益加欣賞其文筆之優美，固亦治文學史者之職責耳。

托塔天王李靖之名，似襲自唐初對外武功彪炳之李藥師，實源於佛經四天王中之毘沙門天王（Vaisravana）。四天王之紀載，見於不少佛經。據公元五八七年隋天竺三藏闍那崛多（Jnanagupta）所譯之佛本行集經（Abhiniskramana-Sutra）〔注一〕，四天王之名爲提頭賴吒（Dhritarashtra 或持國天王），主東方，所掌領者乾闥婆（Gandharvas），爲天帝樂工；毗留勒乂（Virudhaka 或增長天王），主南方，掌領鳩槃茶（Kumbhandas）即變異形狀之厭魅鬼；毘留博乂（Virupaksha或廣目天王），主西方，掌領住於湖海深底宮中之龍王（Naga）；而毘沙門（或多聞天王）則主北方，掌領夜乂（Yaksha），實爲勇健之靈怪。

然於封神演義小說中（第三十一至第四十回），作者容納此四天王，則稱之爲『魔家四將』；四將爲弟兄，守佳夢關，位在聞太師麾下。四將之名，則曰魔禮青、魔禮紅、魔禮海、魔禮壽。惟於第三十一回聞太師召四將聽令時，作者無意中洩漏云『四天王步行至軍前』；於第九十九回封神時，四將死後所得之封典爲增長天王（魔禮青）；廣目天王（魔禮紅）；多聞天王（魔禮海）及持國天王（魔禮壽）。是作者之狡獪，並不隱蔽其人物之根原，又從而爲之辭。第四十回中，作者復假黃飛虎將軍口中，寫出此魔家四將所使用之神奇武器云：

長曰魔禮青，長二丈四尺，面如活蟹，鬚如銅線，用一根長鎗，步戰無騎；有秘授寶劍，名曰青雲劍，上有符印，中分四字地水火風：這風乃黑風，風內有萬千戈矛，若人逢着此風，四肢成爲虀粉；若論火，空中金龍攪遶，遍地一塊黑烟，烟掩人目，烈焰燒人，並無攔攩。還有魔禮紅，秘授一把傘，名曰混元傘，傘上有祖母祿、祖母印、祖母碧；有夜明珠、碧塵珠、碧水珠、消涼珠、九曲珠、定顏珠、定風珠，還有珍珠，穿成四字：裝載乾坤。這把傘不敢撐，撐開時天昏地暗，日月無光，轉一轉乾坤幌動。還有魔禮海，用一根鎗，背上一面琵琶，上有四條絃，也按地水火風撥動絃聲，風火齊至，如青雲劍一般。還有魔禮壽，用兩根鞭；囊裏有一物形如白鼠，曰花狐貂，放起空中，現身似白象，脇生飛翅，食盡世人。

第三十九回至四十一回所描寫者，卽爲魔家四將與周營諸將間之惡鬭。第四十回中，四將遭遇李靖之三子金吒、木吒、哪吒，發生鏖戰；讀者苟獲悉在說部虛構中此李家三弟兄之父親李靖，實脫胎於此四天王中之一——毘沙門，未有不贊歎作者牽引揑合之匠心者矣。蓋遠在封神一書刊布之前，中國本土因崇拜英雄觀念已諡之爲神之唐代名將李靖，其姓名久已與四天王之一毘沙門相化合，而產生一融合無間之名稱曰『毘沙門天王李靖』。且在梵文中雖然 **Vaisravana** 之音義與門字毫無關係，然以隋唐以還，經籍譯者既已普遍采用毘沙門一稱，馴至時移歲易，趙宋以來通俗說話之講述者已不明瞭此稱之眞實意義，寖假而毘沙門成爲天上一門之名稱，於是更使天上大將如李靖者得以鎭守此毘沙門以顯其武勇，固又自然合理之安排矣。〔注二〕

歷史人物之李靖，在早期固已被吸收入道教之萬神殿中，久踞崇高之位置。公元七六零年卽唐肅宗上元元年，尊太公爲武成王，以歷代良將爲十哲象坐侍；其中卽有唐尙書右僕射衞國公李靖。〔注三〕據無名氏撰李衞公別傳云『靖微時，常山行民家寄宿。夜將半，一婦人持水瓶授之曰：「天命行雨……」』〔注四〕；由是觀之，雖佛經中紀載掌管龍王者爲毘留博乂天王而非毘沙門，恐卽在早期之民間傳說中，對此拱衞須彌山之四天王之職守，亦已懵焉莫辨。黃滔爲王審知撰寧化縣毗沙門天王廟碑（約公元九二零年）云：

梵音毗沙門、唐言多聞也。……居須彌山北，住水晶宮殿，領藥乂衆，爲帝釋外臣。〔注五〕

有此傳說，吾人固不須深究何以在後世若干紀載中，夜义必與龍王同住於深海底之水晶宮中，且宮中可能積蘊珍寶之故矣。蓋在民間信仰及神話中，有關此兩天王之傳說，混淆已久。〔注六〕而李靖本人，既爲歷史上傑出人物，受人膜拜，在道士之企圖中亦必羅之使入吾彀中而後可以無憾。例如唐人闕名之原仙記李衞公條，卽言大曆間（七六六至七七九年）有人云年青時曾遇靖，乃修道之士。〔注七〕此外，如新唐書藝文志僅錄衞公兵書，而道藏中遂有祀北斗及有關星象之著作謂出諸其手。〔注八〕證以顧非熊妙女傳稱貞元初宣州旌德崔氏婢妙女本是題頭賴吒天王小女，而『賴吒王姓韋名寬』，然則，使李靖其人與原始於外來信仰之毘沙門天王諸傳說在民間意識中相混雜，久而本土化滋長生根，不惟羽士利之，卽以佛教徒志在弘法之立場言之，計亦良得也。

以往紀載中頗有言毘沙門嘗佑唐太宗底定宇內；然據可稽考之密宗典籍，則繫之玄宗天寶元年（七四二年），云其時大石、康五國（Tashkend, Samarkand）圍安西，毘沙門率領天兵出現城樓，擊敗敵兵。經云：

天寶元載壬午歲，大石、康五國圍安西城，其年二月十一日有表請兵救援。聖人告一行禪師曰：『和尚，安西被大石、康、××××〔原缺五字〕國圍城，有表請兵。安西去京一萬二千里，兵程八個月然後到；其〔其字疑係某字〕安西卽無朕之所有。』一行曰：『陛下何不請北方毘沙門天王神兵應援？』聖人云：『朕如何請得？』一行曰：『喚取胡僧大廣智〔不空〕卽請得。』有勅喚得大廣智到內，云：『聖人所喚臣僧者，豈不緣安西城被五國賊圍城？』聖人云『是』。大廣智曰：『陛下執香爐入道場，與陛下請北方天王神兵救。』急入道場，請眞言未二七遍，聖人忽見有神人二三百人，帶甲於道場前立。聖人問僧曰：『此是何人？』大廣智曰：『此是北方毘沙門天王第二子獨健，領天兵救援安西，故來辭。』聖人設食發遣。至其年四月日，安西表到云：『去二月十一日己後午前，去城東北三十里，有雲霧斗闇，霧中有人身長一丈，約三五百人盡著金甲，至酉後鼓角大鳴，聲震三百里，地動山崩停住三日。五國大懼，盡退軍抽兵；諸營墜〔隊〕中並是金鼠咬弓弩弦，及器械損斷，盡不堪用。有老弱去不得者，臣所管兵欲損之，空中云『放去！不須殺！』，尋聲反顧，城北門樓上有大光明，毘沙門天王見身於樓上；其天王神樣謹隨表進上者。……

昔防援國界，奉佛敎勅，令第三子那吒捧塔隨天王。三藏大廣智云：『每月一日，天王與諸天鬼神集會日；十一日，第二子獨健辭王父巡界日；十五日，與四天王集會日；二十一日，那吒與父王交塔日。……

天寶元載四月二十三日，內謁者監高慧明宜〔宣〕天王第二子獨健常領天兵護其國界，天王第三子那吒太子捧塔常隨天王。

以上引文，乃錄自據稱爲不空（Amogha）所譯之毘沙門儀軌；惟以不空本人亦在經中出現，以今度古，亦可能畧有煊染。〔注九〕以李靖之武功，北破突厥，西定吐谷渾，史所謂古韓白衛霍何以加者，使成爲新介紹來華之外來信仰中四天王（Maharaja-deva）之一人，歷時既久則漸泯其與中國傳統風尚不相調和之迹而增益其可以華化之處，此固宋明以還說部傳奇之功績。如大宋宣和遺事貞集云：『庭中設祭儀若祀神者，云祭天王，蓋彼中所重者。……是日，夢神自空降，揖帝於庭，謂帝曰：「我實北方神天王者也，上帝命我統攝陰兵，衞南北生靈……」』；周密癸辛雜識續集上、南宋龔開（聖與）宋江三十六人贊有鐵天王晁蓋，贊云『毗沙門天，證紫金軀，頑鐵鑄汝，亦出洪爐』；而七國春秋平話卷上云『綉靴踢空，有如天王托塔落雲軒』，卷下更直指『毗沙門托塔李天王』。又如上文所言『金鼠咬弓弩弦』，初不過點綴神蹟之筆，然於說話人口中，遂創四遊記中之西遊記第三十九回所云陷空洞之白鼻金毛鼠稱李靖幼女，而爲吳承恩西遊記之所因；而屠隆曇花記第十三齣亦云『初一十五毗沙門天王巡察世界，十四二十九是太子，初八二十三日是天王使者巡察』。密乘以外之佛經，如起世經卷七、三十三天品亦言烏哺沙他時四天王使太子『下世間觀察善惡，善少則愁，善多則喜』；雜譬喻經卷三十六，『帝釋常勅四天王，一月六日按行天下伺人善惡。四天王及太子、使者見有……，以是事白天帝釋』。小說戲曲中受佛教說教類此之影響實夥，亦研究文化吸收一至有趣至重要之問題也。

毘沙門天王手中一塔之神話見於密乘者，上引儀軌已畧見其說；不空所譯北方毘沙門天王隨軍護法眞言亦云『……於白氈上畫一毘沙門神，七寶莊嚴衣甲，左手執戟矟，右手托腰上，其神脚下作二夜乂鬼，身幷作黑色；其毘沙門面，作甚可畏形，惡眼視一切鬼神勢。其塔奉釋伽牟尼佛。教汝若領天兵守界擁護國土何〔訶〕護吾法，即擁遣第三子那吒捧行莫離其側』；〔參看注九〕然皆未有如封神演義第十二至十四回所述此塔之繁複曲折情節。余頗疑塔之來原，蓋始於天王手中所執之蓋。增一阿含經（Ekottarikagamas）云：

毘沙門天王手執七寶之蓋，處虛空中，在如來上，恐有塵土坋如來身。〔注十〕

惟自密宗在唐時盛行以還，民間信仰對天王捧塔之說已少懷疑。〔注十一〕據上引儀軌，『天王第三子那吒太子捧塔常隨天王』『二十一日那吒與父王交塔』之事既無若何驚人之情節，更無父子交惡幾番爭戰之事；則吾人在封神演義中所見極曲折驚險至情動人且獨立完整之哪吒故事，或可視爲編著者利用其本身所有之豐富宗教知識，參究當年流行之若干話本，益以個人創造，遂使其故事圓熟精鍊而有生氣，終塑成哪吒親切之面貌，至今爲讀小說者所喜愛。茲將此哪吒故事分段說明，俾讀者可見其何者有宗教或話本之淵源可尋，何者可能係作者之覃思傑構，庶幾不沒其創造之特長，而亦使無掠前人之美。惟以可依據之紀載無多，說之當否，未敢自信，冀幸其或有一得，亦不過爲材料所驅遣，庶免於厚誣前賢耳。

（二）木叉與金吒

封神演義及話本四遊記刊行以前，哪吒之名見於元代雜劇者皆仍作那吒，與前引密宗經典中據梵文 Nata 音譯者無殊（注十二）。元無名氏雜劇龐涓夜走馬陵道第一折，『這個陣是九宮八卦陣，九宮上九個天王，八卦上八個那吒』，亦足以證明天王父子間關係。在四遊記中之西遊記第七回，李靖之次子取名惠岸，爲觀世音菩薩（Avalokitesvara）弟子，其另一名木叉，僅於第二十一回中出現，且係嵌於韻句中者，而非敘述之正文。贊寧宋高僧傳中有木叉，爲僧伽之徒，僧伽葱嶺北何國（Koshania）人，何國在碎葉國（Tokmak）東北，龍朔（六六一——六六三）初由西涼至江淮；嘗於賀跋元濟家中現十一面觀音身，死於公元七一零年左右（唐睿宗景雲初）；其弟子除木叉外，尚有慧岸等人。此所以於宋元以降通俗文學中木叉與惠岸竟得合爲一人，而四遊記述惠岸，仍必須爲觀音侍者之故，於此亦可思過半。明無心子金雀記第十八齣，白衣大士吩咐二太子往救巫彩鳳投崖，有二太子之稱而不名。封神演義作者襲木叉之名而易叉爲吒，俾得與哪吒排行；其後通行刻本之四遊記受其影響，叉字亦往往刻爲吒字，讀書者習焉不察，亦鮮有根究其來原者矣。

然在密宗典籍中，雖毘沙門天王之第二子獨健與第三子那吒爲治佛典者所習聞，其他諸子，尤以其既有第二、三子，而長子之名爲何，似無人曾加指稱。余嘗遍讀關係毘沙門之典籍，遠求之於東瀛（注十三），近叩諸並世諸大德，似此枝節問題，未蒙人加以開示。織田得能先生之佛教大辭典、蓋爲丁仲祜佛學大辭典所本者〔注十四〕，兩書俱有毘沙門五童子條，五人中赫然有獨健、那吒在，惟不載出處。余以爲此條材料，當同於起世經卷六、四天王品（Caturmaharaja）所載『諸小王及眷屬』中之所謂『毘沙門天王有五夜叉，恒常隨逐，侍衛左右，爲防護故』之五人，其名則據起世經之義譯『一名五丈，二名曠野，三名金山，四名長身，五名針毛』。〔注十五〕此又見於長阿含經（Dirghagama）卷十九之世記經四天王品，則云：『毘沙門王常有五大鬼神侍衛左右：一名般闍樓，二名檀陀羅，三名醯摩跋陀，四名提偈羅，五名修逸路摩』，爲音譯。余今雖幸能爲織田先生補罅彌縫，意殊未洽，則以余之疑竇蓋別有在，卽使此五童子一說之正確來源獲得解決，亦非謂毘沙門諸王子之問題，卽可迎刃而解也。

例如大方等大集經（Mahavaipulya Mahasamnipata Sutra）〔注十六〕月藏分之四天王護持品曾言每一天王皆有九十一子，然未言其名。又如長阿含經卷五、闍尼沙經（Janavasabha suttanta）中言闍尼加係一神，因一心念佛，命終得生四天王天（Caturmaharajakayika）而爲毘沙門太子；佛說人仙經中預示頻婆娑羅王（Bimbisara）之前途，亦將重生而爲毘沙門之子。如依大集經，則種種故事卽使再加擴大，亦不滿九十之數，吾人方懼其少；如僅據五童子或五夜叉之紀載，則凡逸出此數者卽少至一人亦有無所依歸之苦，吾人又厭其多。此種佛經中之枝葉問題，本無關於哲理，爲悟道者所哂；若從故事之衍變與發展言之，捨汗漫無依歸令人無所適從之佛教傳說而建立以李靖爲中心，三吒爲其羽翼之華化佛教通俗故事，去獨健而代以木吒，又別創長兄金吒之名以期排行一律而益堅國人之崇信，一似其間毫無外來影響者，而於李靖所僭越所代替之毘沙門天王甚至四天王全體，則獨不否認其佛教之濃烈色彩，且於第九十九回勅封之爲四大天王〔注十七〕，使其『輔弼西方教典』，兩兩相較，一虛一實，一迎一拒，遂使後世數百年來之讀者深信李靖父子故事一如歷史上李靖其人之爲中國本有而毫無疑義，此正封神演義編著者之匠心獨構，雖有四遊記哪吒惠岸等提示助其巧思，要不能不視爲妙手別裁、獨闢蹊徑，遠勝話本萬倍者也。

金吒一名，更不見經傳；密典中西天竺僧有金俱吒，然余則疑其襲自密教之陀羅尼，惟以文獻不足，未敢必其果無訛謬。元無名氏雜劇月明和尚度柳翠第一折有呪語云：

> 唵！齒臨金吒，金吒，僧金吒，我今爲汝解金吒，終不爲汝結金吒。唵！

咒之意義，自難明瞭。然封神演義之作者不惟浸沈於釋道二教，於通俗文學話本戲曲之屬，亦所關心；茲篇所論，未能就此點更爲發揮，僅可言其創金吒一名之時，或者涉筆成趣，觸類旁通，亦非絕無可能耳。

（三）誕生爲一肉團

封神演義第十二回陳塘關哪吒出世、叙哪吒之母殷夫人誕生哪吒之情形云：

> 〔李靖之〕元配殷氏，生有二子，長曰金吒，次曰木吒。殷夫人後又懷孕在身，以〔已〕及三年零六個月，尚不生產。李靖時常心下憂疑。……當晚夜至三更，夫人睡得正濃，夢見一道人頭挽雙髻，身着道服，逕進香房。夫人叱曰：『這道人甚不知理！此乃內室，如何逕進，着實可惡！』道人曰：『夫人快接麟兒……』，夫人未及答，只見道人將一物往夫人懷中一送，夫人猛然驚醒，駭出一身冷汗，忙喚醒李總兵曰：『適纔夢……』如此如此說了一遍，言未畢時殷夫人已覺腹中疼痛。靖急起來至前廳坐下，暗想懷身三年零六個月，今夜如此，莫非降生？吉凶尚未可知。正思慮間，只見兩個侍兒慌忙前來：『啓老爺，夫人生下一個妖精來

了！』李靖聽說，急忙來至香房，手執寶劍。只見房裏一團紅氣，滿屋異香，有一肉球滴溜溜圓轉如輪。李靖大驚，望肉球上一劍砍去，劃然有聲，分開肉球，跳出一個小孩兒來，滿地紅光，面如傅粉，右手套一金鐲，肚腹上圍着一塊紅綾，金光射目。這位神聖下世出在陳塘關，乃姜子牙先行官是也，靈珠子化身。

出世爲一肉團之情節，在中國小說向所依傍之史蹟中確屬新穎；然荀稽之於佛經譯本，雖早至三世紀時，未嘗無痕迹可尋。撰集百緣經（Avadanasataka）卷七、百子同產緣（Putrah）〔注十八〕云：『佛在迦毘羅衛國（Kapila-vastu）尼拘陀樹〔梵名 nyagrodha，卽學名ficus Indica 者也。〕下，時彼城中，有一長者，財寶無量，不可稱計；選擇族望，娉以爲婦，作倡伎樂，以娛樂之。其婦懷妊，足滿十月，生一肉團。時彼長者，見其如此，心懷愁惱，謂爲非祥。……』佛國記〔注十九〕毗舍離國（Vaisali）塔條亦云：……

恆水上流有一國王，王小夫人生一肉胎。大夫人妬之，言汝生不祥之徵，卽盛以木函擲恆水中不流。有國王遊觀，見水上木函開看，見千小兒端正殊特，王卽取養之。遂便長大，甚勇健，所往征伐無不摧伏。次伐父王本國，王大愁憂。……

我國之話本，旣爲承襲俗講經變系統而來之民間俗文學產物，自難擺脫此類誕生故事之痕迹，而不免爲哪吒事迹著其先鞭。新編五代梁史平話卷上云：

黃宗旦妻懷胎，一十四個月不產。一日，生下一物，似肉毬相似，中間却是一個紫羅複裹得一個孩兒；忽見屋中霞光燦爛。宗旦向妻道：『此是不祥的物事！』將這肉毬使人擕去僻靜无人田地抛棄了。……〔注二十〕

此爲平話中黃巢出世之情形。前漢書平話卷下，薄姬分娩時，『呂后看之，笑是一怪物，沒眉沒眼，可似一塊血肉』。元雜劇無名氏金水橋陳琳抱粧盒第二折，劉后命寇承御將太子刺死，抛入橋河，『則見紅光紫霧，罩定太子身上』。凡此皆早於哪吒出世故事而畧示其端倪者也。然封神演義一書於此段情節之組織所受四遊記之影響尤甚於其他話本，則可於下文證之：

南遊記第八回『華光在蕭家莊投胎』，光佛告知華光再去投胎，『爲個肉球樣，待母分娩出來』。『華光蒙師父指教，只得化五通神光，飄飄蕩蕩，隨風飛舞，來到南京徽州府婺源縣蕭家莊……〔蕭〕安人懷胎二十個月未見分娩……〔華光〕便入蕭安人寢所，五通共化成一綑，裹米滾入安人肚中。安人醒來便覺腹痛，叫醒蕭長者。長者起來，卽備香燭當天禱告，乞早降生一男子，接續香烟。禱罷，侍女出報長者曰：「安人分娩了。」長者問曰：「是男是女？」侍女曰：「不是男女，乃是一個牛肚樣。」長者大驚，自入看時，果是一個牛肚樣。』長者大怒，命家童棄之河中，復滾上岸，如是數次，無計可施。後光佛變作一僧，至蕭宅化緣，面告長者，此牛肚乃一肉球，內有五子。用刀將肉球剖開，果如所言。

哪吒之母懷妊凡三年六個月。余謂此亦襲自北遊記第六回眞武化身故事者，言西霞國王李天富之后懷孕三年零六十日，國王怒甚，及產眞武，亦『滿室異香』。李天富與李靖，原非一人，然毘沙門天王實爲佛教傳說中之財神，則早期平話中亦復知之；如四遊記中之西遊記第三十二回、行者與紅孩兒交戰不勝，赴落伽山拜見觀音菩薩，菩薩卽『差惠岸到李靖天王庫內，借取三十六把金刀』。此一『庫』字實大可注意者也。按黑財神之稱，見密宗修持中之毘沙門天王法，惟財神始有財庫。毘沙門既可姓李，則天富亦卽財神之異稱耳。余別有中國財神考，旨在指出毘沙門爲財神一方面之事蹟，及其故事與眞誥協昌期，太平廣記卷二九四所引干寶搜神記以下趙公明故事之演變，辭繁姑不具引。此處必須說明者，密宗雖非普通教外人所得周悉，然不空所譯北方毘沙門多聞寶藏天王神妙陀羅尼別行儀軌大藏經中〔一二五零〕固自有之；況佛本行集經卷十二、游戲觀囑品亦稱『毘沙門大庫藏王』，撰集百緣經卷一之一、滿賢婆羅門遙請佛緣（Burnabhadrah）又云『滿賢（Sampurna）財寶無量，不可稱計，似毘沙門天』；增一阿含經卷二十六，等見品亦叙毘沙門天王投金鋌與一梵志，令投地上，即成百千兩金。佛經中類此紀載，不惟可見哪吒投胎爲肉團一故事之來原爲彙集佛教故事及平話雜糅而成，即其所根據之平話素材，本身亦復包含若干宗教意味之零星故實，有時並一人名亦可能有駢出繁衍之根據。用知封神演義一書，作者固盡量在澄化文字內容與組織布局嚴密著眼，若吾人爬梳剔取其枝節茂密攢羅列聚之隱蘊而諦觀之，探其賾而發其覆，雖欲不歎佛教文學影響中國說部之深厚遠久融洽無間不能也。

（四）哪吒故事與其他平話

封神演義第十二回又云：

……哪吒年方七歲，身長六尺。時逢五月，天氣炎熱；……三公子哪吒見天氣暑熱，心下煩燥，來見母親。參見畢，站立一傍，對母親曰：『孩兒要出關外閒玩一會；稟過母親方敢前去。』殷夫人愛子之心重，便叫『我兒，你既要去關外閒玩，可帶一名家將領你去，不可貪玩，快去快來，恐怕你爹爹操練回來。』

南遊記第一回有情節相類之一段爲『靈光公子跪對母曰：「孩兒聞此處多有名山，兒欲辭母看玩景緻。」母親囑曰：「你去不妨，只恐怕生禍，可叫一老家人同去，早早回來讀書，免我倚門而望。」』

封神第十二回續云：

話說哪吒同家將出關，約行一里之餘〔遙〕，天熱難行。哪吒走得汗流滿面，乃叫家將看前面樹陰之下可好納涼。家將來到綠柳陰中，只見燻燻蕩蕩，煩襟盡解，急忙走回來對哪吒稟曰：『稟公子，前面柳陰之內，甚是清涼，可以避暑。』哪吒聽說不覺大喜，便走進林內，解開衣帶，舒放襟懷，甚是快樂。猛忽的見那壁廂清波滾滾，綠水滔滔，眞是兩岸垂楊風習習，崖傍亂石水潺潺。哪吒立起身來，走到河邊叫家將：『我方纔走出關來熱極了，一身是汗；如今但在石上洗一個澡。』家將曰：『公子仔細，只怕老爺回來，可早些回去。』哪吒曰：『不妨！』脫了衣裳，坐在石上，把七尺混天綾放在水裏，蘸水洗澡。不知這河是九灣河，乃東海口上。哪吒將此寶放在水中，把水俱映紅了：擺一擺江河幌動，搖一搖乾坤動撼。那哪吒洗澡不覺，那水晶宮已幌的亂響。不說那哪吒洗澡，且說東海敖光在水晶宮坐，只聽得宮門震響。敖光忙喚左右問曰：『地不該震，爲何宮殿幌搖？傳與巡海夜叉李艮，看海口是何物作怪！』夜叉來到九灣河一望，見水俱是紅的，光華燦爛。只見一小兒將紅羅帕蘸水洗澡。夜叉分水大叫曰：『那孩子將甚麽作怪東西把河水映紅，宮殿搖動！』哪吒回頭一看，見水底一物，面如藍靛，髮似硃砂，巨口獠牙，手持大斧。哪吒曰：『你那畜生是個甚東西也說話！』夜叉大怒：『吾奉主公點差巡海夜叉，怎罵我是畜生！』分水一躍跳上岸來，望哪吒頂上一斧劈來。哪吒正赤身站立，見夜叉來得勇猛，將身躲過，把右手套的乾坤圈望空中一舉。此寶原係崑崙山玉虛宮所賜太乙眞人鎭金光洞之物，夜叉那裏經得起？那寶打將下來，正落在夜叉頭上，只打的腦漿迸流，卽死於岸上。哪吒笑曰：『把我的乾坤圈都汚了！』復到石上坐下，洗那圈子。水晶宮如何經得起此二寶震撼，險些兒把宮殿都幌倒了。敖光曰：『夜义去探事未回，怎的這等兇惡！』正說話間，只見龍兵來報：『夜义李艮被一孩童打死在陸地，特啓龍君知道。』敖光大驚：『李艮乃靈霄殿御筆點差的，誰敢打死？』敖光傳令點龍兵：『待吾親去看是何人……』話未了，只見龍王三太子敖丙出來，口稱『父王！爲何大怒？』敖光將李艮打死的事說了一遍。三太子曰：『父王請安，孩兒出去拿來便是。』忙調龍兵，上了逼水獸，提畫杵戟逕出水晶宮來，分開水勢，浪如山倒，波濤橫生，平地水長數尺。哪吒起身看着水言曰：『好大水！好大水！』……

東遊記第四十八回叙八仙過東海時，呂洞賓言曰：『今日乘雲而過，不見仙家本事。試以一物投之水，而各顯神通而過何如？』衆皆曰可，遂各投法寶，逞威鬥幻；時『東海龍王在宮議事，忽見水面一派白光，照耀水晶宮，透明天地，不知何故；急令太子摩揭巡視。太子得令，卽帶兵將遶海巡視。』此摩揭者，余以爲可能卽頻婆娑羅王之轉世化身；蓋頻婆娑羅原爲摩竭（Magadha）國王，曾受釋迦牟尼感化，死後將投生爲毘沙門天王之一子者〔注二十一〕；由國名之摩竭而演化爲人名之摩揭，揭與竭字之不同尚可能由於傳鈔刻鐫之訛，非關大雅，至其來原，正與毘沙門天王與毘留博义天王、暨其所轄屬之夜义與龍王間故事之錯綜揑合相呼應而微見其迹於字裏行間，不無線索可尋；四遊記之西遊記第三十九回，有『西海龍王敖廣與太子摩昂，領水兵助陣』；摩昂與摩揭固僅一字之異，敖廣則爲敖光所從出，至封神出而四海龍王敖氏父子昆仲之系統始成立，易摩揭而爲敖丙，則原有之佛教氣息亦復函揜其迹。此或因封神演義之作者分屬文士，雖吸收外來故事人物，曼衍釋典，能使之徹底中國化本土化，與中國固有之風俗習慣生活打成一片，佛法反因之而益弘，人民信仰反因之而益堅，泛泛乎若四方之無窮而無所畛域，厥功之偉，不可沒矣。

哪吒三太子與東海龍王三太子之搏鬥，其結果爲一嚴重之悲劇。『哪吒一脚踏在敖丙的頸項，提起乾坤圈照頂門一下，把三太子的元身打出，是一條龍在地上挺直』；哪吒復逞凶抽去其龍筋，『做一條龍舫絛與俺父親束甲』。龍王聞報，悲憤交集，化作一秀士逕赴陳塘關見李靖理論。靖不知此事，力加否認，詎哪吒出而直陳不諱，且謂龍筋未傷分毫。敖光覩物傷情，更爲震怒，拂袖揚長而去，決於次日訟諸天闕。哪吒於龍王去後安慰其母使弗驚怖，遂假土遁往乾元山金光洞叩見其師太乙眞人。眞人歎惋，委爲天數，命哪吒解衣爲畫符籙於前胸，暗囑明日至上天寶德門如何行事；且云：『事完後，你回到陳塘關與你父母說「若有事還有師父，決不干礙父母……」』。

眞人書於哪吒身上之符籙爲隱身符。次晨，哪吒逕至天宮寶德門〔注二十二〕，旋見敖光朝服環珮璆然，施施然來，肅立於南天門外候旨。哪吒『心中大怒，撒開大步，提起手中乾坤圈把敖光後心一圈打了個餓虎撲食，跌倒在地，哪吒趕上前去，一脚踏住後心。』此十二回終緊張之關鍵也。第十三回雙方經口角及掙扎後，續云：

……哪吒將敖光朝服一把拉去了半邊，左脇下露出鱗甲。哪吒用手連抓數把，抓下四五十片鱗甲，鮮血淋漓，痛傷骨髓。敖光疼痛難忍，只叫饒命。哪吒曰：『你要我饒你，我不許你上本；跟我往陳塘關去，我就饒你。你若不依，一頓乾坤圈打死你，料有太乙眞人作主，我也不怕你。敖光遇着惡人，莫敢誰何，只得應承願隨你去。哪吒曰：『放你起來！』敖光起來正欲同行，哪吒曰：『嘗聞龍會變化，要大便撐天柱地，要小便芥子藏身；我怕你走了，往何處尋你？你變一個小小蛇兒，我帶你回去。敖光不得脫身，沒奈何只得化一個小青蛇兒；哪吒拿來放在袖裏，離了寶德門往陳塘關來。

以上情節，亦如前例多可溯其根源於其他話本或道教紀載；惟封神作者以靈活巧妙之文筆組織融會而運用之，使無斧斲痕，斯眞不可及已。

秦併六國平話卷中、贊龐會通之語有云：『勒甲條須是老龍筋』。大唐三藏取經詩話卷中、入九龍池處第七，猴行者與馗頭鼍龍相鬬，『被猴行者騎定馗龍，要抽背脊筋一條，與我法師結條子。九龍咸伏，被抽背脊筋了，更被脊鐵棒八百下』。其化爲小蛇一節，據古今圖書集成神異典卷二五六引閩書、叙明洪武時道人俞震齋事，言有老嫗係某山母龍坐行雨失律，當午時震死。『俞曰：「能幻形小之，藏我鉢盂中乎？」龍如令化小，蜒蜒投盂中』。凡此與封神所寫兩相比較，固未必卽出一原；若平話則自出長篇小說之前，則哪吒故事於組成方面要不能謂爲無所憑襲也。

（五）剔骨割肉之可能根原

然哪吒之故事，尚不止此。龍王受辱，以脇下鱗甲出示李靖後云：『看你生這等惡子！我把四海龍王齊約到靈霄殿申明寃枉，看你如何理說』；言罷化一陣清風而去；李靖之憤恚憂慮固未息也。不虞哪吒童騃，復生他變。第十三回云：

哪吒……心上覺悶，乃出後園門，逕上陳塘關的城樓上來納涼。……又見兵器架上有一張弓，名曰乾坤弓；有三枝箭，名曰震天箭。哪吒自思：『師父說我後來做先行官，破成湯天下；如今不習弓馬，更待何時？況且有現成弓箭，何不演習演習？』哪吒心下甚是歡喜，便把弓拿在手中，取一枝箭，搭箭當紘望西南上一箭射去，響一聲紅光繚繞，瑞彩盤旋。……哪吒不知此弓箭乃鎮陳塘關之寶乾坤弓震天箭，自從軒轅黃帝大破蚩尤，傳留至今，並無人拿的起來。

按佛本行集經卷十三、捔術爭婚品（下）記云：

悉達太子（Siddhartha）即便問言，此之城內誰有好弓，堪我牽挽，禁我氣力？時淨飯王（Suddhodana）心懷歡喜，即報言『有』。太子問言：『大王言有，今在何處？』王報太子：『汝之祖父名師子頰（Simhahanu），彼有一弓見在天寺，常以香花而供養之。然其彼弓，一切城內釋種（Shakya）眷屬乃至不能施張彼弓，況復牽挽？』太子語言：『大王速疾遣取弓來！』是時使人將彼弓來；既至衆中，先持授於一切釋種諸童子輩。所執之者，不能施張，況復欲挽？其後次將付與摩訶摩那大臣(Mahanama)。時彼大臣，盡其所有一切身力，不能施張彼弓之絃，況復牽挽？然後乃將奉進太子。太子執已安坐不搖，微用少力，不動身體；左手執弓，右手張絃，以指纔挽而拼作聲。彼聲遍滿迦毘羅城（Kapilavastu），城內所有一切人民悉皆恐怖，各各問言『此是何聲』？〔注二十三〕

北遊記第二回記哥闍國王受西番使者所進銅鼓，厚十二寸，滿朝文武無人能射透此鼓，深虞爲番使取笑。護國將劉飛虎兩臂有千斤之力，射之，其箭僅入銅鼓半寸。時玄明太子年方七歲，乃眞武化身投胎，『左手挽弓右手搭箭，……看定銅鼓一箭射去，其箭沒羽』。按眞武在遊記中化身投生數次，既曾『棄國出家，去靈鷲山』（第六回），又嘗爲淨洛國王子，生時『在后脅撞出，皇后氣絕』（第七回），皆與佛教故實相同，則此段情節之爲襲自佛本行故事，蓋無可疑矣。然而哪吒射震天箭一段，固又來自北遊記而加以渲染者；玄明太子七歲，哪吒是時又正七歲，與之相同，其相應之迹或不止爲巧合矣。

哪吒之箭射至骷髏山白骨洞，誤殺石磯娘娘之徒碧雲童子。石磯遣黃巾力士攝李靖至洞府，靖稱不知此事，哀求放還以利徹查。石磯縱之歸，靖旋詢得又係哪吒所爲，怒攜之同至石磯洞府請罪。哪吒傷石磯之另一弟子彩雲，復祭起乾坤圈混天綾與石磯對敵，俱落石磯袖內。哪吒逃往其師太乙眞人處，石磯釋李靖使返，己則追哪吒至金光洞，與太乙爭論終至動武；眞人既收石磯之八卦龍鬚帕，終以九龍神火罩煉出石磯眞形，乃頑石成精。然此時四海龍君已奏准玉帝將繫治哪吒父母於理，哪吒向眞人乞得爲父母脫厄之策，借土遁奔返陳塘關，見四海龍王敖光敖順敖明敖吉俱集帥府，遂厲聲呼曰：

『我打死敖丙李艮，我當償命，豈有子連累父母之理？』乃對敖光曰：『我一身非輕，乃靈珠子是也。奉玉虛符命，應運下世。我今日剖腹剜腸，剔骨肉還於父母，不累雙親，你們意下如何？……』敖光聽見此言：『也罷，你恍如此救你父母，也有孝名』。……哪吒便右手提劍先去一背膊，後自剖其腹，剜腸剔骨，散了七魄三魂，一命歸泉。……殷夫人見哪吒尸骸，用棺木盛子埋葬不表。（第十三回）

佛教之禪宗有所謂公案者，多由彙集獨家語錄而成，非徒爲講述記誦之典實，實古禪德所以開示心得利便鈍根使後學者流得以徹悟者也。其殊勝之處，甚至與密教不無可以相通，〔注二十四〕然亦間有故事性之公案，雖或他書所不載，事在可解不可解之間，藉以流布侈談敲擊者；封神所叙哪吒剔骨肉還父母故事蓋卽其一。此故事始見於宋普濟五燈會元卷二，明瞿汝稷所輯之指月錄卷二亦引之；原文云：

那吒太子析肉還母，析骨還父，然後現本身，運大神通，爲父母說法。〔注二十五〕

此公案故事或非嚮壁虛構，然其背景，則並禪宗中人似亦無深究之者。陳善卿祖庭事苑卷六有云：

叢林有析骨還父，析肉還母之說，然於乘教無文，不知何依而作此言。

余讀藏經未嘗周徧，更不敢附會，僅發現兩處或可有助於此處之瞭解者。一爲雜寶藏經（大藏經二零三）卷一（二）之王子以肉濟父母緣，畧云婆羅奈王（Varanasi）爲大臣謀簒者所弒，並殺其二子，其三太子在邊郡，聞變作，夫婦攜其年方七歲之幼子太子須闍提逃奔他處避難。途中糧盡，夫欲殺其妻，太子須闍提遂割己肉以奉父母，『須臾削割，日日稍食』，不久肉復盡，僅餘三臠。太子乃以二臠奉父母，一臠爲釋提桓因（Indra）所化之狼索去。（注二十六）此其故事之梗概也。此須闍提太子，亦爲釋迦若干世前之一化身。在此佛教故事中，須闍提年方七歲，而其父則爲三太子。或者此佛經中釋迦之本生緣故事與一部分密教故事有關那吒者混淆而產生此流傳中國世代相襲之禪宗公案，亦非絕無可能。如北方毘沙門天王隨軍護法儀軌（注二十七）中嘗稱那吒爲『北方天王吠室羅摩那羅闍第三王子其第二之孫』，經文中那吒稱天王亦云『我祖父天王』，足爲此推測之旁證。此外，與上述畧同之須闍提太子故復見於大方便佛報恩經卷一，且因余於該經中又發見蓮葉化身之故事與封神演義第十四回哪吒現蓮花化身絕相類者，則舍此叢林所傳析骨肉之一樁公案外，報恩經或者亦爲小說編撰時有關之一淵源耳。

（六）蓮花化身之說

哪吒已死，寃仇已報，宜故事可告結束；不料封神作者筆端之波瀾且方興未艾，於是其後又有哪吒由蓮花化身之故事，及全篇最高潮之李靖父子交戰及天王托塔根由之故事，精采處層出不窮，而作者之才華及運用材料之手腕，至是始歎觀止。封神第十三回末段至第十四回開始續云：

　　且說哪吒魂無可依，魄無所倚，……飄飄蕩蕩隨風而至，逕到乾元山來。……且說金霞童兒進洞來啓太乙眞人曰：『師兄杳杳冥冥，飄飄蕩蕩，隨風定止，不知何故。』

上文已屢言哪吒爲靈珠子化身。靈珠子一名純出小說家言，並此一段魂魄蕩漾空無所歸之敍述，俱可於南遊記第二回記靈光爲紫微大帝所困一節中彷彿見之：

　　大帝大怒，念起咒來，即把靈光困死於九曲珠內，把只朵靈光撇在半空，飄飄蕩蕩無處依倚。有八景宮大惠盡慈妙樂天尊正在打坐，忽見半空中一朵靈光，左沖右撞，無拘無束，天尊自思……

四遊記中如西遊記（第五回，第廿八回）、南遊記（第一回）等原有關於哪吒之片段描寫，足爲較後之書如封神演義西遊記所取資。四遊記版本之時代，魯迅繫之頗早，且以爲『但爲人民閭巷間意，蕪雜淺陋，率無可觀。然其力之及於人心者甚大，又或有文人起而結集潤色之，則亦爲鴻篇鉅製之胚胎』（中國小說史畧，頁一五九）。胡適之跋四遊記本的西遊記傳一文（仍收新編本胡適文存第四集，頁四零八至四一二），據其所藏有嘉慶十六年辛未（一八一一）明軒主人序之四遊記刻本，則以爲『四遊記乃是嘉慶時書坊雜湊牟利的書，遠在西遊小說流行之後』（頁四零九）。按四遊記中之西遊記，早期西遊刊本與之有脈絡可尋者頗多，俱與吳承恩之作不同，未可作爲後人雜湊牟利；東遊記有日本內閣文庫藏明刊本，二十餘年前孫子書先生已言之（日本東京所見中國小說書目，頁一一四），胡先生似未免疏畧；其餘如南遊記、北遊記，則孫先生亦僅錄道光十年四遊全傳本、小蓬萊仙館四遊合傳本，且並云『明本未見』（中國通俗小說書目，卷五，頁一七零至一七一）。余統觀四遊記之文筆布局，其淺蕪草率，固有如諸先生所言者；然草簡之作，可能在前，蔚成大國，將畢也鉅，則余就小說流變之觀點言之，未敢遽同於胡先生說以爲此種謭陋之作之多爲簡本或畧本，而必出於諸長篇名著之後也。其有晚出之刻本，或吾人今日所見僅爲較晚出之刻本者，吾人亦難於悉加武斷謂事實上無更早之刻本；不如闕疑之爲得。孫子書先生在日本曾見村口書店藏十卷本鼎鐫全相唐三藏西遊釋厄傳，原刻稱『羊城冲懷朱鼎臣編輯』，先生考據鼎臣係萬曆間人，書亦可能係萬曆間閩刊本，而其內容較之明刊百回本西遊，『往往某一故事在百回本中爲數回文字，茲則括以數行，或三四故事，以一則統一，僅具崖畧。然規模節次除陳光蕊及江流報冤事外，與明百回本全同。以今通行四遊傳中西遊記較之，其文字之詳畧輕重處，亦幾於全同』。〔日本東京所見中國小說書目，頁一一二〕孫胡兩先生俱疑此爲畧本，孫先生且云『其編次此書，至少在吳承恩書之後』。〔同上，頁一一三〕余小子嘗從兩先生習小說史，不敢以魯謬非薄師門，然愚以爲兩先生所以傾向於懷疑此種版本之爲晚明書賈刊作者，則以除東遊記外，未嘗一覩四遊記之較早刊本故，且以四遊記篇章文字之俗俚淺陋，亦罕有人就有關之長篇封神西遊諸書比勘而研校之，窮其異而發其覆故也。例以封神演義，近世學者皆知其較早之淵源爲元至治刊本平話武王伐紂書，不思伐紂書之時代，下距現存封神演義最早之舒載陽刻本垂三百年，三百年間應復有過渡性質之他書在。日本及中國所藏之陳眉公評本列國志傳〔大連藏本稱余邵魚編集，文台余象斗評梓，尚在眉公評本之前。〕之第一卷蓋即其書也。孫先生於訪書途次嘗見諸本列國志傳〔前書，頁八十四；又頁二二八〕，然未嘗細覈其文字與封神刊本之關係，遂謂其『所記亦與今所見元刊本平話同』〔前書，頁一二零〕，且言『元本武王伐紂之後，萬曆間封神演義之前，似〔疑是字〕否尚有過渡之同類小說，今亦不能斷言』。〔前書，頁十二〕然愚曾就列國志傳〔日本內閣文庫藏萬曆間龔紹山梓陳眉公評本第一卷全卷書影〕與封神演義字字對勘，發見不論書中之詩文字句，故事人物，皆有封神鈔襲列國志傳卷一之明確證據凡數十條之多，而列國志傳則又有承襲伐紂書之處而後爲封神作者所揚棄者，此固可以書影比儷而觀者也。〔詳見拙著封神演義之作者一書第三章，待刊。〕然天壤間可見之類此關於伐紂書及封神間之過渡著作，且不止列國志傳一書。孫先生在日本內閣文庫嘗覩稱爲鍾伯敬編輯馮夢龍鑒定之盤古至唐虞傳及有夏誌傳〔前書，頁八十六〕，而清嘉慶十九年甲戌稽古堂梓夏商合傳本亦收有商誌傳全文，並見記於先生所輯之中國通俗小說書目〔卷二，頁二十三〕。然其書之內容，先生或未暇分析也。有商誌傳此書迄今尚未見明本，予所讀之版本與孫先生所錄者同：其書內容第一卷六則自『湯王禱雨桑林野』至『季歷伐戎擒大夫』〔皆回目名〕，與封神無關，姑置不論，然其第二至第四卷，與列國志傳卷一各則回目較，則除『西伯建臺鑿沼』一條外，大致相合，其文字或全同，或僅有一二字至數字之出入。至於內容敘述，亦與列國志傳卷一與封神演義有關者大體不殊，惟逐字細較，始偶見其詳畧。有商誌傳與列國志傳兩書之成書先後，余以今日所見淸嘉慶稽古堂刋本時代太晚，未敢質言。然以有夏誌傳之有明刋本藏於日本之情形觀之，余不敢斷然謂此有商誌傳必無明本之可能也；余亦不敢因今所見列國志傳有商誌傳之本卽使爲明刋，至多亦不出萬曆所刻，而封神作者之時代早於隆慶，遂謂志傳諸書可能爲其簡本，且必其當時無早於封神之志傳刻本，足爲封神作者鈔襲取鏡參考之所資，以完成其過渡性質應有之使命也。蓋書籍板本之先後，依其行格刻工板口紙質避諱而言，固自專門之學，原無可疑者；吾人之所以不免於矜愼猶豫，徒以向來以治版本名家者，未嘗治小說之版本耳。然謂小說之版本學爲不足恃，亦未免於因噎廢食。且小說之有過渡性質皎然可信者，其承襲演變之迹，必有承先啓後之作用，與其前後之版本或著作俱有同異之處可以互較，而後吾人始能判然無疑。本文偏重毘沙門天王父子與中國小說之關係立論，自不能旁引博采，多涉及諸書之時代關係；然如武王伐紂書已公認爲元刋本，其中有洛陽守將爲徐郎，其弟徐蓋，蓋之子徐昇徐變。〔卷下〕明刊本列國志傳易徐郎爲徐芳，其情節及文筆加繁，而其他徐蓋、昇、變諸人皆保存未動。至封神演義出，而後有汜水關總兵韓榮，榮有二子，則名韓昇韓變。〔第七十五至七十六回〕二子於戰陣中爲周營方面所殺，榮亦自盡。此一事也。界牌關之守將又爲徐蓋，蓋之結局爲向姜子牙請降。〔七十九回〕其弟則名徐芳，穿雲關之守將也，不直乃兄之所爲，則於穿雲關失守時遇害。〔八十一回〕此又一事也。然兩事實自列國志傳徐芳徐蓋兄弟一事衍出，則以伐紂書僅有徐蓋而無徐芳，不能爲封神所直接襲取也。即就此一例觀之，故事人物之分化，描寫之繁縟加工，則封神之作於三書中當爲最後，理無可疑者，而列國志傳諸書之必須早於封神，並非封神之畧本，因而有可能早於封神寫作以前志傳諸書之版本，則除版本之考據外，文字之對勘，篇幅之簡繁，描寫之工拙，意境之精麤，復可以爲之力證者也。苟以此說之原則爲的當，則四遊記文字之時代之較早於封神西遊，且爲封神西遊之作者所承襲其遺緒，亦必無待於龜蓍者矣。前引及之西遊釋厄傳固爲明本，其內容與四遊記之西遊記逼肖，文字亦大致相同，曾見其書之孫先生固已先言之；顧孫先生仍疑其爲百回本西遊之畧本，其疑或又緣除東遊記外尚未見明刊本之四遊記，於是雖不如胡先生之視四遊記爲淸嘉慶書賈牟利所爲，亦以文獻未足而不願輕變前議。夫闕疑者，或以內容之不足據，或以文獻之不足徵耳。今余在倫敦英國博物院發見有書林昌遠堂李仕弘梓之全像五顯靈官大帝華光天王傳〔即南遊記，號碼爲 15101(c) 33.〕及雙峯堂梓之北方眞武祖師玄天上帝出身志傳〔即北遊記，號碼爲 15101(c) 32.〕，皆爲孫先生所必認爲明刊者，實人間瓌寶；則孫胡諸先生之疑慮，得此可以渙然冰釋，而文存所謂嘉慶書坊所撰之說亦可以不攻自破。倫敦英國博物院又有殘本之新刻八仙出處東遊記，上卷缺二十頁，下卷雖較全，末節『觀音和好朝天』〔相當於今本第五十六回〕至『得其平無有不聽觀音問玉板何在龍王曰』一行戛然而滅，與晚出版本相較，損失約五百餘字。此書插圖在每頁上方，而繪工奇古拙：每面十一行，行二十字，余頗疑爲萬曆前刊本〔號碼 15334(e)6; 15113(a)28.〕。假如余說爲不謬，則四遊記不惟明末已有成書，且在隆慶萬曆以前，四遊記或其他性質相類之書亦可能早有刊本，爲封神西遊之所取材；例如永樂大典一萬三千一百三十九卷送字韻所引西遊記即是。然則苟吾假定封神演義中哪吒靈珠子一名，不過襲自南遊記第二回中『靈光困死於九曲珠』一段中之『靈』『珠』二字，而那吒『魂無所依，魄無所倚……飄飄蕩蕩』，豈非即靈光『飄飄蕩蕩無處依倚』之演繹重語，聞之者或亦不致斥其爲駭怪?余不敏，不敢妄爲附會，厚誣古人。書缺有間，而可能發見之材料無窮，是有待於並世諸賢之參研矣。至於余在英國博物院所錄中國小說書目，凡百數十種，余別有作〔"Bibliographical Notes on Some Rare Editions of Chinese Novels in the British Museum" 待刊。〕，亦擬假其他機會刊布之。凡所錄者，其少數孫先生書亦間或見之〔例如孫先生言英倫藏三國志傳〕，然如前述之南、北遊記則或尚未爲先生所聞見。非余愚魯能有所知，以海內及東方諸圖書館未嘗收有其書，而以往旅英者除一二人外亦未嘗如孫先生專治其學故耳。

封神演義第十四回續云：

眞人吩咐哪吒：『此處非汝安身之所。你回到陳塘關托一夢與你母親，離關四十里有一翠屏山，山上有一空地，令你母親造一座哪吒行宮。你受香火三載，又可立於人間，輔佐眞主。可速去不得遲悞！』哪吒聽說，離了乾元山往陳塘關來。正値三更時分，哪吒來到香房叫母親：『孩兒乃哪吒也。如今我魂魄無棲，望母親念爲兒死得好苦，離此四十里有一翠屏山上，與孩兒建立行宮，使我受些香烟，好去托生天界，孩兒感母親之慈德甚於天淵』。夫人醒來却是一夢，夫人大哭，……把夢中事說了一遍。李靖大怒曰：『你還哭他，他害我們不淺……』。……次日又來托夢，三日又來，不覺五七日之後，哪吒他生前性格勇猛，死後魂魄也是驍雄，遂對母親曰：『我求你數日，你全不念孩兒苦，死不肯造行宮與我，我便吵你個六宅不安。』夫人醒來，不敢對李靖說，夫人暗着心腹人與些銀兩往翠屏山，興功破土，起建行宮，造哪吒神像一座，旬日功完。哪吒在此翠屏山顯聖，感動萬民，……因此廟宇軒昂十分齊整。……

李靖在野馬嶺操演三軍，……一日回兵，往翠屏山過，李靖在馬上看見……進香男女紛紛似蟻，火烟湊積。李靖在馬上問曰：『這山乃翠屏山，爲何男女紛紛，絡繹不絕？』軍政官對曰：『半年前有一神道在此感應顯聖，故此驚動四方男女進香。』李靖聽罷想起來，問中軍官：『此神何姓何名？』中軍回曰：『是哪吒行宮。』李靖大怒，傳令安營，『待我上山進香。』……李靖縱馬逕至廟來，見哪吒形相如生，左右站立鬼判。李靖指而罵曰：『畜生！你生前擾害父母，死後愚弄百姓。』罵罷，提六陳鞭一鞭把哪吒金身打的粉碎。李靖怒發，復一脚蹬倒鬼判，傳令放火燒了廟宇，……嚇得衆人忙忙下山。……

再表哪吒那一日出神，不在行宮；及至回來，只見廟宇無存，山紅土赤，烟焰未滅，兩個鬼判含淚來接。哪吒問曰：『怎的來？』鬼判答曰：『是陳塘關李總兵突然上山，打碎金身，燒毁行宮，不知何故。』哪吒曰：『我與你無干了。骨肉還於父母，你如何打我金身，燒我行宮，令我無處棲身。』……沉思良久，『不若還往乾元山走一遭。』哪吒受了半年香烟，已覺有些形聲。一時到了高山，……金霞童兒引哪吒見太乙眞人……哪吒跪說前情，『被父親將泥身打碎，燒毁行宮，弟子無所依倚，只得來見師父，望祈憐救。』眞人曰：『這就是李靖的不是。他既還了父母骨肉，他在翠屏山上與你無干。今使他不受香火，如何成得身體？况姜子牙下山已快，也罷，既爲你，就與你做件好事。』叫金霞童兒，『把三蓮池中蓮花摘二枝，荷葉摘三個來。』童子忙忙取了荷葉蓮花，放于地下。眞人將花勒下瓣兒，鋪成三才，又將荷葉梗兒折成三個骨節，三個荷葉按上中下按天地人，眞人將一粒金丹放于居中，法用先天，氣運九轉，分離龍坎虎，綽住哪吒魂魄望荷蓮裏一推，喝聲『哪吒不成人形更待何時！』只聽得響一聲跳起一個人來，面如傅粉，唇似塗硃，眼運精光，身長一丈六尺，此乃哪吒蓮花化身。

余於前文已涉及之大方便佛報恩經，其卷三論議品亦載有一蓮葉化身之故事畧云：波羅乃國王（Varanasi）娶一鹿母夫人，夫人產一蓮花；棄花池中，蓮花得五百葉，每葉之下生一男兒。後五百子俱大，皆力敵千人。其長男至四百九十九男俱出家，而最幼之兒，逾九十日亦得辟支佛（Pratyeka-Buddha）道，爲父母現大神變。余前曾引孝養品，謂須闍提太子以肉濟父母事亦見報恩經，今據此條則可見蓮花化身事必出於佛變或平話之說經故事。前引五燈會元那吒太子析骨還母一條，其末句爲『現本身，運大神通，爲父母說法』，而此處論議品原文，亦云『爲父母現大神變』。查法華經（Saddharma Pundarika Sutra）第二十七妙莊嚴王本事品〔注二十八〕亦載王子淨藏淨眼以其父離於正道，遂『現種種神變』，使得憬悟。可見那吒析骨肉還父母故事之起原，要不過爲所謂現神變之一種，惟益以封神作者豐富之想像力及文學手腕之增飾，遂使其故事益饒動人之情致與委宛曲折之變化，而哪吒之天性本孝及猛烈個性亦因之而愈顯矣。

第十四回於哪吒蓮花化身後續云：

眞人曰：『李靖毆打泥身之事，其實傷心。』哪吒曰：『師父在上，此仇決難干休。』眞人曰：『你隨我桃園裏來。』眞人傳哪吒火尖鎗，不一時已自精熟。哪吒就要下山報仇。眞人曰：『鎗法好了，賜你脚踏風火二輪，另授靈符秘訣。』眞人又付豹皮囊，囊中放乾坤圈混天綾金磚一塊，『你往陳塘關去走一遭。』哪吒叩首拜謝師父，上了風火輪，兩脚踏定，手提火尖鎗逕往關上來。……至帥府大呼曰：『李靖早來見我！』

爲說明封神說部之作者如何自平話戲曲中汲取雜蕪繁瑣之材料藉以賦予哪吒淸晰生動之風貌，上述之各種武器之見於他籍者，不可不縷析其來原；雖然此來原未必卽係其唯一之來原，然亦足以說明此種描寫之實有所本也。

（甲）火尖鎗　元無名氏雜劇漢高皇濯足氣英布第四折中，項羽所使者爲火尖鎗。

（乙）風輪　見於不少佛經，爲佛教宇宙論中支持此天地之一輪，例如楞嚴經（**Surangama-Sutra**）卷四卽有之。在南遊記（第二回及第十一回）及北遊記（第十五回）中，風輪爲三眼靈耀及華光二人俱有之武器。

（丙）火輪　梵名 **Alatacakra**，持火把而旋轉之所幻成之火輪，都無實有。陸長庚（西星）楞嚴經述旨卷三（注二十九）云：『如旋火輪，無有實體』是也。前節引南遊記北遊記諸回中，火輪又爲華光所有之武器。按南遊記第十一回目爲哪吒行兵收華光，其描敍哪吒，一則曰『乃是毘沙宮李靖天王之子，……此人神通廣大，法力無邊。有一綉球內有十六個頭目，帶領五千雄兵，臨陣助戰，無有不勝』；再則曰『哪吒出陣怎生打扮？但見頭帶紅花金紫圈，身披八寶綉盔甲，脚穿綠綫皂皮鞋，左帶花花綉球，右插九節銅鞭，手用長槍，身騎紅鬃白馬，高聲喝罵。』此文筆樸質無華，自遠出封神之下，且所敍者在封神演義中多無痕迹，固已無待贅言；而對方相與激戰之華光，反而『丟起金磚，……又起風火輪條』，是又封神襲取南遊記，且捏合人物而融會之之又一證也。

（丁）金磚　前兩節所引證南遊記北遊記諸回中，金磚亦爲華光所有武器之一。元楊景賢唐三藏西天取經雜劇第八齣，華光亦使用金磚及火輪。明徐復祚投梭記第十九齣混江龍曲詞中，此兩武器已移贈八臂那吒，斯亦可窺見其衍變之迹者也。

（戊）乾坤圈　南遊記第十一回，哪吒『頭帶紅花金紫圈』，此金紫圈非普通飾物而係武器：因當華光起風火輪條時，哪吒『又撒起紅花金紫圈』也。余以爲此蓋封神演義中乾坤圈之所本。

（七）父子交惡及托塔故事

哪吒與李靖父子大戰故事之頂點，約可以下引第十四回下半之節畧見之，而李靖托塔之理由最後亦復揭露於此。引文爲篇幅所限，且封神亦非難致之書，不免畧有删割，不足以概見作者文字之才華，然其可見者構思之巧妙，布局之精細與闗合之自然，雖水滸三國，蔑以復矣。

李靖大怒：『有這樣事！』忙提畫戟上了青驄，出得府來。見哪吒……比前大不相同。……哪吒力大無窮，三五合把李靖殺的馬仰人翻，力盡觔輸，汗流脊背。李靖只得望東南逃走。……李靖見哪吒看看至近，正在兩難之際，忽然聽得有人作歌而來，……乃九宮山白鶴洞普賢眞人徒弟木吒是也。……李靖看時，乃是次子木吒，心下方安。哪吒駕輪正趕，見李靖同一道童講話，哪吒落下輪來。木吒上前大喝一聲：『慢來！你這孽障好大膽子，殺父忤逆亂倫，早早回去饒你不死。』哪吒曰：『你是何人，口出大言？』木吒曰：『你連我也認不得，吾乃木吒是也。』哪吒方知是二哥，忙叫曰：『二哥，你不知其詳。』哪吒把翠屏山的事細細說了一遍。……木吒大喝：『好孽障！焉敢大逆！』提劍來取；……哪吒性急，將他挑開劍，用手取金磚望空打來。木吒不提防，一磚正中後心，打了一交跌在地下。哪吒登輪來取李靖，……又趕多時，李靖見事不好，自嘆曰：『……仙道未成，又生出這等寃愆，……不若自己將刀戟刺死，免受此子之辱。』正待動手，只見一人叫曰：『李將軍切不要動手！貧道來。』……乃五龍山雲霄洞文殊廣法天尊，手執拂塵而來。李靖看見，口稱『老師，救末將之命。』天尊曰：『你進洞去，我這裏等他。』少刻，哪吒……持鎗趕至，……哪吒那裏曉得好多，將鎗一展，就刺天尊，……天尊回頭看見哪吒來的近了，袖中取一物名曰遁龍樁，又名七寶金蓮，望空丟起，只見風生四野，雲霧迷空，播土揚塵，落來不聲，把哪吒……頸項套一個金圈，兩隻腿兩個金圈，靠着黃蹬蹬金柱子站着；哪吒及睜眼看時，把身手動不得了。天尊……喚金吒把扁拐取來……替我打。金吒領師命，持扁拐把哪吒一頓扁拐打的三昧眞火七竅齊噴。天尊……同金吒進洞去了。……看官，這個是太乙眞人明明送哪吒到此磨他殺性。眞人已知此情，哪吒正煩惱時，只見那壁廂大袖寬袍絲縧麻履，乃太乙眞人來也。哪吒看見叫曰：『師父，望乞救弟子。』眞人不理，逕進洞去了。……天尊迎出洞來，對眞人攜手笑曰：『你的徒弟叫我教訓他。』二仙坐下，……天尊命金吒放了哪吒來。……二人進洞來，哪吒看見打他的道人在左邊，師父在右邊。太乙眞人曰：『過來與你師伯叩頭。』哪吒不敢違倣師命，只得下拜。……太乙眞人叫李靖過來，李靖倒身下拜。眞人曰：『翠屏山之事，你也不該心量窄小，故此父子參商。』哪吒在傍只氣的面如火發，恨不的吞了李靖纔好。……眞人曰：『從今父子再不許犯顏』；分付李靖：『你先去罷！』李靖謝了眞人，逕出來了，就把哪吒急的敢怒而不敢言，只在傍邊抓耳揉腮，長吁短嘆。眞人暗笑曰：『哪吒，你也回去罷，好生看守洞府，我與你師伯下棋，一時就來。』哪吒聽見此言，心花兒也開了。哪吒曰：『弟子曉得』；忙忙出洞踏起風火二輪追趕李靖。……李靖被哪吒趕的上天無路，入地無門，正在危急之際，只見山崗上有一道人，倚松靠石而言曰：『山脚下可是李靖？』……靖曰：『哪吒追之甚急，望師父垂救。』……李靖上崗，躲在道人之後，喘息未定，只見哪吒風火輪響，看看趕到崗下。……哪吒又把翠屏山的事說了一遍。……哪吒曰：『你莫管我，俺今日定要拿他，以泄我恨。』道人曰：『你既不肯……』，便對李靖曰：『你就與他殺一回與我看。』李靖曰：『老師，這畜生力大無窮，末將殺他不過。』道人站起來把李靖一口啐，把手背上打一巴掌：『你殺與我看，有我在此不怕事。』李靖只得持戟刺來，哪吒持火尖鎗來迎，……哪吒這一回被李靖殺的汗流滿面，遍體生津。

情節之發展至此而更進一層，作者之文筆至此亦達描寫叙述故事之極境。蓋封神演義者，一編著之書也，編著則上有承襲，有撫採，有揑合吸收與融會，然至融會之極致則變而爲自然生動與峯巒疊起，遠超於其所融會與揑合之素材而勝之，是又不能不視爲無依傍無假借之有意創作矣。依此義言之，則吾人知封神之創作性就百回本中勘研之實復甚大，而此李靖父子故事不過其一臠耳。玆於此段結束之際，姑引此高潮之全文，以見其文字之波瀾而概其餘，復可證下節余所提關於吳承恩西遊記第八十三回一段文字之疑竇，或非譽言也。文云：

哪吒遮架畫戟不住，暗自沉思：『李靖原殺我不過，方繞這道人啐他一口，撲他一掌，其中必定有些原故。我有道理，待我賣個破綻，一鎗先戳死道人，然後再拿李靖。』哪吒將身一躍，跳出圈子來，一鎗竟刺道人。道人把口一張，一朵白蓮花接住了火尖鎗。道人曰：『李靖且住了。』李靖聽說，急架住火尖鎗。道人問哪吒曰：『你這孽障，你父子斷殺，我與你無仇，你怎的刺我一鎗？到是我白蓮架住，不然，我反被你暗算。這是何說！』哪吒曰：『先前李靖殺我不過，你叫他與我戰，你爲何啐他一口，掌他一下？這分明是你弄鬼，使我戰不過他；我故此刺你一鎗，以泄其忿。』道人曰：『你這孽障敢來刺我！』哪吒大怒，把鎗展一展，又劈腦刺來。道人跳開一傍，袖口望上一舉，只見祥雲繚繞，紫霧盤旋，一物往下落來，把哪吒罩在玲瓏塔裏。道人雙手在塔上一拍，塔裏火發，把哪吒燒的大叫饒命。道人在塔外問曰：『哪吒你可認父親？』哪吒只得連聲答應：『老爺，我認是父親了。』道人曰：『既認父親，我便饒你。』道人忙收寶塔，哪吒睜眼一看，渾身上下並沒有燒壞些兒。哪吒暗思：『有這等的異事，此道人眞是弄鬼。』道人曰：『哪吒，你既認李靖爲父，你與他叩頭。』哪吒意欲不肯，道人又要祭塔，哪吒不得已，只得忍氣吞聲，低頭下拜，尚有不忿之色。道人曰：『還要你口稱父親。』哪吒不肯答應，道人曰：『哪吒，你既不稱父親，還是不服；再取金塔燒你。』哪吒着慌，連忙高叫『父親！孩兒知罪了。』哪吒口稱雖叫，心上實是不服，只是暗暗切齒，自思道：『李靖你長遠帶着道人走。』道人喚李靖曰：『你且跪下，我秘授你這一座金塔。如哪吒不服，你便將此塔祭起燒他。』哪吒在旁，只是暗暗叫苦。道人曰：『哪吒，你父子從此和睦，久後俱係一殿之臣，輔佐明君，成其正果；再不必言其前事。哪吒你囘去罷！』哪吒見是如此，只得囘乾元山去了。李靖跪而言曰：『老爺廣施道德，解弟子之危厄。請問老爺高姓大名，那座名山，何處仙府？』道人曰：『貧道乃靈鷲山元覺洞燃燈道人是也。你修煉未成，合享人間富貴。今商紂失德，天下大亂，你且不必做官，隱於山谷之中，暫忘名利。待周武興兵，你再出來立功立業。』李靖叩首在地，囘關隱跡去了。道人原是太乙眞人請到此間磨哪吒之性，以認父之情；後來父子四人肉身成聖，托塔天王乃李靖也。

本文中所引封神演義第十二至十四回之文字，幾於全部爲叙述李靖父子間——尤其李靖與哪吒之間爭鬪之故事。除文中曾指出之各點外，其餘活潑生動至性感人之描寫，雖編著者於密乘佛經及禪門機鋒中或可獲得一部分之材料與暗示，就其大體而言，要不能不視爲其個人極端聰睿之組織安排，與絲絲入扣無懈可擊之獨立創作。此固中國小說自平話進入長篇之發展衍變史中一極大收穫也。

（八）封神與吳承恩西遊記之先後

通行本吳承恩西遊記第八十三回有一段文字（見下文）與上述之李靖父子故事有關。倘吾人認爲吳承恩西遊成書之時代稍早，則此段描繪，可能爲以上所引封神演義第十二至十四回之所從出；否則，則雙方所依據者或爲同一祖本；又不然，則爲吳氏西遊鈔襲封神，或曾以封神所叙李靖父子交惡故實爲根據而撮畧刪錄其大要以膏潤其書之枝葉；三者必居其一。余以爲據目前所有之版本所顯示之證據而觀，此最後一說之可能性較大，則以據兩書之叙述詳爲比勘，封神有若干處，似俱可視爲西遊之藍本與先驅也。

（一）封神演義第四十四回及第四十五回，曾縷述闡教方面十二代上師之名諱及洞府，其中懼留孫（Krukucchanda）所居爲狹龍山飛雲洞。此洞府之名，全書各處所述皆畫一，惟於第五十二回中〔各本〕，則又爲夾龍山飛龍洞；又於第五十四回〔各本〕，飛龍洞之名再出現。此雖刻本傳寫之譌，然證以四遊記之西遊記第二十九回：『幌金繩……在壓龍洞老母收下』一段，幌金繩雖始原於佛教不動明王（Aksobhya）手中之金剛索（Vajrapasa），其在平話中出現較早者又爲京本通俗小說定山三怪及警世通言卷十九崔衙內白鷂招妖中之縛魔索，要爲封神書中懼留孫所使綑仙繩、及同書第六十六回龍吉公主所使綑龍索之直接所本，而懼留孫洞府之名，既亦係襲自同一段所敍之壓龍洞，其正確之稱謂據此及封神諸回前後不同之處而參研之，似應爲夾龍山飛龍洞；以『夾』字自『壓』字生，而『飛龍』之洞名又自『壓龍』之山名引申者也。四遊記之西遊記有壓龍山之名而無洞府之別稱，寖假至吳承恩西遊記，始又參照四遊記及封神演義之所述而整飭之，遂有『那一條幌金繩，在壓龍山壓龍洞老母親那裏收着哩』（第三十四回）之說。此余以爲西遊之成書或較晚於封神之說一也。

（二）吳氏西遊記第五十二回，十八羅漢用金丹沙降魔，足陷沙中三尺餘；蓋襲自封神演義第四十九回之紅沙陣。

（三）余研治封神演義，以爲其中紂臣聞太師（仲）部下之四將死後封四天君者——鄧忠、辛環、張節、陶榮四人，前三將於道教歷史中皆有所本，惟陶天君一角，則爲封神作者有目的之創造。然欲明陶榮之來歷，又不能不先悉聞太師（仲）之根由。余別有封神演義之作者一書（待刊，全書篇帙甚繁，不同於過去余所撰、及早稻田大學東洋文學研究第三、四號五條利子所譯之封神傳作者考。），其第十二章推斷此書爲明嘉靖時之作，並及聞仲與嘉靖時道士陶仲文之關係有云：

明世宗篤信道教，尤喜祠禱；自嘉靖二十一年（一五四二）官婢謀弒逆之變後移居西苑（明史鄧繼曾傳），更專事長生。道士邵元節於嘉靖十五年（一五三六）獲寵任拜爲禮部尚書，賜闡教輔國玉印（明史邵元節傳），其孫啓南，亦封淸微闡教崇眞衞道高士，官太常少卿（古今圖書集成神異典卷二一六引明外史）。後元節老憊，遂以目訔薦黃岡人陶仲文，仲文亦任禮部尙書，其得寵之專尤甚於元節。明史仲文傳稱當時世宗『郊廟不親，朝講盡廢，君臣不相接；獨仲文得時見，見輒賜坐，稱之爲師而不名』。仲文初爲遼東庫使，及入京，曾以符水噀劍絕宮中妖。嘉靖十八年（一五三九）仲文隨駕南行過衞輝，預示將有火警，已而行宮果火災。二十年，大同獲諜者王三，帝歸功，上元，加仲文少師，仍兼少傅少保，一人兼領三孤，史稱『終明世惟仲文一人』。案陶仲文與小說中之聞仲，實有若干影射之處。仲文加少師，小說中之聞仲亦稱太師。仲文曾在遼東，聞仲亦曾征北海達十五年（第二十七回）。陶仲文曾建雷壇於各鄉縣祝聖壽，而小說第九十九回封神時，聞仲被封爲雷祖、九天應元普化天尊。按道藏洞眞部玉訣類有白玉蟾九天應元雷聲普化天尊玉樞寶經集註，威儀類又有九天應元雷聲普化天尊寶懺，是普化天尊於道教系統中未嘗無其神也，然必以之繫諸聞仲之封典，是否因仲文曾建雷壇之故，好學深思之士必有能表章之者。

聞仲之名，顚倒之則與仲文同音，惟『文』『聞』二字形異。封神演義第六十九回，第八十六回皆有將軍文聘，至第九十九回封神時，文聘之名則已易爲聞聘。（各本皆同。）因各本此點皆同，余不能不懷疑其或非由於傳寫譌訛，而係編著者無意之間流露其撰述時之心理，以爲『文』之與『聞』亦嘗相通耳。仲文之姓爲陶氏。封神第四十一回中，黃花山有落草四寇爲鄧忠、辛環、張節、陶榮，後歸順聞仲，於九十九回封神時爲雷部二十四位天尊之前四名。四十一回中已屢稱各人爲『天君』，又云『此一回乃聞太師收鄧辛張陶四天君』；此後四人遂常爲聞仲隨身之四將，於五十二回絕龍嶺聞仲歸天時亦皆死節。其中之陶榮一人，其來歷與三天君殊，蓋大可注意者也。

北遊記話本中有三天君。例如第十七回，『雷主姓鄧名成，處爲天君，在太華宮住』；第十八回又云『鄧天君辛天君在後，未曾被捲，逃走駕雲上太華宮』，同回中亦有張天君。同回卷末玉帝旨到，『封三天君爲雷門鄧辛張元帥，主雷。鄧成判府，辛江縣，與張安各管雷門』。十九回復有『鄧辛張三人來到』，足資佐證。最後於北遊記第二十三回封神（案，封神演義一部分之封神計劃卽由於北遊記第二十三回，說見封神演義之作者第七章、封神一節。茲不具引。）時，『御封玄帝各將姓名』又有『鄧成辛江張安封爲鄧辛張元帥』，而陶榮之名獨不見北遊記或任何其他平話。此又令吾人不能不懷疑陶天君之名，乃封神演義作者所獨構，用以照應陶仲文之姓氏者。仲文在書中既爲聞仲，則陶榮得躋於太師隨身四將之列，與在平話小說傳統中具有歷史之三天君並列而爲四，有自來矣。

抑有進者，凡吾所言，懸情入理之推測耳，惟推測雖有可以近於事理者，然未必卽爲確鑿不疑之事實。且吾所據者，平話北遊記一書耳，平話中天君之鋪排秩序，亦未必卽與宋明以降道教事實上崇信不衰之統系相符。職是之故，余又嘗求之於道藏諸籍。例如太平部法海遺珠內收辛天君符法；正一部收鄧天君玄靈八門報應內旨一卷；正一部道法會元卷七十六至卷八十二收欻火律令鄧天君大法，負風猛吏辛天君大法，火雷張使者大法；而陶天君之名又復渺然。此使余益信陶仲文之歷史事實對封神演義中一部分人物之描叙，不能毫無影響者也。

夫封神一書之必出於嘉靖，王闓運湘綺樓日記光緒十九年正月廿日舉書中有狼筅爲證已先我言之，第其疑聞仲者以擬張江陵則愚不敢苟同耳。今既謂聞仲爲擬陶仲文矣，然陶張辛鄧四天君，亦見於吳著西遊記第五十一回，惟吳著所叙名字殊異。吳著第四回及第八十七回中，四天君之次序爲鄧辛張陶，與封神演義同；其中鄧辛張三天君之排列次第仍師北遊記而相連。苟如余所引文推測，陶天君一角爲封神作者所獨創藉以補充其影射之人物者，則吳書中之四天君不能爲創造而必出於承襲；作封神者構此人物而吳書承襲之，兩書成立之先後，又區以判矣。

（四）殷郊於封神第六十三回中食仙豆後卽現異相，『面如藍靛，髮似硃砂，上下獠牙，多生一目』，且生三頭六臂，狀至兇惡。及背師叛後死，至九十九回封神時，郊仍封爲『値年歲君太歲之神』。案殷郊之得爲太歲，鄙意以爲實受北遊記第二十一回所叙殷高之影響。北遊記中有云：『殷高卽時作法，將殺氣吐出，遍體金光，現出太歲眞形，三面四手』，而殷高於北遊記二十三回中亦被封爲『地司太歲殿元帥』，此固封神襲取北遊記之一證。不徒此也，封神中之殷郊爲廣成子弟子，因服食仙豆而得法身。哪吒則爲太乙眞人弟子，於第七十六回飲仙酒食火棗後，亦得同樣三頭六臂之變化。此又封神一書本身前後相襲之證據也。然北遊記中之太歲，雖『三面四手』，體生金光，然無『面如藍靛髮似硃砂』及獠牙三目之惡煞異相，惟封神之太歲殷郊有之，而封神書中他人之能現法身者亦復有之。如準提、慈航、文殊、普賢、甚至以殷郊爲藍本之哪吒、呂岳、羅宣，皆是也。法身（dharmakaya）之描繪由於封神作者所獨具之密宗知識〔見拙著封神演義之作者，第八章。〕，教外人不易獲知者也，而吳著西遊記第五十六回又有句云：『一個青臉獠牙欺太歲』；余雖未敢必此句之定受封神影響，而其句固在，若合他證而參研之，仍不失爲一値得斟酌之問題也。

（五）吳著西遊記第五十七回，孫行者爲三藏所逐，『欲待要投海島，却又羞見那三島諸仙』。按海島一稱，西遊或其他平話並不多見，惟封神演義第三十八、四十七、五十九諸回中則有之，或稱『海島諸友』。封神第五十九回，呂岳爲子牙周營諸人所敗，亦逃返九龍島重行修煉。按海島之名用於封神書中者，皆指截教諸仙居聚之所，作者借以况嘉靖時期倭寇猖獗藏污納垢之地。今吳著西遊記亦復有之。

（六）吳著西遊記第六十回，牛魔王之坐騎爲辟水金睛獸。夫火眼金睛之語法描叙，較切習俗而近自然者也，是以封神演義中鄭倫陳奇崇黑虎之坐獸皆名火眼金睛獸而不避其複贅。今西遊記之必曰辟水金睛獸者，其意豈以爲封神書中所見之同名稱過多，不能不畧易其稱，以一新讀者之耳目與？是或一道也。不然，則謂西遊第六十回牛魔王須赴亂石山碧波潭，故其跨下非辟水金睛獸莫辦。斯言也，驟聽之似亦近理，然孫行者固亦煉就火眼金睛者（第七回），而其變化下水追逐也如故；况獸之名火眼金睛者，不過異種，未必如悟空爲『風攪得烟來，把一雙眼焮紅了，弄做個老害病眼，故喚個金眼金睛』者耶？如以火眼金睛獸爲異獸之常格，則辟水金睛獸之名爲例外矣。

（七）吳著西遊記六十一回，行者與牛魔王對陣，來助戰者，有五臺山秘魔巖神通廣大潑法金剛，峨眉山清涼洞法力無量勝至金剛，須彌山摩耳崖毘盧沙門大力金剛，崑崙山金霞嶺不壞尊王永住金剛。此四金剛，實卽四天王之變相也。然不曰四天王而曰四金剛，在佛教方面言之爲不典；撫拾釋迦之須彌山及文殊說法勝地五臺、普賢化迹靈境峨眉而必曰四天王所居之處，亦復不經；且亦僅得其三，不足以合四金剛之數，不得已復有崑崙山金霞嶺之利用。夫金霞嶺者，既非如秘魔巖等之有佛教勝迹，又不爲道教三十六洞天七十二福地之所錄，則惟封神演義中玉鼎眞人之所居曰金霞洞，與之同名。而金霞嶺之所在，又正爲封神闡教聖地之崑崙山；其不如清涼洞之稱洞府而必曰金霞嶺者，蓋避免直接襲取之迹耳。〔崑崙之名，所以不避嫌者，蓋以其名大，卽佛經中亦復言之，如興起行經上云：『崑崙山者，閻浮利地之中心也。山皆寶石，周匝有五百窟，窟皆黃金，常五百羅漢居之。阿耨大泉周圍山外，山內平地河處其間，河岸有四金獸頭，口流出水，各繞一匝還其四方，投入四海。象口所出者，則黃河是也。其泉方各二十五由延，深二十一里。泉中有金臺，臺方一由延，臺上有金蓮華，以七寶爲莖。如來將五百羅漢，常以月十五日於中說戒。』至若四天王，在吳著中本無避嫌之必要，而必如此寫法者，蓋封神演義與吳著西遊俱屬文士利用前人平話改寫之作；茍有他人類似之著作在前，爲爭勝計，亦不得不標新立異也。）

（八）四遊記中之西遊記無金吒之名。吳著西遊記承襲平話中之素材，故全書中僅有木叉（惠岸），哪吒之描寫而無金吒。僅第八十三回中一段有其名：

天王道：『我止有三個兒子……大小兒名金吒，侍奉如來，做前部護法。二小兒名木叉，在南海隨觀世音做徒弟。三小兒名哪吒，在我身邊，早晚隨朝護駕。』

此段之後卽緊接另一段，亦卽愚意以爲係吳著完全受上文所引封神演義李靖父子故事影響者也。此故事在封神中爲長篇累牘精心結構獨立之創作，長達二萬言，然在吳著此回中，祇爲行文之點綴而汲取其材料，則縮節之爲不過五百字之轉述：

天王輪過刀來，望行者劈頭就砍 。早有那三太子趕上前 ，將斬妖劍架住叫道：『父王息怒。』天王大驚失色。噫！父見子以劍架刀，就當喝退，怎麽反大驚失色？原來天王生此子時，他左手掌上有個『哪』字，右手掌上有個『吒』字，故名哪吒。這太子三朝兒就下海淨身闖禍，踏倒水晶宮，捉住蛟龍要抽觔爲縧子。天王知道，恐生後患，欲殺之。哪吒奮怒，將刀在手，割肉還母，剔骨還父，還了父精母血；一點靈魂，逕到西方極樂世界告佛。佛正與衆菩薩講經，只聞得幢幡寶蓋有人叫道：『救命！』佛慧眼一看，知是哪吒之魂，卽將碧藕爲骨，荷葉爲衣，念動起死回生眞言 ， 哪吒遂得了性命。運用神力 ， 法降九十六洞妖魔，神通廣大，後來要殺天王，報那剮骨之讐。天王無奈，告求我佛如來。如來以和爲尚，賜他一座玲瓏剔透舍利子如意黃金寶塔，此塔上層層有佛，豔豔光明。喚哪吒以佛爲父，解釋了寃讐。所以稱爲托塔李天王者此也。今日因閒在家，未曾托着那塔，恐哪吒有報讐之意，故下(吓)個大驚失色，却卽回手，向塔座上取了黃金寶塔托在手間，問哪吒道：『孩兒，你以劍架住我刀，有何話說？』

以故事之發展言，吳著西遊記八十三回此段所述之『白鼻金毛鼠』實襲取四遊記中之西遊第三十九回，惟三十九回中自無以上所引天王父子往事之一段敘述。封神演義第十二至十四回鋪排此李靖父子故事，或則上襲平話，或於佛經有所依傍，具見前文考據。與吳著此兩段相比較，不僅詳畧懸殊，余以爲吳著，實卽以封神爲藍本節畧言之而已，其所以吸收此段材料入己書者，一以裝點，一以統攝兩書有關人物之故實使無過大之矛盾，因而得以並行不悖，以晚出之書言，計固無逾於此者。惟金吒之名及其事蹟，乃封神作者所獨構，故吳氏書中雖吸收其人，苦無勳勞爭戰之功績足爲之表揚，且既不在他回出現，亦難自圓其說，惟有『侍奉如來做前部護法』或可爲之彌縫而爲讀者曲諒耳。

（九）封神演義第三十八回，龍鬚虎爲申公豹所煽動，欲食姜子牙之肉。及在山嶺見子牙，遂大叫曰：『但喫姜尙一塊肉，延壽一千年。』案南遊記有華光之母吉芝陀聖母專喜食人被囚，華光上天下地終得尋獲生母之故事實爲目連變一類情節之衍化，惟未聞有吃人延壽之說。四遊記之西遊記第二十七回，連珠洞二妖金角大王銀角大王圖形畫影欲食唐僧，但未敘所以欲食之理由。至吳著西遊記第三十二回，始假金角之口補充其理由云：『唐僧乃金蟬長老臨凡，十世修行的好人。一點元陽未泄。有人喫他肉，延壽長生哩』。第四十回紅孩兒一段又重複之云：『有人喫他一塊肉，延生長壽，與長地同休』。竊疑吳著文字，蓋自封神龍鬚虎口中叫語所衍出，且多道教習語，字句之間猶可依稀其前身也。

（十）封神第四十五回，燃燈道人爲破風吼陣，不得不遣人向度厄眞人乞借定風珠。定風珠之名，又早見於封神之四十回。然吳著西遊記第五十九回，悟空爲羅刹女芭蕉扇遠搧至靈吉菩薩處，菩薩亦以定風丹相贈。查四遊記之西遊記第三十七回，並無此項情節。

（十一）四遊記之西遊記第三十四回，老君之青牛竊主人之金剛圈下凡，雖與行者及行者所借天兵交戰，然並無與火部相抗衡之叙述。至吳著西遊記第五十一回，此妖魔遂大戰諸火神，將各神祇之武器火龍、火馬、火鴉、火鼠、火刀、火弓、火箭掃數用圈子收去。案火鴉初見於南遊記第九回，而火鴉、火箭、火龍皆出現於封神第六十四回，爲羅宣所有之武器。至於火馬，亦可能由羅宣之坐騎赤烟駒化出。

以上所列擧十一點，大旨在說明吳著西遊記之成書時代，可能尙遲於封神演義，據各點所指，且有若干處應爲封神書中叙述所演化，至少亦應受封神之影響。余前文已言中國小說之傳統在因襲。卽以封神而言，其承襲自水滸三國二書者亦甚多；苟西遊確有可信其爲襲取封神之處，實亦不足爲詬病。玆篇所叙，惟在指出西遊記第八十三回所記李靖父子故事，似亦此種承襲收獲之一；至於封神作者本身，除承襲武王伐紂書，列國志傳諸籍外，亦曾從其他平話講史及釋道典籍中多所汲取。然彼與以往之話本編輯者或出版者稍有不同，他人僅利鈔襲翻刻，彼能利用豐富之想像力與典縟之辭藻以融會增飾之、裝點搏合之、使成前後條貫一氣呵成之作，遂得躋於水滸三國文學著作之林，是則編著者之進步耳。魯迅嘗指出吳承恩之約畧時代爲正德萬曆間（一五一零——一五八零）（注三十），而吾人所知最早之吳著西遊記版本則可能在萬曆中葉，至早亦須萬曆二十年（一五九二）〔注三十一〕；然則吾人苟謂封神演義之編纂時約在嘉靖中，要亦不失爲可信。是則本篇之餘論矣。（保留本篇之出版及翻譯等權益。）

〔附記〕一九五七年秋居德國馬堡（Marburg）一古堡之下約半月，因得閒謁牟先生潤孫。先生雅囑爲學報撰文，久無以應；匆又一年，立秋已過，姑拈小題奉答，仍丐先生及讀者諸賢指正。

附注

〔一〕卷十六，捨宮出家品。

〔二〕楊景賢唐三藏西天取經第九齣，有句云：『毘沙門下李天王』。七國春秋平話卷下，有『毗沙門托塔李天王』。講史說話者流，復由毘沙門進一步創出毘沙宮之名稱。如南遊記第十一回云『毘沙宮李靖天王』。封神第十二回長讚有毘沙宮，『毘』字係誤刻。

〔三〕新唐書卷十五，禮樂志，五。

〔四〕古今說海，說淵部，已集；又收入叢書集成初編。

〔五〕明寧化縣志引，見古今圖書集成神異典卷五十四。

〔六〕大唐三藏取經詩話上，入大梵天王宮第三有云：『今日北方毗沙門大梵天王水晶宮設齋』。

〔七〕吳曾祺編舊小說，乙集所引；一九一零年商務印書館本；重印本。

〔八〕雲笈七籤卷四，道教相承次第錄有李靖之名。道藏洞神部方法類有天老神光經，云『貞觀左僕射衛國公李靖修』。

〔九〕日本大正一切經刊行會刊印，高楠順次郎、渡邊海旭編大藏經〔一二四九〕北方毘沙門天王隨軍護法儀軌；大藏經〔一二四八〕北方毘沙門天王隨軍護法眞言，皆不空所譯。

〔十〕大藏經增一阿含經卷二十二，（三十）須陀品。

〔十一〕唐開成三年（八三八）十二月十五日，盧弘正撰興唐寺毘沙門天王記云：『毘沙門天王者，佛之臂指也。右扼吳鈎，左持寶塔』。古今圖書集成神異典卷九十一引。

〔十二〕楊景賢唐三藏西天取經第八齣，有『那吒三太子』；王季烈孤本元明雜劇內收無名氏猛烈那吒三變化；元無名氏雜劇叮叮噹噹盆兒鬼第一折，有『黑臉那吒』，第二折有『那吒法』，其來原皆與密教有關。那吒之名，又見其他雜劇，繁不具引；仙呂宮有哪吒令則樂調中至普通者。

〔十三〕曾承友人介紹向日本多摩美術大學佛教藝術教授逸見梅榮先生及其他學者請益；本人又曾函叩天台宗大德倓虛法師及密宗學者數人。倓老開示畧云此乃枝節問題，治佛學者當求其本。自宗教立場言之，此固不易之論也。

〔十四〕丁福保編，上海醫學書局一九三九年第四版。

〔十五〕大藏經〔二十四〕閣那崛多譯；參考〔二十五〕起世因本經卷六及卷七。

〔十六〕大藏經〔三九七〕，北涼曇無讖譯。此處余所注之梵文音譯可能有出入，因目前此經尚乏公認之名稱也。

〔十七〕增長、廣目、多聞，持國；參看大藏經〔六六五〕金光明最勝王經（Suvasnaprathasa Sutta Sutra）卷十一及卷十二。按，此經之梵名亦有問題。

〔十八〕大藏經〔二十〕。

〔十九〕佛國記此書有李雅各（James Legge）譯本，諳西文有關參考資者可參閱 A Record of Buddhistic Kingdoms, Ch. 25, P. 37, Oxford, 1886.

〔二十〕新編五代史平話，一九一一年武進董氏誦芬室本；通行排印本。

〔二十一〕大藏經〔九〕佛說人仙經。

〔二十二〕四遊記中之西遊記第三十九回，寶德關乃李靖在天宮之所居。

〔二十三〕大藏經〔一九零〕，闍那崛多譯；仍參閱 Sister Nivedita & Ananda K. Coomaraswamy: Myths of the Hindus & Buddhists, PP. 261-262, George G. Harrap & Co., London, 1914.

〔二十四〕南懷瑾著禪海蠡測，第十五章禪宗與密宗，頁二零五至二一一，一九五五年台北淨名學舍版。參閱 Daisetz Teitaro Suzuki(鈴木大拙): Essays in Zen Buddhism, Second Series, P.94, Luzac & Co., London, 1933.

〔二十五〕在宋元以還之各項紀載中，那吒與密宗之關係仍爲多數人所注意。參看洪邁夷堅三志，卷六，程法師條，涵芬樓本；太平廣記卷九十二，異僧類，並收那吒故事。元曲中常稱那吒爲『狠那吒』。

〔二十六〕大藏經〔二零三〕；參看大藏經〔一五六〕大方便佛報恩經，卷一，孝養品。

〔二十七〕大藏經〔一二四七〕。

〔二十八〕此經已有兩種英譯本爲 W.E.Soothill: The Lotus of the Wonderful Law, P.256, Oxford, 1930; 及較

早之 H. Kern: The Lotus of the True Law, Sacred Books of the East, 1884.

〔二十九〕日本續藏經第一輯，一九一二版。

〔三十〕中國小說史畧，第十七章，頁一六八。

〔三十一〕日本東京所見中國小說書目，頁一零一至一零二。世德堂刊本『壬辰夏端四日』，當係萬曆二十年。

兩晉三省制度之淵源、特色及其演變

陳啓雲

引言

兩晉職官，上承漢魏，下開南北朝，是一連串史實演變歷程，缺乏一個鮮明的制度典型；而且由於建制之初，干戈擾攘，局勢動盪不居，更無若何理想和規模，足供後世取範。所以歷來治政制史者，不是單提漢唐，把魏晉六朝依前附後敘述，便是合魏晉南北朝一氣，作為漢唐職官演變的津樑。這樣，於整個中古政制的發展，固然是眉目分明，輕重得當；但決不能說，便盡了魏晉各朝政府制局的「本態」。

杜佑通典為條貫唐以前歷代制度的政書，其職官篇就是以中唐官制為基準。李唐中葉，尚書職權日就墮隳，二省侍郎舍人聲勢方殷，是以杜氏之論相職，重機要而輕位望，重中書門下而輕尚書。條貫所及，對於魏晉六朝官制，遂不免失之偏頗。杜氏以中唐變局轉訾唐初尚書制度，近人嚴耕望先生已認為有失中肯（見中研院史語集刊第二十四本，論唐代尚書省之職權與地位一文）；其論隋代宰相，曾了若先生在隋宰輔官制考一文中，亦頗表懷疑（見中山大學文史研究所刊二卷三、四期）；至於晉代，則似尚無專文討論。

不敏年來研究魏晉南北朝官制，初只擬就正史、政書、文集、金石、釋藏、類書中有關此時期各職官名目的變換、員額的增減、職事的概畧、實權的輕重，以及大小官員的姓名、籍貫、出身、遷轉、位號、行事等資料，蒐集考訂，作為箋注或叢考，俾畧補史志、政書的闕漏而已。但後來在分析整理材料時，發現了下列幾點問題：

一、就歷代政制的類型來說：漢代的「公卿（首長）制」和唐代的「三省（合議）制」爲我國中古中央政府制度二大類型；兩晉尚書省首長的地位類似漢代公卿，然另一方面，其治事方式又近於唐代三省；所以晉世的相制，可以說是漢唐以外一種特殊的類型，也可以說是由「首長制」過渡至「合議制」的一種中間類型。不過這類型存在的時間很短，而且沒有發展出一套嚴密的制度，後人所能窺見者，只是這類型的一些「特色」而已。

二、就三省制度的發展來說：「兩漢爲尚書制度之發展期；魏晉爲中書制度之發展期；南北朝爲門下制度之發展期」，這本是政制史上的常識；然而兩漢重尚書時，中書門下職事的淵源，是否已有迹象可尋？魏晉重中書時，尚書與門下地位如何？南北朝重門下之際，尚書與中書權勢又如何？却很少人提及。實則，若就三省發展的全面歷程來看，眞正的情形應該是：

兩漢重公卿及尚書（中書、門下尚未成形）；

魏晉重尚書及中書（門下已在發展）；

晉末宋初重尚書及門下（中書頗受摧殘）→此趨勢傳至北魏，是以北朝亦重尚書及門下（中書稍遜）；

而南朝自劉宋中葉以後，中書權勢復興，舍人地位日益重要，於是形成南朝晚期的官制（門下、中書並重、尚書畧遜）；

隋及唐初的制度猶近於北朝；至太宗以後，又兼採南朝制度，結果出現了集大成的唐代三省制。

茲圖示如下：

魏晉（重尚書、中書）→晉末宋初（重尚書、門下）→宋末及齊、梁、陳（重門下、中書）
北魏、北齊（重尚書、門下）→隋及唐初
→唐太宗以後之三省制度

由這個脈絡看來，晉末宋初正是南北朝官制的分歧點；因此，有關兩晉官制的幾個問題，如：

中書省興起以後與尚書省之關係如何？

晉末宋初，何以中書權勢稍衰而門下權勢較盛？

尚書省權勢發展之巔峯時期究在何世？其眞正衰落又在何時？

此等問題的研究和解答，對於唐以前三省制度發展之線索，實在息息相關。

三、純就尚書制度本身來說：隋及唐初，尚書省的地位，仍甚顯赫，其品秩、禮遇及職制，都遠非兩漢所能及，可見自東漢以後，尚書制度仍然在繼續發展中。就現存史料而論斷：尚書一省職制發展的成熟時期，當在兩晉。譬如：尚書省有「總匯朝政」、「師長百官」、「統領羣司」的性能，此等性能之淵源，雖可遠迹於漢季，但其著在「令式」，則自兩晉時代始，洎乎隋唐，實在已近尾聲。因此要追尋尚書制度之特色，亦應以晉世爲主要着眼點。

由於上述問題的觸發，筆者乃思以兩晉尚書、中書、門下三省制度爲研究核心，上溯其源，中析其異，下述其變。私心所向，厥欲以漢魏制度，還諸漢魏，司馬氏制度，還諸司馬，以述漢唐相制津樑，並明一代之變局。

所惜者，兩晉安治日子比較漢唐短促得多，而且由於權臣專擅，方任囂張，其政制特色未能發展爲一完整有力的制度規模，後世所能窺見的，亦僅限於一理論上之特色而已。此一理論特色唯有就漢唐制度演化的歷程中比較觀之，始有意義。以是本文核心，雖在兩晉，然行文論證所及，上而漢魏下而李唐，亦不能不有所徵引。

全文共分十七節，依其叙述性質，約可歸併爲四部份：第一章考述晋代尚書制度的淵源與特色；第二章根據此特色進而推論尚書省與百官羣司關係的演變；第三章考述晋代中書、門下（散騎附）制度的淵源及其特性；第四章則根據三省制度的特色以推衍尚書、中書、門下權勢興替遞轉之經過，並分析其內在因素。全文以三省行事職制爲主要研究對象。至於幾點枝節問題，則分別作爲附論，雜置各章之末。

陳啓雲識於一九五八年秋

目錄

壹：晉尚書省之地位及特性

一、晉人對尚書省長官之新稱謂及其問題

晉人稱尚書令爲：「冢宰」、「朝首」、「端右」、「執政」、「總百揆」、「總萬機」、「綜朝政」之文甚多。

曹嘉之晉紀云：「荀勗……爲尚書令，詔曰：周之冢宰，今尚書令，皆古百揆之任，以其亮采惠疇，熙帝之載，實允於此，勗……受終之揆，協於大麓，故授此位也。」（書鈔五十九引）又荀勗集云：「昔六官所掌，冢宰爲首，秦公卿等，以丞相御史爲冠，今尚書令總此三者。」（書鈔五十九引）又晉公卿禮秩云：「尚書令拜受命，皆策命，薨則於朝堂發哀，古之冢宰，以在端右故也。」（御覽二一〇引，初學記一一，書鈔五九畧同）又晉中興書云：「謝石……上疏遜位曰：尚書令國之冢宰，總括百揆，憲範王猷，式造羣辟……。」（書鈔五九引。）

——按以上稱「冢宰」。

晉書刁協傳：「丹陽尹殷融議曰……中興四佐（刁協）位爲朝首……。」晉書范弘之傳：……「謝石薨請謚…弘之議曰：石……屢登崇顯，總司百揆，翼贊三台……古之賢輔…今石位居朝端，任則論道……。」

按晉書謝石傳石之官號最高者爲衛將軍，後進開府儀同三司，未拜卒。其所歷實職，則外爲都督，內歷令僕，弘之之稱，多就令僕而言無疑。

晉書孔愉傳：「遷左僕射，咸和八年詔曰：『尚書令玩，左僕射愉……端右任重，先朝所寄……。』」……表曰：『臣以朽闇，忝厠朝右…無益毗佐。』」晉書卞壼傳：「受顧託之重，居端右之任……。」晉書顧和傳：「……百揆務殷，端右總要……。」晉起居注云：「太始元年詔曰：夫尚書令，總百揆之得失，管王政之開塞者，端右之職也……。」（書鈔五十九引）晉書陸曄傳：「復自陳曰：……總括憲召，豫聞政道，特以端右機要……徒以端右要重，興替所存……今復外參論道，內統百揆……。」

——按以上稱「朝首」、「端右」、「總百揆」。

晉起居注云：「武帝太始元年，詔曰：尚書令百揆之首，乃總齊機衡，出納朝政……。」（書鈔五十九引）晉百官表云：「尚書令……出納王命，敷奏萬機。」（類聚四八引）晉中興書曰：「熊遠啓，伏見吏部以荀組爲尚書令，復領豫州牧……宜入領百揆，敷奏萬機，不宜處分偏領之任……。」（書鈔五九引）宋書天文志：「咸康六年……四月丁丑，熒惑犯右執法，占曰：執法者憂……是時尚書令何充爲執法，有譴，欲避其咎，明年求爲中書令。」（晉書天文志同，唯執法作執政。）

按晉書何充傳不言爲尚書令，此見晉志與宋志，又世說新語注孫統爲柔集叙曰「柔……尚書令何充取爲冠軍參軍。」則充實曾爲尚書令，本傳失書。

張華尚書令箴：「……昔舜納大麓，七政以齊……。」（初學記十一引。）

——按以上言「萬機」、「執法」、「執政」。

僕射爲尚書令副貳，亦有類似稱謂。

唐六典：「魏晉宋齊……僕射職爲執法，置二則曰左右執法。」晉書山濤傳：「及羊祜執政，時人欲危裴秀，濤正色保持之，由是失權臣意。」廿二史考異曰：「按泰始初，羊祜爲尙書右僕射，故云執政也。」干寶晉紀：「武帝詔曰：散騎常侍中軍將軍羊祜……雖處腹心之任，不總樞機之重，非垂拱無爲，委任責成之意也，以祜爲尙書左僕射衞將軍。」（書鈔五九，御覽二一一引）晉起居注：「泰始七年詔曰：尙書〔僕射總〕括萬機以貳紀綱，綜詳朝政也。」（書鈔五九引）世說新語：「桓公語嘉賓：阿源有德有言，向使作令僕，足以儀刑百揆，朝廷用違其才耳。」

其餘八坐均稱「參攝百揆」。

謝靈運晉書：「尙書六人謂之八座，參攝百揆，出納王命，古元凱之任也。」（御覽二一一引）晉起居注：「尙書萬事之本，朕所責成者也……今雖軍國多費，不爲元凱惜祿……。」（書鈔五九引）晉陽秋：「王敦既平……詔尙書令僕射尙書曰：諸君……予違汝弼，堯舜之相君臣，吾雖闇度，不距道臣之談，稷契之任，諸君居之矣，望共勗之。」（御覽九十八引）晉書五行志：「永興二年七月甲午，尙書諸曹火起……夫百揆王化之本，王者棄法律之應也。」

這些稱謂，多見於兩晉詔奏章表，可說眞正代表了當時一般人心目中對尙書省長官的看法。

上述稱謂有些因襲漢代舊稱，有些却爲漢代所無。漢人多以「納言」、「樞要」、「機衡」、「君主喉舌」稱呼尙書官員（見後漢書耿純傳韋彪傳郎顗傳周榮傳及三國志王肅傳），獨前漢賈損之蕭望之後漢李固等稱尙書爲「百官政本」「責之所歸」（各見本傳），但却很少發現稱尙書令僕八坐爲「冢宰」、「朝首」、「百揆」、「執政」

者。這種帶有「政府首領」涵義的稱謂，大概自魏晉以來才逐漸加諸尚書省長官身上。

按：三國魏志賈詡傳：「傕等……以爲尚書僕射，詡曰尚書僕射，官之師長，天下所望，詡名不素重，非所以服人也……乃更拜詡尚書。」至隋唐時代則此等稱謂已成俗套，不足重視矣。

由於通典以中書監令爲晉代宰相常任，困學紀聞亦謂「漢政歸尚書，魏晉政歸中書，後魏政歸門下」。歷代職官表內閣表遂列舉：「丞相、相國、司徒、及中書監令」爲晉代宰相，而尚書省長官不與焉。這樣很容易使人發生一種推論，即認兩晉是尚書制度衰退期，或者認定此時尚書樞機之權已盡失，其地位最多不過與卿寺同列而已。這裏有一疑問：假如兩晉是尚書制度衰退期，何以時人反而加尚書省長官以前所未有的尊崇稱號？當時人又爲何一再以「機衡」，「萬機」等辭句來形容尚書官員之職務？

基于這一疑問，筆者對西漢、東漢、魏、晉各時代尚書機構的性質，及其與天子、百官間之關係，作了一番比較研究。發現尚書制度發展之途徑如下：

在尚書機構興起之初（即西漢及東漢初），其所以稱爲「機要」實在含有三種意義：

第一：它是君主左右親近的一個機構；

第二：這機構的職務在處理君主和政府間來往的文書；

第三：由於政府一切措施要獲得君主的最後認可，所以一切公務文書都要經過尚書之手，而尚書處理此等文書亦即帶有處分全國公務之可能性。

這三種特性經後漢而魏晉，逐漸發生變化：

第一：自東漢中葉以來，尚書機構逐漸與君主宮廷疏遠，獨立發展成爲朝廷政府機關；

第二：由漢至唐，尚書處理文案之手續和方式日趨謹密與完整，然尚書省爲「處理文案機構」之特性仍未改變；

第三：尚書機構自始卽具有「總滙政務」和「發號施令」之性能，不過在未脫離君主近側的時候，尚書地位猶屬卑官近臣。當時政令之主體爲君主而非尚書，尚書不過是「發號施令」之工具而已。及尚書機構脫離君主左右而獨立以後，尚書官對於政務始有眞正之「處理權」；對於群司始有眞正之「命令權」；對於百官始有眞正之「師率權」；此時尚書省才正式成爲「總理政務」、「統轄百僚」的最高機關。

以下各節謹就這幾個論點畧作考述。

二、尚書與君主關係疏遠之由來及其影響

尚書制度發展的第一個明顯迹象，是此機構與君主關係之逐漸疏遠。一般認爲兩晉尚書權勢衰落者，也大都在這一點上着眼。中國歷代職官的發展，多數是由內官變爲外官，然後逐漸衰落。尚書機構自亦不能例外。不過有一個問題，便是職官由「疏外」而至「衰落」，中間是否有一段時間上的距離？若就秦漢「丞相」「御史」制度的演變看來，內官化爲外官以後，中間還要經過一段「高峯期間」，才逐漸走向下坡路：

內官疏外 ──→ 高峯期間 ──→ 失勢

尚書制度的發展，是否也有這樣一段「高峯期間」？若有，又當在何時？這是首先要提出來的。

其次，尚書機構疏外，是東漢以來發展的結果：

按西漢自武帝以後，有中外朝之制，領尚書事者爲中朝領袖，尚書則爲內朝之祕書機關，與君主極爲親近（見漢書霍光、車千秋、楊敞，張安世、魏相、孔光、王莽等傳，及錢大昕三史拾遺、王先謙漢書補注，陳樹鏞漢官答問、勞榦論漢代的內朝與外朝）。至宣元二帝時，尚書雖一度受制於「中書」，然二者所爭，仍爲內朝君權。

中外朝之分，至後漢而起變化；由於宮廷制度確立，東京不復有中朝之組織。蓋前漢中官或參用士人（如中謁者、大長秋、中常侍）此時一律改爲宦官（見後漢書宦者列傳及續百官志）。禁中本包括「殿省」與「後宮」二部份，至是除侍中以外，士人只能入殿內，而不能入後宮，於是殿中諸官如尚書、御史、謁者、郎官等，均逐漸疏外，宮中另有中常侍，中宮尚書，中宮謁者，中黃門，小黃門等與之對當（見續百官志）。關于郎官之疏外，已見嚴耕望秦漢郎吏制度攷，御史謁者之疏外，後當另爲兩漢樞機職事之演變與三台制度之發展一文以攷述之，今只畧述尚書之疏外情形：

尚書之官在東漢光武和明帝時雖猶親近，如後漢書申屠剛傳：「遷尚書令……時內外群臣多帝自選舉……尚書近臣，至乃捶撲牽曳於前……。」又鍾離意傳：「近臣尚書以下，至見提拽，嘗以事怒郎藥崧，以杖撞之，崧走入牀下，帝怒甚，疾言郎出郎出，崧曰天子穆穆，諸侯煌煌，未聞人君，自起撞郎……。」又「藥崧……爲郎，常獨直臺上，無被枕杫，食糟糠，帝每夜入臺，輒見崧，問其故，甚嘉之。」是尚書在殿省猶甚親近也。不過此時尚書與後宮間之連繫，已落在宦官之手：

漢官：「尚書郎奏事於明光殿……伏其下奏事，黃門侍郎對揖跪受。」（御覽二二一引）又後漢書馮豹傳：

「拜尚書郎，忠勤不懈，每奏事未報，常俯伏省閤，或從昏至明，肅宗聞而嘉之，使黃門持被覆豹，勑令勿驚。」又郭躬傳：「中常侍孫章宣詔，誤言兩報重，尚書奏章矯制，罪當腰斬。」又宋均傳：「徵拜尚書令……嘗删剪疑事，帝以爲有姦，大怒……諸尚書惶恐皆叩頭謝罪，均顧厲色云云……小黃門在旁，入具以聞，帝善其不撓，即令貰郎。」可徵尚書只在前殿不得入後宮，自此尚書之官日益疏遠。和安二帝時，尚書已不能常見帝面：

後漢書翟酺傳「……入爲尚書僕射，是時大將軍梁冀貴戚秉權……酺與尚書令尹勳數奏其事，又因陛見陳聞罪失。」又何敞傳：「後拜爲尚書復上封事。」又後漢書安帝紀：「永寧二年二月，寢病漸篤，乃乘輦於前殿見侍中尚書。」是尚書不能常見帝面，有事乃須奏封事也。至順帝以後，尚事陛見之機會更少，其與君主之關係益爲疏遠：

後漢書桓焉傳：「順帝即位拜太傅……因讌見建言宜引三公尚書入省事，帝從之。」又順帝紀：「永建元年九月辛亥，初令三公尚書入奏事。」又周舉傳：「徵拜尚書……是歲河南三輔大旱……因召見舉及尚書令成翊世，僕射黃瓊，問以得失……永和元年災異數見，省內惡之，詔公卿中二千石尚書詣顯親殿問：……。」又黃瓊傳：「……稍迁尚書僕射……復上疏曰云云……書奏，引見德陽殿。」

是尚書非奉特詔不得見天子矣。

此時尚書已有「外官」之稱，時人亦不復以君主左右近習目之：

後漢書李固傳：「陽嘉二年……對策……曰……今陛下之有尚書，猶天之有北斗也……尚書出納王命，賦政四海，權尊勢重，責之所歸……今與陛下共理天下者，外則公卿尚書，內則常侍黃門……。」又陳蕃傳：「上疏曰……陛下宜割塞近習豫政之源，引納尚書……。」此均列尚書爲外官，與所謂近習成強烈對比。

東漢尚書組織變爲外朝機構，「錄尚書」者亦由中朝領袖而變成外朝大臣，逐漸與皇室疏遠。

按前漢領尚書事者本爲中朝領袖，佐行君權（卽輔政），廢立大策，均所內定（見前述中外朝制下引諸書）。後漢自章帝始，雖亦依西京舊制，置錄尚書事官，以佐行君權，然由於中外界限分明，錄尚書者多爲外朝大臣，有行君權之名，而無其實，於是「君權」落在宮宦之手，而錄尚書亦變爲外朝「相職」之一種型態：

後漢書竇憲傳：「遷侍中……兄弟親幸，並侍宮省……和帝卽位，太后臨朝，憲以侍中內幹機密，出宣誥命……憲以前太尉鄧彪有義讓，先帝所敬，而仁厚委隨，故尊崇之，以爲太傅，百官總己以聽，其所施爲，輒外令彪奏，內白太后，事無不從。」又鄧彪傳：「和帝卽位，以彪爲太傅錄尚書事，永元初竇氏專權驕縱……在位修身而已，不能有所匡正……。」按此時臨朝之太后實操「君權」，政事最後決定全在「內白太后」一語，而令鄧彪外奏，則爲行政形式，此卽「君權」與「相職」之分野也。此後帝位之繼立均定策於宮中，錄尚書者不與焉：

後漢書殤帝紀：「延平元年春正月，太尉張禹爲太傅，司徒徐防爲太尉，參錄尚書事，百官總己以聽。」而安帝紀：「延平元年八月殤帝崩，太后與兄車騎將軍鄧騭定策禁中……迎帝。」是安帝之立，錄尚書者不與定策也。又質帝紀：「永嘉元年……冲帝崩，皇太后與冀定策禁中……迎帝。」按梁冀之參錄尚書在本初元年六月戊子，時未爲錄也。又靈帝紀：「永康元年，桓帝崩，無子，皇太后與父城門校尉竇武定策禁中……。」而竇武之參錄尚書則在建寧元年正月，時亦未爲錄也。此外安帝桓帝之立，亦由外戚定策禁中，順帝則由宦官擁立（均見後漢書本紀）。

帝位繼立之決定，自屬「君權」範圍，錄尚書者多不與知，其疏外可知。

尚書機構疏外，既不自魏晋始，則以此作爲兩晋尚書權力衰墮的理由，似尚有未盡之處。且就後漢來說，這是尚書制度發展時期，而尚書與君主間的關係也同在這個期間開始疏遠。由此可見尚書機構之疏外，並不就等於其權力的衰落也。

茲進而討論尚書疏外以後其職權發展情形於後。

三、尚書處理公文之舊制度與新發展

漢代尚書被稱爲「樞機」，並不單純由於它與君主關係之密切，而是因爲此機構總管着中央文書政令。其時全國政務之處理都要經過天子同意，重大政令之發布都要以天子名義頒下，所以國家大政均須化爲文書形式，通過尚書機構。尚書官員處理這些文書，也就等於在處理全國政務。就此點而言，前漢蕭望之貢捐之等稱尚書爲「百官政本」，後漢李固稱尚書爲「君主喉舌，賦政四海」（各見本傳），自有道理。不過文書處理之職事，就其性質却可分爲二類：

第一：事務——包括文書之驗收，啓封、登記、轉送；文具之供應；詔書之繕寫、校正、封印、遣發等；屬於文案形式方面之處理權；

第二：政務——包括檢核、參詳、署議、擬辦等；屬於文案內容方面之處理權。

漢代，尚書之職事屬於處理文書事務方面者居多。

按尚書源出少府屬官，少府之職本在供給御用之財物及役使，故尚書原爲供給文具，治理文書之事務官。其後尚書官與知政事的方式有三：

一爲依百官奏事方式作爲奏疏或封事（見後漢書侯霸傳鍾離意傳朱穆傳何敞傳陳忠傳霍諝傳左雄傳黃瓊傳等）；

二爲君主以疑事詢問尚書，或交由尚書議處（見前漢書孔光傳後漢書鄧壽傳朱暉傳周舉傳及西域傳等）；

三爲尚書於文書通過時，巡行處置，或輒附署處理意見。

以上一二兩種方式，公卿百官以至天子左右近臣，均可行之，不專於尚書，故非尚書機構之特有職權。只有第三種方式始得稱爲尚書處決文書之獨特職制。此職制之由來，乃因尚書爲公文檔案之保存機關，此等檔案累積而成爲行政規程，卽所謂「故事舊章」，於是尚書根據故事程式可對政事公文提供處理繩準（漢書灌夫傳：案尚書，大行無遺詔；孔光傳：爲尚書，觀故事品式，數歲，明習漢制及法令；後漢書鄧騭傳：從尚書訪取廢帝故事；應劭傳：集尚書舊事五曹詔書以爲律令。左雄傳：每有章奏，台閣以爲故事，又案尚書故事，無乳母爵邑之制；樊準傳：爲尚書令，明習故事，遂見任用。）此爲尚書制度最特殊之性能，亦爲尙書處理政務權職之最重要淵源。

然漢世尙書根據此繩準作消極糾劾的事例甚多（另見後論尙書監察權節），其就故事程式積極處理公文政務之事例反不多見。據

後漢書宋均傳：「徵拜尙書令，每有駁議，多合上旨，均嘗刪剪疑事……。」後漢書鍾離意傳：「轉爲尙書僕射……獨敢諫爭，數封還詔書……。」又後漢書陳寵傳：「肅宗初爲尙書，是時承永平故事……尙書決事，率近於重……。」

此三例雖屬「巡行處置」之制，然時間均在東漢初期，其時台閣用事，「典尙書之制」尙未復興。及後「典尙書」者權力又重，此等事例遂不多見(典尙書制之考述另見後第十節)。章帝末年，朱暉已因輒議詔書而受愆：據後漢書朱暉傳：「是時穀貴……尙書張林上言……於是詔諸尙書通議，暉奏據林言不可施行，事遂寢，後陳事者復重述林前議以爲於國誠便，帝然之，有詔施行，暉獨復奏……帝卒以林等言爲然，得暉重議，因發怒，切責諸尙書，暉等皆自繫獄三日，詔勅出之，曰：國家樂聞駁議，黃髮無愆，詔書過耳，何故自繫，暉因稱病篤，不肯復署議。」按此例，前半仍屬上述尙書處事之第二種方式，後半始近于「輒附署處理意見」，然朱暉已因此而獲愆。其後常侍黃門等「典尙書」者權勢益重，後漢書各傳中甚少再發現此類證據！

今再以順帝時尙書令左雄爲例：後漢書左雄傳：「由是拜雄尙書，再遷尙書令，上疏陳事云云……帝感其言，申下有司，考其眞僞，詳所施行，雄之所言，皆明達政體，而官豎擅權，終不能用……永建四年，又

上疏言，……書奏並不省……又上言，……帝從之。……初帝廢爲濟陰王，乳母宋娥……立帝，帝後以娥有謀，遂封爲山陽君……又封大將軍梁商子冀……雄上封事云云……帝不聽，雄復諫曰：……臣伏見詔書顧念阿母舊德宿恩，欲加顯賞，案尚書故事，無乳母爵邑之制……。」今按左雄所言，順帝用與不用，此猶屬人事問題。獨左雄上言之方式，則爲其時尚書制度一大癥結。通鑑卷三十四前漢王嘉上疏文下，胡三省注曰：「按嘉此疏，誠中當時之病，然爲相者在於朝夕納誨，隨事矯正，天下不能窺其際，而自臻於治平，不在著見於奏疏，以騰口說也。自宣帝之後，爲相者始加詳於奏疏，考其治迹，愈不逮前，相業固不在此也。」此說誠然，蓋丞相若能朝夕納誨，隨事矯正，何須更見諸奏疏哉。西漢中葉以後，丞相決事權已爲內朝所奪，爲相者始加詳於奏疏，以此觀東漢之尚書亦復如是。其時尚書於文書政事內容若有處理權力，何須屢上疏奏耶？且順帝封乳母之舉，既於尚書故事不合，左雄自可依鍾離意之例，輒封還詔書，或附署駁議，今不出此，乃上封事，觀左雄傳後言有地震山崩之異，雄復上疏諫請宜還乳母之封，帝卒封之，是左雄雖爲尚書令，然於詔書之處理，似無若何法定權力也。范書稱雄有蹇蹇之節，非懦怯畏事者可比，是其眞不能，非不爲也。

綜觀金石萃編卷八卷十五，蔡邕獨斷，容齋續筆卷四漢代文書式條，又漢官答問卷一尚書條，及漢官六種等之零星記述，兩漢尚書處理文書之法定職權，不過將臣下奏表加署「奏上年月日」等字樣，奉入以交「典尚書事」者，並報所上者云「已奏」，而已耳。洪邁云兩漢文書不滯（見續筆卷四），靳恒云昔漢制反支日亦通奏事（見文獻通攷），此亦足爲漢代尚書對文書處理權力不大一旁證。

觀上述種次，漢世處分文案的權力實際上在「領・錄・典・平」尚書事諸官之手（另見第十節），尚書機關則不過替這些官員服務而已。

魏晉以來，尚書雖已疏外，但其掌管文案之特性並未改變，此時尚書機關與君主關係較為疏隔，天子直接干預尚書內部職事的機會，因而亦大為減少，如魏明帝時：「陳矯……遷尚書令……車駕嘗卒至尚書門，矯跪問帝曰：陛下欲何之，帝曰：欲案行文書耳，矯曰：此自臣職分，非陛下所宜臨也，若臣不稱其職，則請就黜退，陛下宜還，帝慙，回車而反。」又「徐宣……為左僕射，後加侍中光祿大夫，車駕幸許昌，總統留事，帝還，主者奉呈文書，詔曰：吾省與僕射何異，竟不視。」（均見三國魏志本傳）尚書對文案之處理反獲得較大的獨立權力。尚書制度在這一方面的特性亦更為顯著。

首就臣下奏表之呈遞而論：兩晉時期，一切有關政府公務之奏表，仍以尚書省為其呈送之正式機關（尚書・中書・門下三省官員除外；其餘百官有逕詣見中書者則為特例，此當留待討論中書省時再行攷述）。

按晉書劉琨傳：「永嘉元年為并州刺史……在路上表曰……今上尚書，請此州穀五百萬斛，絹五百萬斤，願陛下時出臣表，速見聽處。」晉書王濬傳：「濬復表曰：被壬戌詔書下安東將軍所上揚州刺史周浚書，謂臣云云……輒公文上尚書具列本末。」晉書皇甫重傳：「李含先與商重有隙，每銜之，及此說顒……重知其謀，乃露檄上尚書……。」又晉書溫嶠傳：「嶠於是列上尚書，陳峻罪狀。」又通典九十八：「太常賀循上尚書……。」又通典五十三：「東晉元帝時，太常賀循上言尚書……被符云云。」此地方長官及中央卿寺奏事經尚書之證也。

宋書禮志載有宋元嘉年間政府公文程式，通典七十一所引，與此大同小異。茲摘錄如下：

「尙書僕射尙書左右丞某甲死罪死罪某事云云參議以爲宜如是事諾奉行（通典下有死罪死罪）某年月日某曹上。

右箋儀準於啓事年月右方關門下位及尙書官署，其言選事者依舊不經它官。

太常主者寺押某署令某甲辭言某事云云求告報如所稱詳檢相應令聽如所上處事諾明詳旨申勤依承不得有虧符到奉行，年月日起尙書某曹。

右符儀（通典無此段）

某曹關太常甲乙啓辭押某署令某甲上言某事云云請台告報如所稱主者詳檢相應請（通典無請字）聽如所上事諾別符申攝奉行，謹關

年月日

右關事儀準於黃案年月日右方（通典無方字）關門下位年月下左方附別（通典作列）尙書衆官署其尙書名下應云奏者，今言關，餘皆如黃案式。

某曹關司徒長史壬（通典作王）申啓辭押某州刺史丙丁解騰某郡縣令李乙書言某事云云請台告報如所稱尙書某甲參議以爲所論正如法令報聽如所上請爲令書如左謹關

右關門下位及尙書署如上儀（通典下緊接司徒長史行）

司徒長史壬申啓辭押某州刺史丙丁解騰某郡縣令李乙書言某事云云州府緣案允値請台告報

年月日尚書令某甲上

建康宮　無令稱僕射

令曰下司徒令（通典作令）報聽（通典作得）如某所上其宣攝行如故事文書如千里驛行

年月朔日子（通典作甲子）尚書令某甲下，無令稱僕射（通典此五字另作細字注）

……………………………………………………

尚書下云云奏（通典作奉）行如故事

右以準尚書勅儀　起某曹

右並白紙書凡內外應關牋之事一準此爲儀，其經宮臣者依臣禮。

……………………………………………………。」

按此公文程式雖爲宋元嘉年間皇太子監國時所用，然晉宋一貫相沿，元嘉去晉末不遠，其間當無重大變異之處。獨儀注對君主曰奏，對皇太子曰關；君主所下曰制詔，皇太子所下曰令；百官對君主多稱糞土臣稽首之辭，對皇太子則多稱某官啓而已，其餘文案往來關、檢、署、處之手續，大畧相同。

觀上公文程式，三公九卿公府屬吏及地方長官奏事於監國太子，已須經尚書省求爲告報，其奏上天子者，更應經尚書明矣。

是晉宋時期，尚書省關於這方面的樞機特性，仍一如漢舊也。

次就尚書對省內文書之處理情形而論：漢世尚書機構於收到來文以後，屬於上行者則署奏以上，屬於下行者，則印封以下（此卽文書事務之處理），後來雖亦有參檢故事之制度，但手續相當簡單，文書在署中停留時間很短（見前）。及至魏晉，尙書省處理文案之職權既獲得獨立發展，而歷朝「故事舊章」亦愈積愈多，因此遂形成尙書省處理政務公文一種特殊的性能：

晉世羣司奏事上尙書省後，尙書省卽按照文書性質類屬，詳檢故事、法令、品式，有疑者更符問有關各司。尙書官員於詳檢參議各種典制以後，簽署處理意見，應「聽」或「不聽」，並擬具詔草，奏入。君主方面（包括中書門下）收到尙書之奏處，斷決以後，或逕以中詔形式下之，或經由尙書省以詔勅方式下之，或詔尙書省以符令名義之（關于下行文之制度留待下章討論）。內降文書亦然。

按兩晉尙書省處理文案之零星記載，見於晉書及通典者甚多，玆畧舉如下：

晉書禮志中：「太元十七年，太常車胤上言……不答。十八年胤又上言，去年上……事上經年，未被告報，未審朝議以爲何疑……職之所司不敢不言，請台參詳。尙書奏案如辭，輙下主者詳尋依禮……宜被革正，輙內外參詳，謂宜聽胤所上，可依……請爲告書如左，班下內外，以定永制，普令依承，事可奉行。詔可。」此尙書奏案、詳檢、參詳、報請、擬告之手續也。

晉書李重傳：「迁尙書郎，時太中大夫恬和表陳便宜……。中書啓可屬主者爲條制。重奏曰：先王之制……秦……漢魏……皆未曾曲爲之立限也，八年詔書申明律令……如詔書之旨，法制已嚴……不宜……和表無施。」此尙書檢核舊制律令之例也。

晉書禮志下：「太元中尙書符問……侍中領國子博士車胤議……。升平八年台符問……博士胡訥議……太常王彪之以爲云云……。太元十二年台符問……國子博士車胤云……，太學博士庾弘之議云云……。」此尙書符問羣司。博采衆議之例也。

晉書宋志下：「江左初立宗廟，尙書下太常祭祀所用樂名，太常賀循答云云……。」通典四十八：「晉太常華恒被符宗廟宜時有定處，恒按前議以爲云云。……溫嶠議……云云……。」通典五十一：「……東晉元帝建武中，尙書符云……賀循議云云。」通典五十九：「升平元年，台符問皇后拜訖何官應上禮，上禮悉何用，太常王彪之上書以爲云云。」通典六十「晉惠帝元康二年，司徒王渾奏云……湛職儒官……虧違典憲，宜加貶黜，以肅王法，請台免官，以正淸議。尙書符下國子學議處……。國子助教吳商議……國子祭酒裴頠議云云……。」此亦尙書符問羣司之例也。

晉書禮志：「泰始十年，武元楊皇后崩……。先是尙書祠部奏從博士張靖議云云。博士陳逵議以爲云云……。有詔更詳議。尙書杜預以爲云云……。於是尙書僕射盧欽，尙書魏舒問杜預證據所依，預云云……。於是欽舒從之，遂令預造議奏曰：侍中尙書令司空魯公臣賈充，侍中尙書僕射奉車都尉大梁侯臣盧欽，尙書新沓伯臣山濤，尙書奉車都尉平春侯臣胡威，尙書劇陽子臣魏舒、司徒尙書堂陽子臣石鑒，尙書豐亭侯臣杜預稽首言：禮官參議博士張靖等議云云……。博士陳逵等議以爲云云……。臣欽、臣舒、臣預，謹案靖、逵等議，各見所學之一端……。臣等以爲皇太子宜如前奏……」此尙書參詳衆論，內部合議，然後擬辦之例也。

晉書禮志上：「孝武太元十一年九月，皇女亡及應烝祠，中書侍郎范宣奏云云……於是尙奏使三公行事。」此中書奏議，尙書處置之例也。

通典四十九：「尙書奏從領司徒王謐議云云……。」此尙書擬處諸公奏事之例也。

弘明集卷十二載何充論沙門不應敬王者之表云。「尙書令冠軍撫軍都鄉侯臣充，散騎常侍左僕射長平伯臣；散騎常侍右僕射建安伯臣恢；尙書關中侯臣懷；守尙書昌安子臣庶等言……愚謂宜遵承先帝故事，于義爲長。」

又奏云，「尙書令（仝右）……，等言：詔書如右，臣等暗短，不足以讚揚聖旨，宣揚大義，伏省明詔，震懼屏營，輒共尋詳……是以復陳愚誠，乞垂省察，謹啓。」此尙書尋詳舊制以處內降文書之例也。

通典五十五：「康帝立，准禮將改元，尙書下侍御史太常主者殿中屬應告廟，其勒禮官幷太史擇吉日撰祝文及諸應用備辦，符到奉行。」此尙書符下羣司之例也。

以上均爲兩晉尙書省處理文書內容（卽政務）之實際例證。至其行文之「奏上」、「關移」、「參議」、「詳檢」、「報請」、「擬辦」、「發下」等詳細程式，前引元嘉監國儀注最爲詳明，此儀注出自沈約宋書，實爲晉宋期間政府處理公文最重要及最完整的令式。

這種處理政務的方式，優點爲參檢精詳，考慮周密；缺點則爲公文轉折迂回，政務近于停滯。兩漢文書處理之迅速，至此遂變爲迂滯過甚，而有限日之需要：故晉書桓溫傳：「上疏陳七事……其三，機務不可停廢，常行文案，宜爲限日……。」

到唐代，公文限日遂有精密之分類規定（見唐六典卷一）。實則從文書在尙書機關停留日子之久暫，亦可以間接看出尚書處理文案法定職權的大小。

晉世尚書省這種處分文案的職制，實在是後來隋、唐尚書省制度基本精神之所在。（參閱嚴耕望論唐代尚書省之職權與地位一文）

文獻通考五十：「元祐初左僕射司馬光上言……不必一依唐之六典……凡內降文書及諸處所上奏狀申狀，至門下中書省者，大率皆送尚書省，尚書省下六曹，六曹付諸案勘，當檢尋文書，會問事節，近則寺監，遠則州縣，一切齊足，然後相度事理，定奪歸着，申尚書省，尚書省送中書取旨，中書既得旨，送門下省覆奏畫可，然後翻錄下尚書省，尚書省復下六曹，方符下諸處，以此文字繁冗，行遣迂回，近者數月，遠者踰年，未能決絕……。」今按溫公所舉文書處理手續，確爲唐六典令式基本精神之所在，亦爲唐代三省制度之本相，然尚書省此種處理文案方式，早於兩晉時代即已稍具雛形，唐制實爲繼承此一雛形發展而成者。獨晉代尚書與中書門下之關係，及三省權勢之隆替，與唐代畧有不同而已，此點當於第三、四兩章中論列之。

茲就以上觀點，綜述晉代奏上文書之處理制度如次：

A. 羣司奏上尚書（地方官或更經公卿代爲轉奏）；

B. 尚書以疑事符問羣司；（另有考述見第六節）

C. 羣司答覆尚書符問；

D. 尚書擬定處理意見奏入，經中書門下；（另詳第七節）

E. 君主決事後以中詔下尙書省；（或逕下百官，詳第十一節）

F. 中詔下尙書後，尙書轉成符勑下羣司；（詳第六節）

G. 百官不經尙書逕詣中書奏事。（詳第十一節）

內降文書處理之制度除A項改爲「文書內降」外，餘畧同上制。

如上所論，晉世尙書省，實在是依法處分全國政務之總理衙門。

晉書惠帝紀：「帝之爲太子也，朝廷咸知不堪政事，帝亦疑焉，嘗悉召東宮官屬，使以尙書事令太子決之。」是尙書事卽全國政事也。又晉書王敦傳：「永嘉初徵爲中書監，……東海王越自滎陽來朝，敦謂所親曰：今威權悉在太傅，而選用表請，尙書猶以舊制裁之，太傅今來，必有誅罰。」是東海王越雖專威權，行事仍須表請尙書，尙書主者亦得以法制裁之，越有不滿，只能恣其殺戮，而不能遽壞尙書職制。又晉書齊王冏傳：「顒表既至，冏大懼，會百僚……司徒王戎、司空東海王越，說冏委權崇讓，冏從事中郎葛旟怒曰：……今日計功行封，事殷未徧，三台納言，不恤王事，報賞稽緩，責不在府……。」是冏雖專政，然有過愆，仍推尙書省負其行政責任也。

晉世尙書雖已疏外，然其樞機性能未變，反而在外朝處於總持國政之地位，此卽所謂「外樞」。

四、公府地位之衰微及尙書都坐特性之發展

尙書由內官變爲外官，其職權轉大有發展，已如上述。但漢魏以來尙書機構之所以日益重要，還有一點原因，就是

公卿制度的破壞。

考兩漢公府所以失柄，多由於君主對大臣之猜忌。

後漢書仲長統傳：法誡篇曰：「……光武皇帝，慍數世之失權，忿權臣之竊命，矯枉過直，政不任下……事歸台閣，自此以來，三公之職，備員而已……又中世之選三公也，務於清愨謹愼循常習故者，是婦女之檢押，鄉曲之常人耳，惡足以居斯位耶？勢既如彼，選又如此，而欲望三公勳立於國家，績加於生民，不亦遠乎。」

此趨勢至魏晉時代更變本加厲，其原因亦即由於魏晉政權來路不正，以致君臣間此種猜忌心理更形尖銳化也。蓋曹氏及司馬氏帝位之獲得，均以禪讓爲名而篡奪爲實，其授受之際，既以禪代爲名，舊朝大臣之素有令望者，自不能遽爾更易。此輩公卿，與新朝天子，旦有「同僚」之名，暮行「君臣」之實，相處之間，自多扞格。

晉書王祥傳：「……祥爲三老，南面几杖，以師道自居……及高貴鄉公之弑也，朝臣舉哀，祥號哭曰：老臣無狀，涕淚交流，衆有愧色……及武帝爲晉王，祥與荀顗往謁，顗曰：……今便當拜也，祥曰：相國誠爲尊貴，然是魏之宰相，吾等魏之三公也，公王相去一階而已，班例大同，安有天子三司而輒拜人者……及入，顗遂拜，而祥獨揖，帝曰：今日方知君見顧之重矣，武帝踐祚，拜太保，帝新受命……祥與何曾鄭冲等耆艾篤老，希復朝見……，累乞遜位……御史中丞侯史光以祥久疾闕朝禮，請免祥官……。」又安平獻王孚傳：「轉太傅，及高貴鄉公遭害，百官莫敢奔赴，孚枕尸於股，哭之慟……及武帝受禪，陳留王就金墉城，孚拜辭，執王手，流涕歔欷不能自勝，曰：臣死之日，固大魏之純臣也……進拜太宰……常有憂色，臨終遺令曰：有魏貞士……司馬孚……不伊不周，不夷不惠……。」

似此意態，更難任事，故晉初諸公，雖未盡去僚屬，然已與加官序階之虛號相差無幾，若不兼守他官，實無若何職事可言。

後漢書董卓傳：「中平三年春，遣使者就長安拜張温爲太尉，三公在外，始之於温。」按三公之外拜，足見其與中樞之疏隔也。

魏志文帝紀：「黃初二年六月戊辰晦日有食之，有司奏免太尉，詔曰：……後有天地之眚，勿復劾三公。」按此正式豁免三公之政治責任也。

傅玄語：「魏明帝疑三公之服似天子，減其采章。」（御覽六百九十引）按此對三公禮遇之貶抑也。

魏志高柔傳：「魏初，三公無事，又希與朝政，柔上疏曰：今公輔之臣……而置之三事，不使與政，遂各偃息養高，鮮有進納……。」又魏志徐邈傳：「即拜司空，邈歎曰：三公論道之官，無其人則缺，豈可以老病忝之哉……。」又晉書鄭冲傳：「常道鄉公即位，拜太傅……冲雖位階台輔，而不預世事。」按此諸公無事之正面證據也。

晉書石苞傳：「武帝踐祚，遷大司馬……自諸葛誕破滅，苞便鎭撫淮南……武帝甚疑之……及苞詣闕，以公還第……詔曰：……其以苞爲司徒……苞奏州郡農桑，未有賞罰之制……詔曰：……古者稼穡樹藝，司徒掌之，……其使司徒督察州郡播殖……。」按苞前以大司馬爲外鎭，後以公還第，又以司徒專督農桑也；又晉書陳騫傳：「咸寧初，遷太尉，轉大司馬……累處方任……。」義陽成王望傳：「拜衞將軍領中領軍，典禁兵……代何曾爲司徒……進位太尉，中領軍如故。」按此一以三公處方任，一以三公典禁兵，本身均無事任，晉書列傳中此等事例甚多。

後漢外朝官，首舉公卿尚書（見後漢書李固及三國魏志王肅二人傳中疏語），此時公府既成虛位，諸卿所掌又爲特殊職事，外朝百官已無足與尚書機構抗衡者，於是尚書機構遂眞正取得外朝領袖的地位，發展爲國家政令政務的總理衙門。同時尚書都省也就取代了昔日「朝堂」及「相府議事殿」的地位：

又考漢初中央政府有一個重要的處理政務方式，就是「朝廷決事」之制。這個制度後來逐漸衰落。

按：朝廷決事之本意是天子親臨正殿與百官議決政事。漢初大政都由天子在朝廷與丞相百官共同商決。如曹參、王陵、陳平、周勃等在殿中與君主之答問；王陵、陳平之議封諸呂；申屠嘉之言鄧通；周亞夫之議封彭祖及匈奴王等（各見漢書本傳）。三國魏志王肅傳：「太和四年上疏曰……周官則備矣，五日視朝，公卿大夫竝進……及漢之初，依據前代，公卿皆親以事升朝，故高祖躬追反走之周昌，武帝遥可奉奏之汲黯，宣帝使公卿五日一朝，成帝始置尚書五人，自是陵遲，朝禮遂闕，可復五日視朝之儀，使公卿尚書各以事進……。」這種朝廷決事方式，實在是漢代公卿制度之神髓，因爲若就卿寺本身特殊職事而言，自漢迄清均無大改變，其重要不同之點，即在漢代九卿可參決中樞一般大政，而後來則不然耳。（故後世雖有九卿，却不能稱爲「公卿制度」。）

這種「廷議制度」，後來因爲天子親臨，禮儀繁瑣，成爲百官朝會的一種禮儀形式，失去處決政事的作用。（「朝會禮儀」與「常朝議政」之分別，詳見秦蕙田五禮通攷）再後君主疏於臨朝，實際「大議」，多由丞相領導百官進行（見漢書高后紀、文帝紀、景帝紀、杜周傳、魏相傳）。成員固無一定（以公卿將軍中二千石爲主），地點亦不一致，或在殿中，或在公車門，（見杜周傳），或在丞相府，（見續漢百官志及通典二十注引應劭語）然諸中二千石所掌多爲特殊職事，與普通政務關係很少，所以這種半獨立性機關首長的會議，後來只能商討些理論方面的問題（如通典所載禮樂、祭祀、服制方面的議論），對于一般政事，裨益不大（詳見西漢會要卷四十及四十一職官集議條之攷證）。

東漢時，實際政務問題已逐漸交由尚書八坐討論（見後漢書郅壽傳、朱暉傳、黃瓊傳、西域傳等），不過公卿議政之制仍然存在（見後漢書魯恭傳、杜林傳、張純傳、劉平傳、袁安傳、張酺傳、陳寵傳、應奉傳、周舉傳等，其儀式見續漢律歷志注蔡邕集）。

兩晉大朝會甚少舉行，且舉行時儀節甚繁，殊非議政論事之所（見晉宋二書禮志。及五禮通攷朝儀與常朝之辨）。

此時政事重心已在尚書，於是尚書都省遂代替昔日之朝堂，成爲議政場所。此項會議之主要成員爲尚書省官員（八坐及丞、郞、令史）；

宋書百官志：「晉西朝八坐、丞、郞朝、晡詣都坐朝，江左唯旦朝而已。」又通典：「西晉令史朝晡詣都坐朝，江左唯旦朝而已。」是尚書令、僕、尚、丞、郞、令史朝晡均會議於都坐也。此時尚書既總百揆而統國政，故大小萬機均以此項會議之意見爲其處決繩準（參閱前第三節）。影響所及，南北朝前期，尚書之官，均爲議政主體：晉書載記石勒傳：「勒下書曰：自今有疑難大事，八坐及委丞郞齎詣東堂詮詳平決，其有軍國要務，須啓，有令僕尚書隨局入陳，勿避寒暑昏夜也。」此石勒之制。

梁書武帝本紀：「大同六年八月辛未詔曰：經國有體，必詢諸朝，所以尚書置令僕丞郎，旦旦上朝，以議時事，前共籌懷，然後奏聞，頃者不爾，每有疑事，倚立求決……自今尚書中有疑事，前於朝堂參議，然後啓聞，不得習常……。」此梁武帝特申復舊制也。

尚書都省不但是尚書省內部合議之場所，且亦爲百官參諮大政之場所。蓋漢世尚書御史等官均給事殿中，其時正殿既爲百官朝見天子之處，又爲百官議論政事之處。及尚書、中書、門下、祕書等官分處各省（按「省」本爲禁中之總稱，後乃成爲諸官署之分別名稱，說見陔餘叢攷卷二十七「省」條），正殿只作大朝會行禮用，其餘實際政事之處理均分歸各省，於是「殿」遂成一虛名，各省始是朝廷組織所在。此時不屬各省之散官（如諸公）及有司（如諸卿），便被摒於樞軸之外，公卿制度至此正式解體。遇有大政須博采衆議之際，此等官員始被延入諮論，是亦爲朝議。其論政之處亦不在正殿而在「省」。各省之中，中書、門下、散騎、祕書、均爲「內樞」機構，與百官無直接關係（見後第三章），獨尚書統攝百揆，爲外司之總滙，是以此項會議，多在尚書都省舉行：

按晉世，百官有至尚書省議事之制：晉書趙王倫傳：「秀知衆怒難犯，不敢出省……義陽王威勸秀至尚書省與八坐議征戰之備，秀從之……。」是中書監令有至尚書省議事之制，故孫秀雖心怯至極，亦不能不從之也。時秀專制朝政，亦無權召尚書八坐至中書省議事，足見議政當在尚書而不在中書。

晉書解結傳：「累遷黃門侍郎，歷散騎常侍，豫州刺史、魏郡太守、御史中丞，時孫秀亂關中，結在都坐議秀罪應誅……。」此御史中丞於都坐議事之例也。又

晉書李胤傳：「泰始初拜尚書……胤奏以爲古者三公坐而論道，內參六官之事，外與六卿之教……自今以

往，國有大政，可親延群公，詢納讜言，其軍國所疑，延詣省中，使侍中尙書諮論所宜……詔從之。」又北魏書穆亮傳：「高祖臨朝謂亮曰：三代之禮，日出視朝，自漢以降，禮儀漸殺，晉令有朔望集公卿於朝堂而論政事，亦無天子親臨之文……。」此兩條雖未明指都坐，然既云使侍中尙書諮論，又云無天子親臨之文，正殿爲禮樂朝會之地，中書門下爲機密之所，散騎祕書有典籍之藏，均非論政之處，所指朝堂當卽爲尙書都省也（按尙書省本爲廣義朝堂組織之一部份，上引史文二條，同指一事，而一稱「省中」一稱「朝堂」，二者實爲換文。）又

晉書明帝紀：「大寧三年四月詔曰：大事初定，其命惟新，其令太宰司徒已下詣都坐參議政道，諸所因革，務盡事中。」此則明謂詣都坐議政矣。蓋經國有體，必詢諸朝。魏晉以來，雖政歸省官，然於政局清明之際，尙書治事，固未嘗不參詳衆議，召各散官及外司前共籌懷，然後奏聞也。及政治昏黯，軌制隳墮，事始不行。明帝初平王敦之患，思有興革，遂申復此制。

此項朝議由尙書令史掌錄判按。

百官表注云：「尙書令史偕左右丞共所司，別掌錄判按朝會也。」（北堂書鈔六十引）

並由尙書符令召集。

晉書禮志：「中丞熊遠表云：…………被尙書符，冬至後二日小會……臣以爲……未宜便小會……。」

（按此云小會或爲「朝會」而非「朝議」，然「朝會」既由尙書下符召集，「朝議」當亦同此。）

以是晉世尙書都坐至少具有下列二種性能：

一是尚書省官員內部合議之場所，此項會議每日經常舉行；

二是尚書省官員與其他官員商議政事及諸公外司參論政道之場所，此項諮議不定期舉行；

至此，尚書都坐正式具有昔日「朝廷」及「相府議事殿」之特性。尚書機構亦完全取代前述「公卿朝廷」的地位，而形成兩晉政府制度中一種新的朝廷組織形態。

尚書機構既然等於典型朝廷組織，令、僕是此機構的首長，自然亦等于是朝廷的首長，所以晉世尚書令僕有「朝首」「朝端」等名稱。

五、(附論一：晉世尚書省長官品位之研究)

晉世尚書令僕，既然等於朝廷首長，其品位亦應該冠於群僚。據容齋隨筆卷十三三省長官條曰：「中書尚書令，在西漢時爲少府官屬，與太官湯官上林諸令品秩畧等，侍中但爲加官。在東漢亦屬少府，而秩稍增，尚書令爲千石，然銅印墨綬，雖居機要而去公卿甚遠，至或出爲縣令。魏晉以來，浸以華重，唐初遂以三省長官居眞宰相之任，猶列三品……。」

按洪邁所舉，只爲晉唐宰相品秩之大畧，今據通典卷四十，將晉唐間三省長官品秩之升降情形，表列如下：

官名	尚書令	尚書僕射	中書監	中書令	侍中
魏	三品	三品	三品	三品	三品
晉	三品	三品	三品	三品	三品
宋	三品	三品	三品	三品	三品
梁	十六班	十五班	十五班	十三班	十二班
陳	一品	二品	二品	三品	三品
後魏	二品	從二品	從二品	三品	三品
北齊	二品	從二品	從二品	三品	三品
隋	二品	從二品	?	三品	三品
唐	二品（六典）	從二品		三品	三品

晉代尚書令與唐代丞相，雖均爲第三品，然情形却有不同：因爲唐代丞相是「樞機而秉决策」的機構，而漢代丞相却帶有「領袖」的性質。唐代丞相是以近乎「秘書」身份去處理政務，所以它的品秩無須冠於羣僚。漢代丞相則是以類似「首長」的地位去「管理政務和師率羣僚」，其品秩必須和他的地位相當（即第一等）。至於晉世的丞相觀念，到底近於唐代抑或近於漢代，頗難斷言。就時代關係來說，漢在晉前而唐在晉後，晉人之丞相觀念，應該是近於漢代的。其次再看篇首列舉尚書省長官的新稱謂中，晉人一面稱尚書令爲「冢宰」，一方面又稱之爲「朝首」、「朝端」、「執政」、「總司百揆」，則晉時丞相觀念，仍帶有「領袖」的性質可知。晉世尚書令既然帶有漢代「丞相領袖」之性質，其品秩自亦應該與其地位大畧相當。這樣單照宋書百官志和通典列尚書令僕爲「第三品」，顯然不是理想的答案。

又按：晉世宰輔之稱，似有定例，除尚書官外，他官在開府儀同三司以上者（即第一品），始得有台輔之稱。其受錄尚書之命者，乃得稱爲「阿衡」或「機衡」，見最後一章中之考證。

關於宋志及通典的官品問題，有一點值得注意者，就是品數相同之各官，其實際位遇並不一定相同，如令僕與列曹尚書同屬第三品，其位遇自不相等，中書監和中書令亦然，這無庸多加解釋。

兩晉尚書令名義上雖然屬於第三品，但其位遇却與他官不同。據南齊書褚淵傳：「太祖崩，遺詔以淵爲錄尚書事，江左以來無單拜錄者，有司疑立優策。尚書王儉議以爲……中朝以來，三公王侯則優策並設，官品第二，策而不優，優者褒美，策者兼明委寄，尚書職居天官，政化之本，尚書令品雖第三，拜必有策。錄尚書品秩不見，而總任彌重，前代多與本官同拜，故不別有策，卽事緣情，不容均之凡僚，宜有策書，用申隆寄，既異王侯，不假優文，從之。」是則自中朝以來，尚書令之位遇，最少亦與二品官相等。這是第一點補充。

其次，關係晉世尚書令僕品位最密切者，莫過於加兼官號問題。干寶晉紀評西晉之覆滅說到「執鈞當軸之士，身兼官以十數，大極其尊，小錄其要……。」（見文選晉紀總論）這一段話，正說明了「加兼官號」與當時執政大臣品位的關係。下面對尚書令僕加兼官號與其品位之關係畧加研究。

晉世尚書令僕兼帶二品以上官號者甚多，茲表列如下：

尚書令——

姓名	遷入時所帶官號	加兼官號	遷出時官號	出處
1. 裴秀		左光祿開府（一）	司空（一）	本紀。本傳。
2. 賈充	車騎將軍開府（一）	同上。司空（一）	太尉（一）	本紀。本傳。
3. 李胤	特進（二）	同上（二）	司徒（一）	本紀。本傳。
4. 衞瓘	征北大將軍都督（二）？	司空（一）	太保（一）	本紀。本傳。
5. 荀勗	光大開府（一）	同上（一）	卒	紀。傳。
6. 楊珧	衞將軍（二）	同上（二）	同上（二）	傳欠詳。據萬表
7. 下邳王晃	車騎將軍（二）	同上。司空（一）	薨	紀。傳
8. 高密王泰	司空（一）	太尉（一）.	薨	紀。傳
9. 梁王肜	征西大將軍都督（二）？	大將軍。太宰（一）	阿衡。太宰。司徒（一）	傳
10 王戎	前司徒		司徒（一）	傳
11 東海王越	司空（一）	同上（一）	太傅（一）	傳
12 王衍	司徒（一）	太尉（一）	石勒殺	傳
13 荀藩			司空（一）	紀。傳

14 刁協		金紫光祿（二）	王敦殺	紀。傳
15 王導	司空（一）	同上（一）	司徒（一）	紀。傳
16 郗鑒		衛將軍（二）	車騎將軍都督（二）?	紀。傳
17 祖約	（蘇峻反命）	太尉（一）	出奔	紀。傳
18 陸玩		光大、開府（一）	司空（一）	紀。傳
19 諸葛恢		金紫光大（二）	卒	紀。傳
20 顧和		左光大、開府（一）		傳。萬表
21 王述	衛將軍、都督。（二）?	衛將軍（二）	卒	紀。傳
22 王彪之		左光大、開府（一）		
23 謝石		衛將軍、開府（一）	卒	紀。傳
24 陸納		光大、開府（一）	卒	紀。傳
25 王珣		衛將軍（？）（二）	衛將軍（？）（二）	紀。傳不同
26 元顯	後將軍、開府（一）	驃騎大將軍、開府（一）	被殺	紀。傳
27 劉道憐	驃騎將軍、開府（一）	都督、持節、驃騎（一）?	司空（一）	宋書。本傳

尚書僕射——

姓名	遷入時所帶官號	加兼官號	遷出時官號	出處
1. 武陔		光大、開府（一）	卒	傳。世說注
2. 賈充	衞將軍、開府（一）	車騎將軍（?）		紀。傳
2. 羊祜		衞將軍（二）	同上。車騎開府（全晉文引羊公碑）（一）	紀。傳
4. 山濤			司徒（一）	紀。傳
5. 魏舒		光大、開府（一）	司徒（一）	紀。傳
6. 王渾	征東大將軍（二）	（?）	司徒（一）	紀。傳
7. 胡奮		鎮軍大將軍、開府（一）	卒	傳
8. 王戎		光大、開府（一）	司徒（一）	紀。傳。書鈔引王隱晉書
9. 何劭		左光大（二）	司徒（一）	紀。傳
10 荀組		司空（一）	太尉（一）	傳
11 索琳	衞將軍（二）	驃騎大將軍（二）	降	傳
12 陸曄		金紫光大（二）		傳

13	袁湛	兼太尉	(一)?	宋書。本傳

註一：官號下括弧內數字爲最高品階；

註二：出處欄內：傳——晉書本傳；
紀——晉書本紀；
萬表——萬斯同晉將相大臣年表。

註三：晉志：驃騎已下，及諸大將軍不開府非持節都督者品秩第二，是其持節都督者秩當在二品以上，惟上列諸人，本傳但言都督，不言持節，故今存疑。

上舉令僕所兼文武官號，在唐代純爲敘階計品之虛銜，晉時是否有散品文武官敘階之正式制度，由於史無確證，難以斷言，但其時官名已分爲「虛號」及「實官」二類，則爲事實。此等虛號之作用，自與計秩、敘階有關。晉世尚書令雖文屬三品，然實居此位者，則多爲一二品官。（按晉世尚書令可考者共三十八人，其中帶一品銜者十七人，二品銜者六人，疑帶一品銜者一人，疑帶二品銜者一人，共二十五人。尚書僕射帶一二品銜者則較少。）這是對尚書省長官品位問題的第二點補充。

此外還有一點值得注意者，就是自兩晉以來「尚書省長官」（令、僕）與「錄尚書事官」間，地位差異程度之日漸泯滅：

按西漢領尚書官均爲朝廷大臣，品秩與宰相相差不多，而尚書令僕不過少府屬吏。東漢錄尚書事，號稱「百官總已」，令僕品位仍不能與之比論。晉世以來，便大不相同。其時尚書令僕多帶一二品銜，而錄尚書本官最高亦不過一二品，甚至有以三品官爲之者，如：張方以中領軍(本傳)，麴允以領軍將軍(紀及本傳)，何充以護軍將軍（本傳）。

二者品秩已不相上下。於是遂有由錄尚書轉爲守尚書令的事例，如高密王泰、梁王肜、王導、何充、元顯（各見本傳），又有由令僕兼錄尚書者，如梁王肜（傳）麴允（傳）、索琳（傳）、謝安（紀）。自此以後，尚書「錄」、「令」的性質及地位均大畧相同。

宋書王景文傳：「上詔答曰：……今既省錄、令便居昔之錄任，置省事及幹童，並依錄格。」南齊書百官志：「錄尚書，尚書令，總領尚書台二十曹，爲內台主。」又南齊書褚淵傳，淵單拜錄尚書，有司疑立優策，王儉議當準尚書令之例，策而不優，從之。

至於錄，令之地位由極度懸殊而變成相等，再由相等而變成相同，則與前述尚書機關處理文案職權之演進有密切關係：漢世尚書爲事務機構，而「領錄尚書事」爲政務官，二者性質不同，權能亦異。魏晉以來，尚書省職制，獲得獨立發展，對於文案處理之法定權力亦日益完備，公文之「外形」及「內容」，均所經關。因此「尚書省長官」與「錄尚書事官」間之差異程度，自然逐漸泯滅。

錄尚書事既有「百官總己」之號，晉世尚書令僕與「錄公」地位相當，時人稱之爲「冢宰」、「朝首」及「總百揆」，自屬順理成章。

貳：晉尚書省與百官羣司之關係

六、尚書省對羣司之指揮方式

上面幾節已經說明晉世尚書省有「總理政務，領袖羣臣」的地位和特性，不過這些研究都偏重在處理政務方面，換句話說是「對事」的而非「對人」的，究竟晉世尚書省對於百官羣司指揮監督之實際權力是否能與其地位相稱？這是本章研究的中心問題。

茲先就尚書省對羣司的指揮權來研究：

兩晉文書來往的程式，九卿及地方官對尚書省均稱「上」，已見前述。其公府上尚書之例證雖未發現，然若就宋元嘉監國儀注觀之，似亦同於九卿之儀。但百官奏上尚書之文書原有二義：一爲本向天子奏事，而上尚書機關轉遞者；兩漢公文稱上尚書者均屬此例，（見金石萃編漢代篇所錄漢公文書，容齋隨筆兩漢文書條，及漢官答問尚書條）；一爲純粹以尚書省爲上言對象者，晉代尚書符問羣司，羣司覆上者屬此例。在兩晉時代無論羣司文書屬第一類抑第二類，其於尚書省均爲正式的上行文。

先就第一類來說，漢世百官文書已有「上尚書」之文，此時尚書固然已經具備「總萬機」的性質，不過漢世尚書僅處於喉舌出納之地位，諸上書者心目中實以君主爲其言事之對象，尚書不過一承轉機關而已，故尚書只稱爲「樞機」，而不得稱爲「主政」，亦不得爲百官之上司。蓋眞正之上司爲君主，尚書只依附於君側，非能獨立而成爲百官之上司也。及尚書省由疏外而獨立，其組織日有發展，其處事手續亦日有繁增，且尚書與君主之間又須藉門下中書兩省爲其津樑（另見第三章），是時羣司心目中蓋轉以尚書省爲其言事之直接對象，不復以承轉機關視之矣。

次就第二類文書來說，晉尚書處事手續，遠較漢代爲精詳迂滯（已見上一章），因此尚書省與羣司間文書來往的次數特別多，而尚書行事之有符勑，殆亦自晉世始：

攷漢世尚書行事均藉君主以詔書形式出之。

後漢書周景傳：「拜尚書令（注：蔡質漢儀曰：延熹中，京師游俠有盜發順帝陵，賣御物於市，市長追捕不得，周景以尺一詔，召司隸校尉詣台對詰，雄伏於廷答對，景使虎賁左駿頓頭，血出覆面，與期三日，賊便擒也。）……」後漢書陽球傳：「球出謁陵，節勑尚書令召拜，不得稽留尺一，球被召急，因求見……殿上呵叱曰衞尉扞詔邪……。」此均尚書令不可於尺一之外，另爲符令之證也。

晉世尚書下行文書則有二品：（一）尚書省於處理政務有疑義，需要核檢參詳時，則出符以問群司，是爲一品；（二）尚書省擬辦政務，經內決可後，則符勅群司奉行，是又爲一品。

關于尚書符問群司之例證，前于第三節中已有引錄，今復舉數條如下：

晉書禮志：「咸宣二年安平穆王薨……太常問應如何服，博士張靖答云云。尚書符詰靖……孫毓樂昌議云云王毓云……。」又

通典四十八：「東晉尚書符問太常賀循太廟制度，循上曰云云」又

通典七九：「尚書問今大行崩含章殿，安梓宮宜在何殿，博士卞榷楊雍議……。」（其餘散見通典各處不勝枚舉）

這都是尚書以符下群司，詢問疑議之事例。

至於尚書下群司申令奉行的文書則「符」「勅」並稱。

晉尚書荀勗傳：「時尚書符下陳留王使出城夫……。」晉書殷仲堪傳：「尚書下以益州所統梁州三郡人丁一千番戍漢中……。」晉書禮志：「元帝姨廣昌鄉君喪未葬，中丞熊遠表云：按禮……被尚書符，冬至

後二日小會，臣以爲……未宜便小會，」通典一〇四：「東晉……朱伯高論簡時尚書符郤正不應與和嶠同論，蔡謨爲太常，據上論可同，理甚有義，遂便施行。」此均兩晉尚書符下中外百官之事例也。惟唐修晉書所保存之原始材料遠不及沈約宋書豐富，今特附錄宋世尚書符令事例數則，以見概畧：宋書謝方明傳：「轉會稽太守，江東……姦吏蜂起，符書一下，文攝相續……方明深達治體，不拘文法……台符攝卽時宣下，綏民期會，展其辦舉……。」宋書蔡廓傳：「廓答曰，……又謁李太后，宗正尚書符令，以高密王爲首……。」宋書沈攸之傳：「時齊王輔政，遣衆軍西討，尚書符征西府曰云云。」宋書鄧琬傳：「上僞號於子勛，泰始二年正月七日卽位于尋陽城……張永江方興回軍東討，尚書下符曰……今遣寧朔將軍……奉詔以四王幼弱不幸陷難，兵交之日不得妄加殺犯，若有逼損，誅翦無貸……。」（此四例中，尚書符之性質均與現代政府訓令相類似）

——按以上爲尚書符。

晉書李含傳：「司徒選含領始平中正，秦王柬薨，含依台儀葬訖除喪，尚書趙浚有內寵，疾含不事已，遂奏含不應除喪，本州大中正傅祗以名義貶含，中丞傅咸上表理含曰……前以含有王喪，上爲差代，尚書勅王喪日在近，葬訖含應攝職，不聽差代，葬訖，含猶躊躇，司徒屢罰訪問，以催含攝職，含乃視事，含承天台之勅，逼司徒之符，然後攝職，含之適職，隨而擊之，此爲台敕府符，陷含于惡也，若謂台敕府符爲傷教義，則當據正，不正符敕，而唯含見貶……。」通典八十八：「咸又言……秦國郎中令李含，承尚書之敕，奉喪服之命，既喪除服，……且秦王無後乃前有詔，朝野莫不聞知，而尚書下敕葬訖，含自應攝職不應差代，尋舉爲台郎，又司徒摘罰訪問，催舍攝職，如此台府亦皆謂舍既差應除也。」通典一四〇：「元康七年，尚書敕自今以後，諸身名與官職同者與觸先祖諱同例。」藝文類聚六四，御覽一九五：「被下尚書敕，客舍廢農，奸淫亡命，敗亂法度，皆當除外，十里安官舍，老小民使守之，……」

——按以上爲尚書敕。

尚書「符」與「敕」的分別，據唐六典稱：「凡上之所以逮下，其制有六：曰制、敕、冊、令、教、符，天子曰制，曰敕，曰冊；太子曰令；親王公主曰教；尚書省下於州，州下於縣，縣下於鄉皆曰符。」是唐時「敕」爲天子專用語，而「符」則爲尚書之下行公文。然顧炎武金石文字記卷一西嶽華山廟碑考曰：「敕者自上命下之辭，漢時官長行之椽屬，祖、父行之子孫皆曰敕，考之前史，陳咸傳言公移敕書，而孫寶之告督郵，何竝之遣武吏，俱載其文爲敕曰，他如韋賢……龔遂之傳，其言敕者，凡十數見……何曾傳，人以小紙爲書者，勑記室勿報，則晉時，上下猶通稱也。至南北朝以下，則此字惟朝廷專之。」是南北朝以前之用語與唐世畧有不同。今攷兩晉中央下行文除「符」外，尚有「手詔」、「中詔」、「詔」、「尚書敕」等數種，手詔，中詔、留待下章討論，其「詔」與「尚書敕」，都是由尚書申下的。前引宋元嘉監國儀注中，經尚書省之下行文書有「符儀」，「令書儀」、「尚書敕儀」三式。其中「符儀」與常行者完全相同，故通典畧而不載；「令書儀」約相當于天子之「詔書」，（皇太子曰令，天子曰詔也，）「敕儀」則明言相準於常行之尚書敕儀。若然，就儀注細察；則詔書乃以天子爲主體，（令書以皇太子爲主體），而經尚書令僕申下者，「尚書敕」則似逕以尚書省爲發文主者矣。又晉書齊王冏傳：「就拜大司馬加九錫之命……於是輔政……沉于酒色，不入朝見，坐拜百官，符敕三台，……。」今按齊王冏坐拜百官，符敕三台，固非臣儀，以至衆心失望。然就其文書程式而言，既稱爲「符」，則仍合于人臣之制，蓋其不臣之迹，在於罔以三台爲其下敕之對象，而不在其有「符敕」之稱也。「符文」既可稱敕，是敕不專爲天子用語明矣。然則符敕在兩晉時代，都是以尙書省爲主體之下行公文也。

再細析之：「詔書」之使用意義最爲隆重，「尙書符」之力量較輕，而「尙書敕」則介乎兩者之間。

按元嘉儀注：令書（相當于詔書）所下之對象爲司徒，此雖屬偶發事例，然亦足以見其意義較爲隆重，且其發文手續，亦比較愼密；須由主者擬具令書全文附上，關曰：「請爲令書如左」。行符則但須關知曰：「別符申攝奉行」，而不必附上符書全文。尙書敕亦然。故曰：詔書以天子爲發文主體；而符敕則以尙書爲發文主體也。

又前引通典八十八傅咸理李含表有「秦王無後，乃前有詔，朝野莫不聞知，而尙書下敕……」是「詔」明與「尙書敕」有別也。

前引晉書李含傳傅咸理李含表有「尙書敕……司徒符……此爲台敕府符陷含于惡也，若謂台敕府符爲傷教義，則當據正，不正符敕，而唯含是貶」之語，觀傅咸抨擊「符敕」之語氣，此敕非以天子爲主體發下者可知。故曰符敕之用義不及詔書隆重也。

綜合本節所論，漢代百官固然向尙書奏事，尙書也可以下詔百官，但此時尙書署不過是一個附屬機構，並不是受奏下詔的「主體」，因此尙書只是一個樞機機構，可以牽制和約束百官群司，却不能直接下令指揮百官群司。到了兩晉，尙書省已經有獨立的性能和職權，此時百官羣司除了要經過尙書省向天子奏事及接受天子詔書外，還需要直接接向尚書省上事和接受尚書省的符敕命令。

尚書省致羣司曰「符問」，曰「符下」；羣司覆文曰「上」，曰「被符」。符敕均爲下行文式：尚書敕儀曰「尚書下云云奉行……。」尚書符儀曰「申勤依承，不得有虧，符到奉行……。」都是命令指揮的語氣。

所以晉世尚書省實在具有「執行天子詔命指揮羣司」及「依法直接指揮羣司」二重權力。

按：此云「依法」即尚書官在根據「尚書故事舊章」處理文案時所行之符敕也。所以尚書對羣司的指揮權力仍然是有限制的。此權力之根源既在於尚書省處理文案之特殊性能，則其權力之運用自亦受此特性所局限。

七、尚書省對百官監察權之由來及其變質

茲研究晉世尚書省之監察權：

晉人既稱尚書令僕：「總前代冢宰、丞相、御史三者」，「憲範王猷，式造羣辟」，「總百揆之得失」，「總括憲台」，「執法」，「儀刑百揆」，「紀綱」，「整一羣望」，是承認其有監察百官之權力也。然遍觀晉書、通典及各類書，有關尚書令僕對百官行使監察權之事例甚少，此爲一矛盾歷史現象。惟純就制度而言，一機構是否具有行使某種職權之性質爲一事，而此機構是否眞正在行使其職權又爲另一事。今欲解決此一問題，仍須就漢晉以來，尚書制度之演變情形窺其底蘊。

首論尚書長官於省內人員之指揮監督權：據晉書衞瓘傳：「咸寧初徵拜尚書令加侍中，性嚴整，以法御下，視尚書若參佐，尚書郎若椽屬。」晉書荀勖傳：「守尚書令……及在尚書，課試令史以下，覈其才能，有闇於文法不能決疑處事者，卽時遣出。」晉書江灌傳：「遷吏部郎，時謝奕爲尚書，銓叙不允，灌每執正不從，奕託以他事免之。」這都是關於尚書省長官的內部管轄權，然上述例證，只及於丞、郎、令史。

又據宋書王球傳：「因除尚書僕射……素有脚疾，錄尚書江夏王義恭謂尚書何尚之曰……恐宜以法糾之，尚之曰……未可以文案索也，猶坐白衣領職。」是錄令對八坐只可以文法糾索，而不能逕行處分矣，此雖劉宋時事，晉世恐亦如是。至於晉書謝石傳：「遷……尚書令……遷衞將軍加散騎常侍，以公事與吏部郎王恭互相短長，恭甚忿恨，自陳褊阨，……固乞還私門，石亦上疏遜位。」

今按謝石時雖遷衞將軍，然實爲尚書令如故，觀傳後言乞依故尚書令王彪之之例一事可知。

是則尚書長官對省內官員之監督權亦有其限度。此限度卽在於尚書省依據文法處事之故。

蓋自漢以來，令僕雖爲尚書機構首長，然與署（台）內各官員，並非眞正之主管及椽屬關係。

按：此點可就下列事勢中察知：

①初期尚書郎多由三署郎調充給事，其攷核當歸三署，見嚴耕望秦漢郎吏制度攷；

②尚書丞郎對令僕雖有禮敬，然並不隆重。散見孫輯漢官六種；

③尚書官員以久次遷轉，不受長官左右，見漢書孔光傳；

④八坐議事，可各作駁議，不必與令僕一致，散見前引尚書議政條注及後漢書各傳；

⑤晉宋令僕八坐均屬三品，漢時秩位相差亦不遠，見各書官志。

蓋君主左右親近人員，多由天子個別直接指揮，（以至提拽鞭撻。見前），彼此之間，雖有高低之分，但無椽屬之義。兩晉時期，此特性在門下，中書二省最爲顯著，（尤其是門下侍中與小門下黃門侍郞間的關係。玆述見第十節。）

至兩晉，尙書省雖然發展爲體制完整的政務機構，但仍未完全擺脫前期遺下之色彩，其依據法案以處理文書之性能亦無改變，省內各官員之職份及其相互關係，乃按照法令文書處理之規制而劃定者，故尙書令僕對列曹尙書丞郞之指揮監督權，亦在文法程式限度之內，若省中官員所據符合品式規制，尙書省長官亦無何如何也。

按：晉書孫鑠傳：「遷尙書郞，在職駁議十有餘事，爲當時所稱。」晉書李重傳：「遷尙書郞……尙書荀愷以爲云云……重駁曰云云……詔從之。」晉書杜軫傳「……遷尙書郞……奏議駁論，多見施用，時涪人李驤，亦爲尙書郞……朝廷莫能諭之。」晉書伍朝傳：「刺史劉弘荐朝爲零陵太守，主者以非選例，不聽，尙書郞胡濟奏云云……奏可。」此皆尙書下級人員據法議駁八坐主者之例。

又御覽二百二十六引晉中興書曰：「尙書郞盧琳入直，逢尙書刁協于大司馬門外，協醉，使琳避之，琳以當直，不肯廻……。」此當直尙書郞可抗禮八坐之證也。

再按：沈約宋書保存關于尙書省內部職制行事之材料，遠較新晉書爲豐富；如禮志中述丞郞詣八坐之禮敬，顧琛傳中述尙書寺門制度及尙書官遣免之方式；庾炳之傳中詳述八坐不得私使令史幹史之規定等，均可爲本條佐證。

次論尚書長官對於省外百官之監察權：

上面已經說過，尚書機構的權力基礎，在於其根據故事舊章而處理文案之性能，尚書對百官的監察權亦由此一特性衍化而來。因爲尚書既然根據故事章制而處理文案，則百官有關處分政務之公文必須符合此等章制，否則這些文書通過尚書機構時，尚書官員有劾糾之職權，此尚書省執法制度之源始。其在漢世此等事例極多。

尚書監察權的第一步是劾舉文書字句上的錯誤：許愼說文解字序：「學僮……最者以爲尚書史，書或不正，輒舉劾之。」段注：「劾者，用法以糾有罪也，百官志曰民曹尚書主凡吏民上書事，然則吏民上書，字或不正，輒舉劾正，民曹尚書事；而令史實佐之者也，此以上言漢初尉律之法如此。」

第二步便進而劾舉公文內容方面的過失：

漢書元后傳：「王章奏封事……上使尚書劾奏章知野王前以王舅出補吏而私荐之……又知張美人體御至尊而妄稱引羌胡殺子蕩腸，非所宜言，遂下章吏。」又後漢書寇恂傳：「尚書背繩墨，案空劾……便奏正臣罪……。」又後漢書馮緄傳：「尚書朱穆奏緄以財自嫌……監軍使者張敞承宦者奏……請下吏案理，尚書令黃儁奏議以爲罪無正法，不合致糾。」又後漢書郭躬傳：「中常侍孫章宣詔，誤言兩報重，尚書奏章矯制，罪當腰斬。」又後漢書虞詡傳：「上書……帝大怒，持章示尚書，尚書遂劾以大逆。」

於是再進而發展爲普遍糾劾百官的權力：

後漢書樂恢傳：「入爲尚書僕射……劾奏調阜，並及司隸校尉，諸所刺舉，無所回辟，貴戚惡之。」又後漢書陳忠傳：「順帝之爲太子廢也，諸名臣來歷，祝諷等，守闕固爭，時忠爲尚書令，與諸尚書復共劾奏之。」

漢世尚書對百官之監察權頗重，其時已有「綱紀」之稱（見宋志引應劭漢官，北堂書鈔引漢官典職：及太平御覽引漢官儀）。尚書此項監察權自始即屬於「文法案劾」性質，此性質歷魏晉不變。所以晉世尚書省對百官的監察權有一點最大的限制，就是其糾劾的對象必須是百官公務上的過失而經尚書省於處分文案時所發現者。除此以外，百官雖有顯著罪過，亦須待御史、司隸提出彈劾，化爲文案方式，交入尚書省處理，尚書省不應逕自提出，這是尚書監察權與御史司隸制度的分野。

按：晉沿漢舊，御史司隸均掌監察：晉書周處傳：「遷御史中丞，凡所糾劾，不避寵戚。」晉中興書曰：「譙王恬……爲御史中丞，值海西公廢，太宗即位，未解嚴，大司馬桓溫屯中堂，夜吹警角，恬奏劾溫大不敬，請理罪，明日溫見奏事，歎曰此兒乃敢彈我，眞可畏也。」（御覽二百二十六引）又晉中興書曰：「熊遠遷御史中丞，尚書郎盧琳入直，逢尚書刁協于大司馬門外，協醉，使琳避之，琳以當直不肯迴，協令人牽琳墜馬，至協車前而後釋，遠奏請免協官，詔令白衣領職。」（御覽二百一十六引）。又晉書鍾雅傳：「遷御史中丞，時國喪未朞，而尚書梅陶私奏女妓，雅劾奏曰云云……。」又晉中興書曰：「劉瑀遷御史中丞，瑀氣尚人，爲憲司甚得志，彈蕭志開云非才、非望、非勳、非地；彈王僧遠云蔭藉高華，人品冗末，朝士莫不畏其筆端。」（御覽二百二十六引）。又晉中興書曰：「荀伯子爲御史中丞……凡所奏劾，莫不深相呵毀，或延及祖宗，其言切直，又頗雜嘲戲，故世人以此非之。』（御覽二百二十六引）又晉書傅咸傳：「以議郎長兼司隸校尉……奏免河南尹澹左將軍倩廷尉高光河南尹何攀等，京都肅然，貴戚懾伏……時僕射王戎兼吏部，咸奏戎備位台輔，兼掌選舉，不能謐靜風俗，以凝庶績，至令人心傾動，開張浮競，中郎李重李義，不相匡正，請免戎等官，詔曰……戎職在論道，吾所崇委，其解禁止。御史中丞解結，以咸劾戎爲違典制，越局侵官，干非其分，奏免其官，詔亦不許。咸上事以爲按令，御史中丞督司百僚，皇太子以下，其在行馬內有違法憲者，皆彈糾之，雖有行馬外，而監司不糾，亦得奏之，行馬之內，有違法憲，謂禁防之事耳，官內禁防，外司不得而行，故專施中丞，……中丞司隸俱糾皇太子以下，則共對司內外矣，不爲中丞專司內百僚，司隸專司外百僚，自有中丞、司隸以來，更互奏內外衆官，惟所糾得無內外之限也？咸累自上稱引故事，條理灼然，朝廷無易之。」是御史中丞與司隸校尉之監察權力實屬相當，故通典二十四曰：「……晉亦因漢以中丞爲台主與司隸分督百僚，自皇太子以下，無所不糾，初不得糾尚書，後亦糾之，中丞專糾行馬內，司隸專糾行馬外，雖制如是，然亦更奏衆官，實無其限。」至御史監察權之性質：通典二十四曰：「故御史爲風霜之任，彈糾不法，百揆震恐，官之雄峻莫與比焉，舊制但聞風彈事，提綱而已。」

然則何謂聞風彈事耶？據通典二十四聞風彈事下注曰：「舊例御史台不受訴訟，有通詞狀者，立於台門候御史，御史竟往門外收採，如可彈者，畧其姓名，皆曰風聞訪知，永徽中崔義之爲大夫始定受事……。」故「風聞彈奏」，卽不須根據文薄上之過誤或文書上之證據以構成其彈狀者，此爲唐初舊制，晉世雖未必有此詳明之規定，然其不以文書爲彈案根據之性質則一也。是以晉世御史中丞彈狀之伸縮性極大，上舉數證中：彈「夜吹警角」、「醉牽墜馬」、「私奏女妓」、「贓汙百萬」等，均非文書過失固甚明。而劉璵彈狀連及「才、望、動、地」「廕藉、人品」，荀伯子彈狀「延及祖宗」，更已超越法律之範圍。尚書省之監察權適與此相反：宋書王弘傳：「宋國初建，遷尚書僕射領選，太守如故，奏彈謝靈運曰：……世子左衛率，康樂縣公謝靈運力人桂興，淫其嬖妾，殺興江涘，棄尸洪流，事發京畿播聞遐邇……請以事見免靈運所居官，上台削爵土，收付大理治罪。御史中丞都亭侯王淮之顯居要任，邦之司直，風聲噂嗒，曾不彈舉……請免所居官，以侯還散輩中。內台舊體，不得用風聲舉彈，此事彰赫，曝之朝野，執憲蔑聞，群司循舊，國典既頹，所虧者重，臣弘忝承人乏，位副朝端，若復謹守常科，則終莫之糾正……。高祖令曰：靈運免官而已，餘如奏，端右肅正風軌，誠副所期，豈拘常儀，自今爲永制。」是劉宋以前，尚書有不得聞風舉彈之制。此即尚書省之監察權與御史司隸之監察權的重大分野，蓋尚書之一切權力本由「文書處理」上引伸發展而來，其監察權自亦帶有「文書處理」的特性，漢世尚書劾奏之對象，必以「人臣所上及人君所下」爲限，亦即以法制案察文書，已見上述，晉世尚書不得用「聞風舉彈」亦屬此義。即尚書之監察權須以百官在行政上之過失（尤其是文案上之過失）爲對象，不屬此類者，即有非法情狀，亦不得行使監察權也。

不過漢晉尚書監察權的性質，却有一點顯著不同的地方：漢世尚書是以「樞機機構」來監察和約束「行政機構」；晉世尚書省已成爲「執政機關」，則是以「上級行政機構」來監察約束「下級行政機構」，這種「監察權」，實在已變質爲「指揮權」了。這種變化的結果，使尚書監察權的行使頗感爲難。西晉時劉頌對這種情形，便有很精確的分析：據晉書劉頌傳云：「頌在郡上疏曰：……古者六卿分職冢宰爲師，秦漢已來，九列執事，丞相都總。今尚書制斷，諸卿奉成，於古制爲重，事所不須，然今未能省幷，可出衆事付外寺，使得專之，尚書爲其都統，若丞相之爲，惟立法、創制、死生之斷，除名流徙，退免大事，及連度支之事，台乃奏處，其餘外官，均專斷之，歲終台閣課功校簿而已，此爲九卿造創事始斷而行之，其勢必愈考成司非而已，於今親掌者動受成於上，上之所失，不得復以罪下，歲終事功不建，不知所責也。」這就是因爲漢世尚書雖然管理文書，但對於文書牽涉到的政事內容並沒有多大處理權力，君主利用尚書機關在治理文案時候，檢核百官的責任，這樣尚書機關以局外人身份來約束和監察「行政機關」，自然可以做到「澈底考覈」的地步。及尚書省發展到有權處理文書中所包涵之政事內容時候，尚書省不但是「局中人」，而且還是上級機關，於是本身便負有行政過失之總責，此所謂「上之所失，不得復以責下」，如何能行使原有的監察權呢？

一方面尚書省的監察權在變質，而且又受到「不得風聞奏事」的限制；另一方面御史的監察權又極富伸縮性。

按：晉世以來，御史之監察權雖漫無限制，但御史機構並不與知實際政事內情；且既曰「風聞」，自亦可以「不聞」，於是御史之官在權力伸張時，易流於「無的放矢」，在法網弛廢之際，又每每「裝聾作啞」，噤不敢言也。

是以晉世綱紀以不振著稱。

晉書應詹傳：「上疏曰……自經荒弊，綱紀頹陵，淸直之風既澆，糟粃之俗猶在，誠宣濯以滄浪之流，漉以吞舟之綱……舉善彈違，斷裁苟且……宜早振綱領，肅起群望。」

此蓋半由時代風氣，半因制度不良。

按：南朝風氣好逸樂而惡督責，是以監察之官多每失職，此詳見　賓四師國史大綱第四編，今不引。

梁武帝時想加强尚書省的監察權力。

梁書武帝紀：「天監元年四月壬寅……詔曰成務弘風，肅厲內外，實由設官分職，互相懲糾，而頃一拘常式，見失方奏，多容違惰，莫肯執咎，憲綱日弛，漸以爲俗，今端右可以風聞奏事，依元熙舊制。」

此卽欲在制度方面以求革新也。

綜上所述，可知晉世尚書省對百官雖有監察權力，然此權力已不完全，多附屬於其行政權中行使。（亦卽於處理文案時連帶行使之。）

按宋書禮志：「晉安帝義熙二年六月白衣領尚書左僕射孔安國啓云：元興三年夏應殷祠，昔年三月……而太常徐乾等議云：應用孟秋；台尋校自泰和四年相承皆用冬夏……御史中丞范泰議：今……太祖遇時則殷，無取於三十月也，當見內台常以限月成舊就如所言有喪可殷，隆安之初，果以喪而廢矣……至於應寢而脩，意所未譬。安國又啓：……如泰此言殷與烝嘗，其本不同……太常劉瑾云……，臣尋永和十年至今五十餘載……泰所言非眞難臣，乃以聖朝所用遲速失中，泰爲憲司，自應明審是非，羣臣所啓不允，卽當責失奏彈，而罾惰稽停，遂非忘舊，請免泰瑾官。丁已詔皆白衣領職，於是博士徐乾皆免官。」此尚書於處理政務時連帶行使監察權之事例也。

晉世尚書八坐爲「政務官」，處理國政的時候多，監察百官的時候反少。其時尚書省乃另有一「非政務官」代起而行使監察之職權，此卽尚書左丞：

攷自漢以來，尚書左丞即典台中綱紀（見蔡質漢儀）。晉沿漢制，亦以左丞監察尚書省。

王隱晉書曰：「傅咸爲左丞，殿中嘗火，百官莫不趨救，而尚書東平王楙，郎溫宇桓昆等不赴台，咸……奏免楙。咸前後所彈奏，辭皆深切，及八坐以下，莫不側目——。」（書鈔六十引）（尚有左丞奏舉省官之事例見初學記十一引王隱晉書，文選晉紀總論注引干寶晉紀，晉書山濤傳崔洪傳等，文多不引。）

尚書省既成爲朝廷核心組織，尚書長官又綜攝百揆爲衆官上司，故晉宋以來左丞之監察權力亦由省內而擴展及於省外。

晉書劉喬傳：「遷御史中丞，冏腹心董艾……諷尚書右丞荀晞免喬官。」晉書郗鑒傳：「（叔父）隆……轉左丞，在朝爲百寮所憚……。」又宋書何承之傳：「迁御史中丞……與尚書左丞謝元素不相善，二人競伺三台之違相軋奏……。」

此時尚書左丞已與御史中丞並列，亦有「監司」之稱。

王隱晉書：「劉恢……爲尚書左丞，正色在朝，三台清肅，出兼中丞……。」（初學記十一引）。晉書傅咸傳：「迁尚書左丞……駿弟濟素與咸善，與咸書曰：……左丞總司天台，維正八坐，此未易居。」傅咸答辛曠詩序曰：「尚書左丞彈八坐以下，居萬機之會，斯乃皇朝之司直、天台之管轄。」（書鈔六十引）又晉書王國寶傳：「使酒怒尚書左丞祖台之，攘袂大呼，以盤醆樂器擲台之……復爲粲（御史中丞）所彈，詔以……台之懦弱，非監司體，並坐免官。」

尚書左丞之監察權，實即尚書省對百官監察權力之具體化。由這一點來看，晉代尚書省對百官羣司之監察權雖不完整，然亦不能謂其無此職能也。

按：上引事例有稱「尚書右丞」者，攷史文「左」「右」互錯之處甚多，殆難一一攷正，故今一依原出材料，不再更正。左右丞職事之不同，歷來史志言之已詳，亦無須再加辨述。

八、尚書省刑獄權之衰落及其原因

「執法監察」，「按決刑獄」，及「選第百官」，是漢代尚書最早由處理文案而衍伸出來的三種職權，這三種職權都是尚書藉「樞機」而約制百官的重要性能。及至尚書機構漸次轉爲最高執政機關，這三種性能也隨之而發生變化。關於尚書執法監察性能之轉變，已見上節所述，「刑獄」和「選第」，後來雖然屬於尚書分曹組織的職掌，但其演變情形對尚書省的地位和特性有很密切關係，而且這兩種職權也可以說是尚書機構對百官人事控制的兩種形態，所以分別在這二節中提出來討論。

就刑獄權而論：中國古代「監察」、「檢察」、和「刑獄」三事本未完全分化，由監察到糾舉，由糾舉到控訴，由控訴到判獄，都是一貫的歷程。因此漢代尚書在執行「舉劾」權的時候，就已連帶着「按獄」的性質。

尚書出納奏詔，羣下奏有不當，天子出尚書按之，羣下答辯，亦由尚書受狀，見漢書王章傳黃霸傳王嘉傳，此尚書刑獄權之始也。

西漢尚書五曹，「常侍」、「二千石」、「戸曹」、「主客」等四曹之分職，均以文書來往對象之「身份」爲標準，獨後加之「三公曹」根據「業務性質」而分職，其業務卽爲「刑獄」。故刑獄權爲尚書最早獲得的一種執行權。（見漢書成帝紀注漢舊儀及後漢書光武紀注漢官儀。）

東漢羣臣罪法之治理，分爲二重手續：（一）「罪法情況」由尚書劾奏而產生；（二）「罪名刑獄」由尚書攷斷而決定。前者令僕八坐均可行之，亦屬「執法監察權」，不在本節範圍；後者始爲眞正「刑獄權」，東漢屬二千石曹，（見續漢百官志及宋書百官志引應劭漢官。）

兩漢尚書「刑獄權」之最重要者爲處決「廷尉奏事。」

後漢書陳寵傳：「是時承永平故事，吏政尚嚴切，尚書決事，率近於重……上疏曰……往者斷獄嚴明……宜寬以濟之……。」今按漢代廷尉本主決獄，其有不能決者則奏上之：漢書刑法志：「……自今以來，縣道官獄疑者，各讞所屬二千石，二千石官以其罪名當報之，所不能決者皆移廷尉，廷尉亦當報之，廷尉所不能決，謹具爲奏，傅所當比律令以聞。」又續漢書百官志：「廷尉……掌平獄奏當所應……。」此言「尚書決事」，卽爲廷尉所奏，而尚書決之也。（御史亦主刑獄，其與尚書之關係，當另爲「兩漢樞機職權之演變及三台制度之發展」一文論之，今從畧。）惟尚書所決，廷尉仍得參辯。（見後漢書張皓傳）

此外地方獄訟亦有逕詣闕對尚書者（見後漢書王符傳）；其餘特詔尚書攷獄之例，不可勝數（見後漢書后紀、韓棱傳、陳敬王羨傳、李雲傳等）。

尚書之刑獄權，在魏晉以前，早已發展成熟，晉初復以三公尚書典刑獄，其權職較之東漢雖無所增，然亦尚完備。

唐六典：「晉初依漢置三公尚書，掌刑獄。」又晉書任愷傳：「遷光祿勳……賈充朋黨又諷有司奏愷與立進令劉友交關，事下尚書，愷對不伏，尚書杜友，廷尉劉良……欲申理之，故遲留未斷，以是愷，及友、良，皆免官。」又庾旉傳：「武帝以博士不答所問，答所不問，大怒，事下有司……付廷尉科罪……廷尉又奏旉等大不敬，棄市論，求平議，尚書又報請聽廷尉行刑，尚書夏侯駿謂朱整曰……官立八座，正爲此時，卿可共駁正之，整不從，駿……乃獨爲駁議，左僕射魏舒右僕射下邳王晃等從駁議，奏留中七日，乃詔曰……皆匈其死命……。」今按尚書報請行刑，而尚書夏侯駿左僕射魏舒右僕射下邳王晃等，只能另爲駁議，而不能止其不報，此時三公尚書有其獨立權力可知也。晉書劉頌傳：「武帝踐祚，拜三公郞，典科律：申寃訟。」卞敦傳：「 以楊駿故吏被繫，駿時爲尚書郞，案其獄，訦懼不免，駿平心斷決之，訦卒以免。」孔坦傳：「迁尚書郞……時典客令萬默……將加大辟，坦獨不署，由是被譴……。」此則尚書郞之刑獄權也。

西晉法禁嚴苛，三公尚書之職事本已極爲繁重，加以人君事求曲當，主者斷事，可不守律令條文，以意妄議，出入重輕，隨心而爲，是郞令史（類似今日之事務官）均得而行大臣（類似今日政務官）之職份也。其時三公尚書及郞令史權力頗大。

按：西晉關于獄訟方面之二大弊端：一爲法禁嚴峻，罪刑慘刻，見晉書刑法志裴頠疏；一爲法令多門，曲議不止，見同志劉頌疏，文多不引。

此時獄訟繁滋曲議不止之弊，就政制原理而言，有一重要因素，此卽因魏晉以來，尚書組織逐漸由樞機機關轉變爲政務機關。蓋刑獄爲有司據法判決之職，不宜多作論議，更不宜歸併於普通政務機關。兩漢尚書本爲「掌治文案，循執故事」之機構，其由樞機、按劾進而發展爲監察、刑獄權，尙無大病。及魏晉尙書省成爲全國政務總理衙門（見上章），其論政、議事、定策，均須參詳同異，博采衆議，衡量重輕，審察便宜，然後始作擬處，此誠所謂大臣之事也（近於今日政務官），此時刑獄權混在裏面便不適宜。「斷獄」不同於「決政」，故劉頌有「令斷一事無二門，以明法官守局之分」之奏疏。（見晉書刑法志）

以是尙書之刑獄權於兩漢發展成熟後，至西晉便顯出弊端，爲時人所詬病，而有重輕之論。

晉書山簡傳：「上疏曰……秦始初，躬親萬機，佐命之臣，咸皆率職，時黃門侍郎……聽政評尙書奏事，多論刑獄，不論選舉，臣以爲不先所難，而辨其易……。」又華譚集曰：「劉道貞問薛令長在吳何官，答曰爲吏部尙書……劉曰晉魏以來俱爾，獨謂漢重賊曹爲是，晉重吏部爲非。薛君曰……謂吳晉爲得，而君何是古而非今。劉難曰今吏部非能爲判虛名，舉沈朴者，故錄以成人，位處三署，選曹採鄉論而用之耳，無煩乎聰明；賊曹職典刑獄，刑獄難精是以欲重之。答曰今之賊曹不能聽聲觀色，以別眞僞，繇不能斷讞之尙書也。夫在獄者率小人，在朝者率君子，小人易檢，君子難精，俱不得已，吏部宜重，賊曹宜輕也。」（通典二十三引）

渡江以後，九卿多所省併，而廷尉反一枝獨秀。

按晉書刑法志：「及於江左，元帝爲丞相時朝廷草創，議斷不循法律，人立異議，高下無狀，主簿熊遠奏曰『……自軍興以來……處事不用律令，競作屬命，人立異議，曲適物情，虧傷大例……至於主者不敢任法，每輒關諮，委之大官，非爲政之體，若本曹處事不合法令，監司當以法彈違，不得動用開塞，以壞成事……主者唯當徵文據法，以事爲斷耳。』是時帝以權宜從事，尚未能從。而河東衞展，爲晉王大理……及帝卽位，展爲廷尉。」自後刑法志中所述刑獄之議，遂多以廷尉爲主體，而尚書官不與焉。此卽因晉世尚書爲政務處理機關，其關諮檢駁手續痲煩，異同之議亦多，不宜於斷獄，故復以廷尉專司之也。

時中央政府有廷尉而無三公尚書（見晉宋書百官志及下尚書分曹發展圖），據唐六典謂以吏部兼領刑獄焉。

啓雲按：唐六典刑部尚書條下云：「晉初依漢置三公尚書，掌刑獄，太康中省三公尚書，以吏部兼領刑獄，宋始置都官尚書，掌京師非違得失事……。」此似三公尚書自晉武帝太康以來卽已省。今攷惠帝時有三公尚書高光（見晉書本傳），劉頌（見本傳及刑法志），是惠帝時未省也。初學記云裴頠爲吏部尚書，晉書刑法志引頠表，明云「本曹尚書有疾權令兼出」，又晉書劉頌傳亦云頌爲三公尚書久之轉吏部尚書，則惠帝時三公自三公，吏部自吏部，不相兼領也。

又前引晉書庾旉傳齊王攸就國，旉爲禮官議有不當，下有司，尚書奏請報聽廷尉行刑，據齊王攸傳爲太康三、四年間事，其時尚書夏候駿爲駁議，而魏舒及下邳王晃等從之，據本紀及魏舒傳，舒時爲左僕領吏部，舒既從駿之駁議，則報請行刑之尚書非吏部可知。又其時左右僕射均從駿議，而不能止此尚書之請報，是太康三、四年間，尚書另有專曹以司刑獄，不由吏部兼領。

再前引通典載華譚集尚書吏，賊二曹之論，據晉書華譚傳，譚太康中舉秀才至洛陽，今就二曹論中劉薛對答之辭意觀之，所指當爲西晉時事，其時吏部自吏部，賊曹自賊曹，亦未相兼領也。

有此數證，再加以西晉法禁之嚴苛，尚書職事之繁重，其時三公尚書不容長兼於吏部明矣。「西晉太康以來即無三公尚書」之說似不能成立。通典刑部條下但云「晉復以三公尚書掌刑獄，」不言省併。宋志列舉太康中六曹，而無三公名目，然亦不云省併。晉志遂於列舉太康六曹之下，加「又無駕部、三公、客曹」一語，省併之說疑自此始。

根據上述諸點，縱使晉志所言不虛，西晉亦不過於武帝太康中一極短期間不置三公尚書而已。其餘數十年均有三公尚書也。至江左，情勢大變，其時三公尚書始正式省併。故本節論尚書刑獄職事，於西晉不言無三公尚書，於渡江以後則取六典之說法，謂吏部兼領刑獄焉。

九、尚書省選舉權之發展及其原因

就選舉權而論：漢世尚書本掌文書，於是由保存文案發展爲紀錄功過。吏追捕有功，因上名尚書錄用之；選第中二千石則使尚書就其功引，以定高下（見前漢書張敞及馮野王傳）。是尚書選舉之權，由來久矣。後漢安帝時，陳忠已有「選舉誅賞，一由尚書」之語（後漢書本傳）。然若究其實，則東漢選舉權並未完全歸於尚書。

後漢書順帝紀：「陽嘉元年閏十二月辛卯，詔曰……今刺史二千石之選，歸任三司，其簡序先後，情竅高下歲月之次，文武之宜，務宜厥衷。」又郎顗傳：「……今選舉皆歸三司……每有選用，輒參之掾屬，公府巷門，賓客塡集，送去迎來，財貨無已……。」又宦者傳：「舊典選舉委任三府，三府有選，參議掾屬，咨其行狀，度其器能，受試任用，責以成功，若無可察，然後付之尚書。」又魯恭傳「遷光祿勳，選舉淸平，京師貴戚莫能枉其正。」又陳蕃傳：「自蕃爲光祿勳，與五官中郎將黃琬，共典選舉，不偏權富。」又李固傳：「舊任三府選令史祿試尙書郎，時皆特拜，不復選試。固乃與廷尉吳漢上疏……選舉署置可歸有司。自是希復特拜，切責三公明加攷察。」楊震傳：「爲太尉……曰：如朝廷欲令三府辟召，故宜有尙書勑。」是州郡守長，光祿郎吏，及公府掾史之選用，未盡歸於吏部也。

及至魏晋，尙書省之選舉權乃發展至巓峯狀態。

先就普通選舉來說：郎官制度至此破壞淨盡，魏晋光祿不復主郎。

宋書百官志：「魏晋以來，光祿勳不復居禁中，又無復三署郎……漢東京……歲舉茂才二人四行二人，及三署郎罷省，光祿勳猶依舊舉四行衣冠子弟充之……。」

所謂依舊舉四行衣冠子弟，不過與地方官之選舉同制。

宋書百官志：「漢武元封四年令諸州歲各舉秀才一人……魏復曰秀才，晋江左揚州歲舉二人，諸州舉一人，或三歲一人，隨州大小，並對策問。」

此類選舉雖未盡廢，然已非顯途，且亦統於尙書，其策問乃由尙書郎主之（有由君主親自策問者反爲特遇如晋書華譚傳，但終非顯途）。

晋書夏侯湛傳：「泰始中舉賢良，對策中第，拜郎中，累年不調，乃作抵疑以自廣，其辭曰『……官不過散郎，舉不過賢良……。』……」又晋書潘岳傳：「舉秀才……遂栖遲十年，出爲河陽令，負其才而鬱鬱不得志。」又晋書紀瞻傳：「後舉秀才，尙書郎陸機策之……永康初，又舉寒素。」

今攷兩晋達官幾無一人由此類選舉出身者。試就紀瞻一例觀之：其策問既由尙書郎陸機主持（陸機當時亦不得意），對策後委任如何，晉書無下文，然就其後「又復以寒素舉」一點而言，此類選舉之不爲時人所重視也甚明（晉世曾有出身者不得復應寒素之舉）。其餘曹毗、虞喜、伏滔、氾騰等均曾以孝廉秀才舉，或不應命，或暫補小官旋即去職，分見晉書各傳，不勝枚舉。

魏晉以來，人事選用之正途爲「九品官人法」。人才考核與評第之職，歸於中正與司徒；而百官之任用權則集中在尚書主選者手中（見通典十四）。兩漢政府人事任用制度之紛亂與多途，至是趨於統一，政府權能之集中又有進一步之發展。

魏晉雖同用「九品中正制」，然晉世尚書人事任用權力，却又較魏代爲大：據晉陽秋曰：「陳群爲吏部尚書，制九格，登用皆由於中正攷之簿世，然後授任。」（御覽二一四引）又魏志夏侯玄傳：「玄議以爲夫官才用人，國之柄也，故銓衡專於台閣，上之分也……自州郡中正品度官才以來，有年載矣，緬緬紛紛；未聞整齊，豈非分叙參錯，各失其要之所由哉。若今中正則攷行倫輩，倫輩當行均斯可官矣……三者之類，取於中正，雖不處其官名，斯任官可知矣……奚必使中正干詮衡之機於下，而執機柄者有所委仗於上，上下交侵，以生紛錯哉……。天台懸遠，衆所絕意……豈若使……中正則唯攷其行迹，別其高下，審定輩類，勿使升降，台閣總之……。」蓋曹魏時，中正制度初建，其品第覽才之職權相當隆重，吏部用人，受中正之牽制甚大，故夏侯玄有此語也。據魏志，玄之議雖未爲司馬宣王所用，但後來中正制度之發展却一如其建議之路線：即中正但審定輩類升降而已，其餘人事任用權全歸尚書，中正不能干預。且其時門第潛力至大，上品無寒門，下品無世族，中正之品第亦不過爲例行形式。

通典十四：「其後中正任久……而九品之法漸弊，遂計官資以定品格，天下惟以居位者爲貴。」

百官之用與不用，全由當軸者決定，中正之品第不但不能約束吏部，反而常爲吏部之委任所左右（吏部委以高官，則中正定以高第）。試以山濤主選爲例：據晉書山濤傳：「詔曰：吾所共致化者，官人之職是也，方今風俗陵遲，人心進動，宜崇明好惡……其以濤爲吏部尚書……逼廹詔命，自力就職，前後選舉周徧內外，而幷得其才……除尚書僕射，加侍中領吏部……再居選職十有餘年，每一官缺，輒啓擬數人，詔旨有所向，然後顯奏隨帝意所欲爲，或濟之於帝，故帝手詔戒濤……而濤行之自若，一年之後，群情乃寢，濤所奏甄拔人物，各爲題目，時稱山公啓事。」

今按山公所奏啓事，晉書本傳不載，散見通典及各類書，茲畧舉數條如下：

通典十四：「山濤爲吏部尚書十有餘年，每官缺，輒啓擬數人曰『侍中彭權遷，當遷代。按雍州刺史郭奕，高簡有雅量，在兵間少，不盡下情，處朝廷足以肅正左右；衛將軍王濟，才高美茂，後來之冠，此二人誠顧問之秀；聖意儻惜濟主兵者，驍騎將軍荀愷，智器明敏，其典宿衛，終不減濟；祭酒庾純，强正有學義，亦堪此選，國學初建，王荀已亡，純能其事，宜當小留，粗立其制，不審宜爾，有當聖意者否。』『尚書令闕，宜得其人，征南大將軍祜，體義立正，可以整肅朝廷，又云有疾苦者，大將軍雖不整正，須筋力，戎馬間猶宜得健者，征北大將軍瓘，貞正靜一，中書監勗達練事物，三人皆人彥，不審有可參舉者不。』皆隨帝意所欲，然後明奏，而帝之用者，或非舉者，衆情不察，以濤輕重任意，或譖之於帝……。」又藝文類聚四九：「鴻臚……今缺當選，御史中丞刁攸舊人，不審可爾不。」又太平御覽二四五：「中庶子……今選太尉長史劉粹，光祿長史周蔚，惟加以所裁。」又太平御覽二一五：「……太子舍人夏侯孝若……在東宮已久，今殿中郎缺，宜得才學，不審孝若可遷此否。」又太平御覽二四八：「……脩武令劉訥……不審固不用不。」又通典二十三：「啓事曰臣欲以郄生爲温令，詔可。尋又啓曰訪聞詵喪母不時喪，遂於所居屋後假葬，有異同之議，請更選之。詔曰君爲管人倫之職，此輩應爲清議與不便當裁之。」

就上舉諸條觀之：吏部選範圍已徧及侍中、將軍、尙書令，中書監，東宮官、九卿、及地方官，此其一；山公密啓，而衆情不察或譖之於帝，其密啓直達天聽，不經他官可知，此其二；濤啓事自爲品題，而不引述中正之品第，其於「詵喪母假葬」一事惟稱訪聞，不云中正所報，且時人以濤用非「舉首」，疑其輕重任意，竟亦不敢明白彈奏，只能譖於帝前，此時尙書用人，有其絕對權力，不受中正品第之約束，至明，此其三。

其他有關晉吏部職權之事例如下：

晉書任愷傳：「以愷爲吏部尙書……愷既在尙書，選舉公平，盡心所職…… 。」又

晉諸公贊曰：「（陸）亮……爲賈充所親待，山濤爲左僕射領選，充每不得其所欲，好事者說充宜授心腹人爲吏部尙書（按書鈔六十引徐廣晉紀則亮實爲尙書吏部郞），參同選舉……。」（世說新語注引）又

晉王蘊別傳：「（王）蘊……爲吏部郞，欲使時無屈滯，曾下鼓急出，日晏乃至，家去台數里，高褰車帷，先後與語，不得進也，一官缺，求者十輩，蘊連狀呈宰錄曰某人有地，某人有才，不得者甘心無怨。」（御覽二一六引）又

王隱晉書云：「杜錫……補吏部郞，不敢用鄉親一人。」（書鈔六十引）又

晉書李重傳：「遷尙書吏部郞，務抑華競，不通私謁，特留心隱逸，由是群才畢舉，拔用北海西郭湯，琅邪劉

衍，燕國霍原，馮翊吉謀等爲秘書郎及諸王文學，故海內莫不歸心。」又晉書王彪之傳：「轉吏部尚書，簡文有命用秣陵令曲安遠補句容令，殿中侍御史奚朗補東郡，彪之執不從。」又晉書江灌傳：「後遷吏部郎，時謝奕爲尚書銓叙不允，灌每執正不從，奕託以他事免之，受黜無怨色。」由是可見晉代吏部制局頗爲嚴整，處其職者，雖位不過尚書郎，對人選之詮用亦有獨立權力；不處其職者，卽使位極尊崇，亦未可以輕易干預也。其時選案不經他官（宋元嘉監國儀注曰「其言選事者，依舊不經他官。」此雖在劉宋元嘉中，然晉宋相沿無大改革，其言「依舊」，恐卽晉制也。）選事多由主者逕與君主決之，唯錄尚書重臣乃得參知，故吏部之權至晉、宋而極盛，遂爲人主所忌而思分奪之（見宋書蔡廓、蔡興宗、顏師伯、謝莊等傳）。陵夷至唐，人事權多歸中書門下，吏部但爲例行公事而已（見唐六典）。

觀上所述尚書之人事任用權，其由來雖久，然至晉世始發展至最高峯，此後又逐漸衰替也。晉世吏部之任極爲要愼。

晉起居注曰：「武帝太康四年詔曰吏部掌叙人倫，治化之本也……。」（御覽二一一引）又云：「惠帝元康元年詔曰：夫興治成務，要在官人，詮管之任，不可假人……。」（北堂書鈔六十。其餘此類詔文散見各類書者不勝枚舉。）又晉書稽紹傳：「尚書左僕射裴顏亦深器之，每曰使延祖爲吏部尚書，可使天下無復遺才矣。」又袁子曰：「魏家置吏部尚書，專選天下百官，夫用人人君之所司，不可以假人者也，使治亂之柄，制在一人之手，權重而人才難得，居此職稱此才者，未有一也……。」（書鈔六十、類聚四八、御覽二一四同引）。

此時之吏部，誠可謂掌國家人事進退之總責，集天下毀譽於一身也。

在第一章中，筆者已畧謂漢世尚書職事屬於文書庶務方面者居多，後來雖亦有根據「法令舊章」以處事之制，然仍偏重在消極案劾方面，其於機務乃爲「約制性質」而非「處分性質」。發展至晉，尚書地位始由「樞機」而轉爲朝廷領袖，於是消極方面之職能漸次轉變於積極方面。此就本章述晉世尚書省與百官群司關係之轉變情形觀察，益信其然：蓋尚書機構由約制百官進而指揮百官；「監察」、「按劾」、「刑獄」方面之職權日殺；「選舉」、「調度」、「軍政」方面之職權日增，正爲尚書制度之性能由消極轉成積極之徵象也。（按魏晉增「度支」及「五兵」尚書，此爲尚書組織之一大發展，今以其屬分曹職事，故畧不論。以下但就漢晉之間尚書分曹組織之全面發展情形，製就簡表二種，附於章末，以示概畧）。

漢晉尚書曹司發展圖一（八座）：

	漢成帝	漢光武	東漢末	曹魏	晉初	太康中	東晉	劉宋
分曹	常侍曹	吏曹	吏曹	吏部	吏部	吏部	吏部	吏部
	二千石曹	（分二）	二千石					
	民曹		民曹	左民曹		左民	左民	左民
	客曹	（分南北）	客曹	客曹	客曹			
	三公曹	（由二千石曹分出？）	（有二人）		三公			

名目	附註	材料出處
	三公曹爲後加者。	見前論。
	光武初三公曹併于二千石曹，餘遵西漢制，後始有改變。靈帝時有選部(晉志)。	除附注外，餘見續漢志本注
		見宋志及通典引應劭漢官。
度支曹 五兵曹		宋書百官志。
度支 屯田 駕部	咸寧二年省駕部，四部又置。惠帝世有右民又有三公（見前攷）。	除附注外，餘見宋書百官志。
度支 五兵 田曹 殿中		宋志。
度支 五兵 （祠部）	祠部與右僕通職。	宋志。
度支 五兵 祠部 都官	梁齊與宋同，亦別有起部而不常置也（通典）。左民梁曰左戶（隋志）。	除附注外，餘見宋志。

漢晉尚書曹司發展圖二（郎曹）：

	郎曹													
漢	初無專人，由郎官給事。後始漸成專任。光武時四郎：一主匈奴單于營部；一主羌夷吏民；一主戶口墾田；一主財帛委輸。後增至三十六人。一尚書六人，不知何曹。													
	直事	殿中	祠部	儀曹	吏部	三公	比部	金部	倉部	度支	都官	二千石	左民	右民
曹魏	×	○	○	○	○	○	○	○	○	○	青龍二年加○	○	○合	
晉武帝	直事	殿中	祠部	儀曹	吏部	三公	比部	金部	倉部	度支	都官	二千石	左民	右民
江左	×	○	○	○	○	○	○	○	○	○	○	○	○	×
康穆後		○	○	○	○	○	○	○	○	○	○	×	○	
晉末		○	○	○	○	○	○	○	○	○	○		○	
宋高祖		○	○	○	○	○	○	○	○	○	○		○	
宋太祖（元嘉十年／十一年）		○	○	× ○ ○	○	○	× ○ ○	○	○	○	○		○	

名														
○	農部	×	○	○	×	○	合 ○		合 ○		○	○	青龍二年加 ○	×
虞曹	屯田	起部	水部	駕部	車部	庫部	左中兵	右中兵	左外兵	右外兵	別兵	都兵	騎兵	左士
○	×	○	○	○	×	○	合 ○		合 ?		×	×	×	×
×		○	○	○		○	○		合 ○					
		×	×	○		○	○		○					
		○	○	○		○	○		○				○	
		○	○	○		○	○		○				× ○ ○	

目	總數	出處
		續漢志、宋志。晉志有異。
有攷功、定課二郎 × ○ × × × ×	魏初二十三曹郎。青龍後二十五曹郎。	宋志、晉志。
右士 左主客 右主客 北主客 南主客 （又置運曹） ×	三十四曹郎。（後三十五曹二十三郎）	宋志、晉志。
× 合○ ×	二十曹？（宋志云十七曹疑誤）	宋志、晉志。
○	十八曹郎	宋志。晉志。
×	十五曹郎	宋志。晉志。
○	十九曹郎	宋志
元嘉中增刪定功論二郎 ○○ × ○ ○	二十一曹郎。	宋志

註：本表所列曹名以晉武時爲標準，其餘各代有相同者則加○，無此曹者則加×。另有曹名不同者始舉列其名目。

叁：晉門下、中書之特性及其與尙書省之關係

十、典尙書事制度之舊淵源與新發展

兩晉職官繼承漢魏制度而發展，中央三省，尙書的淵源和特性已如前述，至於門下省和中書省的職事，則是因襲西漢典尙書事制度演變成的。

考尙書受其他機構約制，並不自魏晉三省分立始。早在尙書制度興起之初，便已經有一種典尙書事的制度同時存在。這個機構，在西漢爲左右曹給事中及中書謁者令（左右曹受尙書事平處之，見漢書百官表及注，續漢志本注；又漢官答問中有考述。中書謁者令管領尙書事見漢書劉向傳及顏注又北堂書鈔引漢官儀；至中書、尙書非一官見文獻通考、漢官答問、及勞榦論漢代的內朝與外朝文中之考辨。）在東漢初年，爲侍中及黃門侍郞（侍中及黃門侍郞受事之例證見御覽二二一引漢官，續漢志本注，後漢書竇憲傳朱穆傳及御覽二二一引齊職儀。）至東漢中葉以後，則爲常侍黃門等宦官（見後漢書朱穆傳及宦官列傳。）漢獻帝中平六年以後，此職重新歸於侍中及黃門侍郞之手（見後漢書獻帝紀注及續漢百官志小注。）此等職制稱爲「內樞機」，與尙書之爲「外樞機」互相對當。

魏晉除沿漢末之制，以侍中黃門侍郞典平尙書機事外，又有散騎及中事之官，其主要職務亦在典尙書事。

晉官品令云：「舊侍中……書表章奏皆掌署也。」（書鈔五八引）。晉官品令云：「給事黃門侍郎四人……與侍中掌文案……典署其事。」（書鈔五八，御覽二二一引）華嶠集云：「詔曰散騎……掌讚詔命，平處文籍……。」（御覽二二四）晉起居注曰：「太始元年詔曰……其以珣，遵並爲散騎常侍，與內常侍更讀文書。」（書鈔五八引）晉書職官志：「魏晉散騎侍郎與侍中黃門侍郎，共平尙書奏事。」華嶠譜叙：「（華）表爲散騎侍郎，時同僚諸郎共平尙書事。」（三國志華嶠傳注引）又宋書百官志：「漢武帝……始使宦者典尙書事，謂之中書謁者令……魏武帝爲王置秘書令典尙書奏事又其任也，文帝黃初初改爲中書令，又置監及通事郎，次黃門郎，黃門郎已署，事過通事，（晉志下有「署名已署」四字）奉以入，爲帝省讀書可，晉改曰中書侍郎員四人……。」（晉志畧同）

這些官稱爲「內樞機」。

中書之稱內樞見御覽二二〇引宋泰始起居注。按「中書」以「書」名官，故後人多推「中書」爲漢代尙書之繼體。實則在時人籠統觀念中門下散騎等官亦有漢代尙書之義：魏志高貴鄉公紀：「甘露二年六月，甲子詔曰今……大將軍恭行天罰……昔相國大司馬征伐，皆與尙書俱行，今宜如舊，乃令散騎常侍裴秀，給事黃門侍郎鍾會，咸與大將軍俱行。」可徵。

就淵源來說，魏晉門下中書二省都是繼承東漢宮官職事之機構。今將東漢以來，典尙書機事各官之重要沿革表列如下：

漢晉內樞職事遞轉表：

	東漢中平六年以前	東漢中平六年以後	曹魏與西晉
機事	故事黃門常侍但當給事省內典門戶主近署財物耳今乃使與政事而任權重。（後漢書竇武傳）	自誅黃門以後侍中侍郎出入禁中機事頗露（獻帝起居注）。	侍中王喉舌萬機無亂也（書鈔引應璩詩）。中書職掌機管有由來矣（書鈔引王洽集辭中書令表）。
典尚書事	舊有左右曹……主受尙書奏事平省之世祖省使小黃門郎受事。（續百官志）。小黃門……掌侍左右受尙書事。（續百官志）。漢家舊典置侍中中常侍各一人省尙書事黃門侍郎一人傳發書奏皆用族姓自和熹太后……乃以閹人爲常侍小黃門通命兩宮自此以來權傾人主（後漢書朱穆傳）。	帝初即位初置侍中給事黃門侍郎各六人出入禁中近侍帷幄省尙書事……。（獻帝起居注）。	魏晉散騎常侍郎與侍中黃門侍郎共平尙書奏事江左乃罷（晉書職官志）。（華）表……爲散騎侍郎時同僚諸郎共平尙書事……。（三國志華歆傳注引華嶠譜叙）。漢武帝……始使宦者典尙書事謂之中書謁者令……魏武帝爲王置秘書令典尙書奏事又其任也文帝黃初初改爲中書令又置監。（宋書百官志）。

其實「中書」，「門下」，「散騎」等名辭，就是由東漢宮官名目衍化出來的。

按魏晉以來，侍中，黃門侍郎等合稱爲「門下」，據洪飴孫三國職官表考云：「給事黃門侍郎……晉志與侍中俱管門下衆事，初學記引齊職儀同，又鍾會傳注王弼傳弼遂不得在門下，皆指黃門侍郎，亦即此官，後世稱侍中爲門下省，蓋始於此。」今按：侍中之稱「門」實自東漢已有之：後漢書李固傳：「……宜令步兵校尉冀，及諸侍中，還居黃門之官……。」是東漢時侍中黃門等已合稱黃門之官，至魏乃稱「門下」也。（「門下」疑卽指黃門之下）。然則「黃門」，「門下」實爲一脉之發展，所不同者，門下無宦官而已。魏文帝以後，又有散騎官，此則直爲繼承東漢常侍宦者之名稱（東漢常侍則繼承西漢中朝官名稱），北堂書鈔引魏志及洪飴孫三國職官表均謂「散騎常侍」爲合「散騎」與「中常侍」二名而成者。又東漢「黃門」與「常侍」雖同爲宮官，二者畧有分別；魏晉「門下」與「散騎」亦稍不同，故別有「散騎省」之稱（見文選潘安仁秋興賦序）。蓋門下省承接黃門，而散騎省則承接常侍，二者分合之間，脉絡分明。至於中書之名，宋書百官志，晉書職官志，通典及唐六典均明謂其源出漢代中書謁者宦官，更無疑義。

因門下、散騎、及中書均爲以士人繼承東漢宦官「內樞」職事之機構，故魏晉以還，此三者之事任，頗多相類，時或混同。

如詔命手筆，本爲中書之職，而散騎常侍亦任之（見初學記引齊職儀）侍中亦有任之者（詳後第十五節）；駁議之職，本屬門下散騎，而中書亦爲之（見晉書阮種傳）；又如文案呈奏，本同經門下與中書（見前引），江左乃專於西省侍郎，然西省雖屬中書，却又有雜用門下散騎官之事例（亦詳後）。至於通典二十一：「黃門侍郎——宋制——多以中書侍郎爲之——。」則二者幾合而爲一矣。其餘晉書，宋書及通典有關中書，門下、散騎，秘書等官職之記載，含混不清之處甚多。

此卽因以上諸官均由宮官發展而來，其實際行事，仍未完全分化也。

晉初重內官，政事多決於中，乃至臣下表章有明白請求出外議處者（見晉書劉琨傳永嘉元年所上表，宋書禮志晉孝武時李遼所上表及宋書荀伯子傳義熙九年所上表等）。典尚書事機構，除辦理出納贊讀文書等事務以外，對於公文內容（卽政事）決定力量頗大：

就門下省而論：侍中自漢以來卽爲「切問近對」，「拾遺補闕」，「朝夕獻納」，「從容諷議」之職，（屢見於前後漢書，漢官，漢官典職，東觀漢記，及書鈔初學記御覽所引諸家後漢書。）迨晉初設立諫官，遂正式以侍中散騎兼諫官之任。

晉書武帝紀：「泰始二年二月庚午詔曰古者百官箴王闕，然保氏特以諫諍爲職，今之侍中常侍，實處此位，擇其能正色弼違匡救不逮者以兼此選。」晉書武帝紀：「泰始二年九月乙未散騎常侍皇甫陶傅玄領諫官上書諫諍，有司奏請寢之，詔曰凡關言人主，人臣所至難，而若不能聽納，自古忠臣直士之所慷慨也，每陳事出付主者，多從深刻，乃云恩貸當由主上，是何言乎，其詳評議。」

晉書傅玄傳：「爲散騎常侍，皇甫陶共掌諫職，玄上疏……書奏，帝下詔曰二常侍懇懇於所論，可謂乃心欲佐益時事者也，而主者率以常制裁之，豈得不使發憤耶，二常侍所論或舉其大較，而未備其條目，亦可使合作之，然後主者八坐廣共研精……。」

門下旣兼諫職，其諫議諍論本身已可以影響實際政事，然西晉門下省對朝政之主要權職則在評駁尚書事。

晉官品令云：「舊侍中……盡獻納糾正補過，文欒若有不正皆得駁除，書表奏章皆掌署也。」（書鈔五八引）又晉中興書云：「熙宣二年桓温奏請散騎常侍二人復置四人，凡一省文書奏表意異者爲散騎常侍，比於侍中——。」（書鈔五八引）又王隱晉書曰：「劉頌……轉吏部尚書，爲九班之制（侍中）裴顔有所駁。」（文選晉紀總論註引）又晉書稽紹傳：「趙王倫纂位署爲侍中，惠帝復阼遂居其職，司空張華爲倫所誅，議者追理其事，欲復其爵，紹又駁之——。」又晉書山簡傳：「上疏曰……世祖武皇帝應天順人，受禪於魏，泰始之初，躬親萬機，佐命之臣，咸皆率職，時黃門侍郎王珣，庾純，始於太極東堂聽政，評尚書奏事，多論刑獄，不論選舉，臣以爲不先所難，而辨其易。」

此項駁議累積而成故事舊制，更爲門下省評事之法律根據：

宋書禮志：「晉成帝咸和五年六月丁未，有司奏讀秋令，兼侍中散騎郎曹宇駁曰：尚書三公曹奏讀秋令儀注，新荒以來，舊典未備，臣等參議光祿大夫臣華恆議武皇帝以秋夏盛暑常闕不會，在春冬不廢也，夫先王所以從時讀令，蓋後天而奏，天時正服尊嚴之所重，今服章多闕，如此熱赫，臣等謂可如坦議依故事闕而不讀，詔可。六年三月有司奏今月十六日立夏，案五年六月三十日，門下駁依武皇夏闕讀會，今正服漸備，四時讀令，是祈述天和，隆赫之道，謂今故宜讀夏令，奏可。」宋書王韶之傳：「高祖受禪，加驍騎將軍本郡中正黃門如故，——有司奏東治士朱道民禽三叛士，依例放遣，韶之啓曰尚書金部奏事如右，斯誠檢忘一時權制，懼非經國弘本之令典，臣尋舊制，以罪補士凡有十餘條……愚謂此四條不合加贖罪之恩。侍中褚淡之同韶之三條却宜仍舊，詔可。又駁員外散騎侍郎王實之請假事曰尋伏舊制……不合開許……。」（按此雖劉宋時事，然亦可作晉制之參考也。）

晉初門下省對尙書機構有很大約束力。

華嶠譜叙曰：「歆有三子，表……爲散騎侍郎，時同僚諸郎共平尙書事，年少並兼厲鋒氣，要君名譽，尙書事至，或有不便，故遺漏不視，及傳書出，卽入深文論駁，惟表不然，事來有不便，輒與尙書共論盡其意，主者固執，不得已，然後共奏議……。」（三國魏志華歆傳注。按此魏末時事）又晉書任顗傳：「晉國初建，爲侍中……顗有經國之幹，萬機大小，多管綜之，帝器而昵之，政事多諮焉……顗惡賈充之爲人也，不欲令久執朝政，每裁抑之，充病之，不知所爲，後承閒言，顗忠貞局正，宜在東宮使護太子，帝從之，以爲太子少傅，而侍中如故，充計劃不行……或爲充謀曰顗總門下樞要，得與上親接，宜啓令典選，便得漸疏……顗已在尙書，選舉公平，盡心所職，然侍覲轉希……遂免官……。」又晉書王渾傳：「濟……入爲侍中，時渾爲僕射，主者對事或不當，濟性峻厲，明法繩之，素與從兄佑不平，佑黨頗謂濟不能顧其父……。」

第二個典內樞的機關是中書省：中書職權有二：一爲典尙書事，一爲草擬詔書。若純就法制本義而言：草擬詔書不過筆札文采之事，「典尙書事」始爲眞正之政事權。故晉宋兩志述中書職權，均以典尙書事爲主，至「掌詔命」事不過於西省侍郎下附提一言而已。六典及通典追述魏中書省職權猶以「典尙書」爲主，及言晉制乃轉而注重其草擬詔命之職。足見中書職權之本體仍在典尙書事。

由「典尙書事」衍化出來的政事權則爲「駁議」「平處」與「奏議」。

晉書荀勖傳：「守中書監……其後門下啓通事令史伊羨趙咸爲舍人，對掌文法，詔以問勖，勖曰……臣竊謂不可。」晉書阮种傳：「轉中書郎……每爲駁議，事皆施行，遂爲楷則。」晉書范寧傳：「徵拜中書侍郎，在職多所獻替，有益政道。」王隱晉書曰「周處——爲中書省事，時女子李忽覺父北叛時殺父，處奏……可殺忽。」（御覽六四七引）又晉書李重傳：「再迁中書郎，每大事及擬議，輒參以經典，處決多皆施行。」此中書處事之證也。

晉書禮志：「孝武太元十一年九月，皇女亡，及應烝祠，中書侍郎范寧奏：案喪服傳有死宮中者三月不舉祭，不別長幼之與貴賤也，皇女雖在嬰孩，臣竊以爲疑，於是尚書奏使三公行事。」又晉書李重傳：「迁尚書郎，時太中大夫恬和表陳便宜，稱漢孔光，徐幹等議，使王公已下制奴婢限數，及禁百姓賣田宅，中書啓可屬主者爲條例，重奏云云。」此中書奏交尚書處理之證也。

晉書省勖傳！「時太尉賈充，司徒李胤並薨，太子太傅又缺，勖表陳……尚書令衞瓘，吏部尚書山濤皆可爲司徒，若以瓘新爲令未出者，濤即其人，帝並從之。」晉書霍原傳：「及劉沈爲國大中正，元康中進原爲二品，司徒不過，沈乃上表理之，詔下司徒參論，中書監張華，令陳準奏爲上品詔可。」此中書奏議之證也。

此等「內樞」機構，雖具權勢，時望猶卑，且未脫盡宮官色彩，故雖典尚書事，卻不能爲尚書省之上司，這正如漢初之尚書機構，雖典百官奏事，亦未可遂爲百官上司也。

按：漢世侍中與尚書均文屬少府，侍中秩比二千石，而尚書令不過千石，是侍中之地位本在尚書令之上。及晉世，尚書令雖亦三品而位極人臣（見第一章）；侍中反見遜色。就升迁而言，晉世單拜侍中者，轉爲列曹尚書或中書令已屬美迁，其升爲尚書令僕者則似絕無僅有。又晉書蔡謨傳：「爲侍中迁五兵尚書……上疏讓曰：八坐之任，非賢莫居，前後所用，資名有常……今猥以輕鄙，超倫踰等，上亂聖朝貫魚之序，下違羣士準平之論……。」是侍中迁尚書已屬超踰。

且漢侍中黃門本爲近侍之職，晉世門下之官仍掌禁中侍從職事：晉書賈謐傳：「及迁侍中，專掌禁內。」又王隱晉書曰：「趙王倫欲廢賈后而門鑰在侍中處，所部司馬多木作有利鋸，至期倫乃命三部司馬以鋸截關開門。」（御覽七百六十三引）又晉中興書曰：「烈宗崩，王國寶夜開門入爲遺詔，(王)爽爲黃門郎，拒之曰大行晏駕，太子未立，敢有先入者斬，國寶懼乃止……。」（世說方正篇引）其餘有關晉侍中黃散侍從左右奔走服役之記載，遍見於晉宋二志及各類書職官篇，不勝枚舉。可見時人心目中，侍中黃門但爲皇室左右帷幄之職，未以崇顯許之：環濟要畧：「侍中入侍帷幄，受顧問拾遺左右者也」（書鈔58引）又魏志××傳：「蘇則與吉茂同隱於太白山，後則爲侍中，侍中舊親省起居，故俗謂之執虎子，茂見則嘲曰：仕進不止執虎子，則笑曰誠不能效汝蹇蹇鹿車驅也。」（御覽二一九引。按今本魏志注引魏畧稍異）世說識鑒篇：「王忱死西鎭未定，朝貴人人有望，時殷仲堪在門下，雖居機要，資名輕小，人情未以方嶽相許，晉孝武欲拔親近腹心，遂以殷爲荆州，事定詔未出，王珣問殷曰陝西何故未有處分。殷曰已有人，王歷問公卿，咸云非，王自計才地必應在已，復問非我邪，殷曰：亦似非。其夜詔出，用殷，王語所親曰豈有黃門郎而受如此任，仲堪此舉，迺是國亡之徵。」

又：門下省中，侍中品秩雖高於黃門（侍中爲第三品比二千石，黃門爲第五品六百石。），然二者並無主屬之分：世說方正篇；「向雄爲河內主簿……太守劉准橫怒，遂與杖遣之。雄後爲黃門郎，劉爲侍中，初不交言，武帝聞之，勅雄復君臣之好，雄不得已，詣劉再拜曰，向受詔而來，而君臣之義絕，何如。於是卽去，武帝聞尙不和，乃怒問雄，雄曰……安復爲君臣之好，武帝從之。」蓋同爲直屬天子之左右近臣，故無上下統屬之關係也。（尙有說見第七節）

由此觀之，晉門下省乃以天子近臣身份約制尙書，而非尙書省之上司。中書亦然：

考晉世單拜中書監令者位望亦不高：就升遷而言，多由侍中侍郎遷入：荀勖傳：「轉從事中郎領記室……爲侍中……拜中書監……。」和嶠傳：「入爲黃門侍郎，遷中書令……轉侍中……爲尙書。」庾純傳：「補主簿……累遷黃門侍郎……歷中書令……。」張華傳：「遷長史兼中書郎……遂卽眞……拜黃門侍郎……拜中書令……爲度支尙書。」裴楷傳：「……轉爲尙書……爲中書令。」盧志傳：「補左長史……加散騎侍郎……爲中書監。」繆播傳：「爲給事黃門侍郎……俄轉侍中，徙中書令。」諸葛恢傳：「召恢爲尙書郎……調爲會稽大守……母憂去官，服闋拜中書令。」何法盛中興書：「明帝立，王敬表曰中書郎領軍庾亮，……可中書監領軍如故」（湯球輯本）。文選三十八注何法盛晉書潁川庾錄：「曰亮……爲中書郎，肅祖欲使爲中書監。」王珉傳：「後歷著作散騎郎，國子博士、黃門侍郎，侍中，代王獻之爲長兼中書令。」王國寶傳：「入補侍郎，遷中書令。」王謐傳：「歷中軍長史，黃門侍郎，及侍中……玄以爲中書令。」王綏傳：「爲太尉右長史，及玄篡，遷中書令。」

侍中侍郎既非崇顯，中書監令亦不得遽爲顯授。晉世中書令乃有出而爲方鎭參佐者：

晉書閻鼎傳：「中書令李暅……皆來赴疇，僉以鼎有才用且手握彊兵，勸藩假鼎冠軍將軍，豫州刺史，蔚等爲參佐。」據讀史舉正曰「案暅既爲中書令，則位既尊矣，豈可復爲鼎參佐，愍帝紀作中書郎爲是。」今按愍紀作「郎」，然周濟晉畧萬斯同將相大臣年表均沿作中書令。且晉書溫嶠傳：「轉中書令……甚爲王敦所忌，固請爲右司馬。」是中書令亦有出爲方鎭參佐者。

又：百官表奏，中書監令序次多在尙書八坐之後（如晉書禮志文帝之崩司馬孚等所上疏；又晉書荀晞傳晞承詔罪狀東海王越表。）

蓋魏晉時人多目中書官爲小吏佞倖之徒未以顯授許之也（見魏志蔣濟傳，魏志傅嘏傳注，魏志夏侯尙傳注魏畧，晉書荀勖傳和嶠傳，齊王攸傳，會稽王道子傳，王國寶傳）

又晉書王允之傳：「……（父）舒卒去職，既葬除義興太守，以憂哀不拜，從伯導與其書曰：太保安平侯以孝聞，不得辭司隸；和長輿海內名士不免作中書令，……。」今按導此書可有二指：以父喪憂哀而不拜一也；以名士世家卑所除職過微而不就二也。故舉二故事以喻之。考和嶠傳：「……襲父爵上蔡伯……武帝入爲給事黃門侍郎遷中書令……轉侍中……太康末爲尙書，以母憂去職，及惠帝卽位拜太子太傅。」其中書令任內，無親喪之憂也。然則王導言和嶠海內名士不免作中書令，明帶有卑視中書令之意。晉元帝以王導爲中書監詔內有「昔者荀公曾從中書監爲尙書令，人賀之，乃發恚云奪我鳳凰池，卿諸人何賀也，願足下處之勿疑」之語（見藝文類聚四八引晉陽秋及御覽二二〇），此明恐王導卑此官不就，乃引荀勖爲解也；後人遂執「鳳凰池」一語以爲中書監重於尙書令之證，不知荀勖在晉本以諂佞素爲時人所詬疾者；晉書荀勖傳：「拜中書監加侍中……當時甚爲正直者所疾，而獲佞媚之譏焉。……於是天下貴嶠而賤勖。……時議以勖傾國害時，孫資劉放之匹。」又和嶠傳：「迁中書令……時荀勖爲監，嶠鄙下爲人，以意氣加之。」又晉書齊王攸傳：「中書監荀勖侍中馮紞皆諂諛自進，攸素疾之……。」則其語殊不足以代表時人之意態。且宋明帝詔王景文曰：「……東宮詹事用人雖美，職次正可比中書令耳……。」（見宋書王景文傳）是中書雖美，亦不過詹事之比。

晉世中書門下與尚書省之眞正關係，只爲內外相對，而非上下相臨。故晉世有中書門下，並不影响尚書省爲朝廷領袖之地位。

觀以上各節所論，晉世中央政府組織實在可以分爲三重：最外一層爲百官羣司（行政官）；最內一層爲天子及門下中書（內樞），尚書省的地位則處於內外之間（外樞）。

十一、中書詔令職權之變態發展

就上述約制尚書機構的作用來說，門下爲典尚書事之正體，其權勢在內樞諸官中，應居於最重要地位。但事實上在曹魏及西晉時，中書的力量却遠超過門下省。其原因則由於中書詔令職權之變態發展，茲析述於后：

按魏晉中書省除「典尚書事」外，還有「草擬中詔」的職權。

晉令曰：「中書爲詔令記會時事典作文書也。」（初學記十，御覽二二〇引）環濟要畧曰：「中書掌內事，密詔下州郡及邊將，不由尚書也。」（書鈔五七引）陸機集序云：「機與吳王表曰臣以職在中書，詔

命所出，而臣本以筆札見知。」（書鈔五七引）

晉中央下行文可分成兩大類：一為政府公文，凡由尚書省頒下之詔，敕，符屬之；一為皇室文書，凡未經或不經尚書省之「手詔」，「口詔」，「中詔」屬之。尚書公文已見前論，今畧舉有關晉世「中詔」及「手詔」之史料如下：

①晉書劉毅傳：「太康六年卒，武帝撫几驚曰失吾名臣，不得生作三公，即贈儀同三司……北海王宮上疏曰中詔以毅忠允匪躬贈班台司……。」

②晉書山濤傳：「帝之所用或非舉首，衆情不察，以濤輕重任意，或譖之於帝，故帝手詔戒濤……。」

③晉書張華傳：「遭母憂，哀毀過禮，中詔勉厲，逼令攝事……。」

④晉書楊駿傳：「帝疾篤……小間……乃詔中書以汝南王亮與駿夾輔王室，駿恐失權寵，從中書借詔觀之，得便藏匿，中書監華廙恐懼自往索之終不肯與，信宿之間，上疾遂篤，后乃奏帝以輔駿政，帝頷之，便召中書監華廙令何劭口宣帝旨，使作遺詔。」

⑤晉書王渾傳「……渾奏曰……舊三朝元會前計吏詣軒下，侍中讀詔，計吏跪受，臣以詔文相承已久，無他新聲，非陛下留心方國之意也，可令中書指宣明詔，問方士異同賢才秀異，風俗好向……。」

⑥晉書楚王瑋傳：「……盛……矯稱瑋命，譖亮瓘於賈后，而后不之察，使惠帝為詔……夜使黃門齎以授瑋，瑋欲復奏，黃門曰事恐漏泄，非密詔本意也，瑋遂止，遂勒本軍，復矯詔三十六軍……又矯詔使亮瓘上太宰太保印綬……又矯詔赦亮瓘官屬……天明，帝用張華計……麾衆曰楚王矯詔，衆皆釋杖而走……瑋臨死出其懷中青紙詔流

涕以示監刑尙書劉頌曰受詔而行……受枉如此……。」

⑦傅暢晉贊云：「華廙……爲中書監時，戎事多不泄，廙啓世祖，召受子薈筆草詔。先時荀勖爲監，末年亦使息組書草詔；傅祗爲監，病風年，復使息暢書啓事，前後相承，以子弟管之，自此議始也。」（書鈔五七引）

⑧晉書劉弘傳：「表曰中詔敕臣隨資品選補諸吏……。」

⑨晉書趙王倫傳：「詔尙書以廢后事，仍收捕賈謐等，召中書監，侍中，黃門侍郎，八坐皆夜入殿，執張華、裴頠，解結、杜斌等於殿前殺之，尙書始疑詔有詐，郞師景露版奏請手詔，倫等以爲沮衆，斬之以徇。」

⑩晉書趙王倫傳：「秀爲侍中中書監……倫之詔令，秀輒改革，有所與奪，自書靑紙爲詔，或朝行夕改者數四。」

⑪晉書懷帝紀：「永嘉六年正月帝在平陽（蒙塵）……二月……大司馬王浚移檄天下，稱被中詔，承制以荀藩爲太尉。」

⑫晉書荀奕傳：「奕議曰……至尊與公書，手詔則曰頓首言，中書爲詔則云敬問，散騎優冊則曰制命，今詔文尙異，况大令之與少令理豈得同。」

⑬晉書王導傳：「又嘗與導書，手詔則云惶恐言，中書作詔則曰敬問，於是以爲定制。」

⑭晉書郗鑒傳：「中書令庾亮宣太后口詔，進鑒爲司空。」

⑮太尉庾亮碑□：「親受中詔……。」又晉書庾亮傳：「欲闔門投竄山海，帝遣……手詔慰喻……。」

⑯晉書王彪之傳：「太尉桓溫欲北伐，屢詔不許，混輒下武昌，人情震懼……彪之……謂浩曰……令相王與手書示以欵誠……若不順命，卽遣中詔，如復不奉，乃當以正義相裁……。」

⑰通典五十八注王彪之所定晉天子納后六禮版文：「問名文曰『皇帝曰咨前某官某侯何……今使使持節某官彪之，某官綜，以禮問名。』后家答：『皇帝嘉命使者彪之重宣中詔，問臣名族……前某官某侯糞上臣何琦稽首稽首再拜承制詔。』」（其下尚有「納徵」，「請期」，「迎」等版文式均大畧相同，皇后家答文亦有皇帝嘉命重宣中制字樣，文多不錄）。

⑱宋書蔡興宗傳：「四方既平，琰嬰城固守，上使中書爲詔譬琰。興宗曰：……陛下宜賜手詔數行，以相私慰，今直中書爲詔，彼必疑謂非眞，未是所以速淸方難也。不從。琰得詔，謂劉勔僞造，果不敢降。」（按此劉宋時事）

綜合上引材料，及前二章關於尚事公文之研究可得以下結論：

（一）尚書省爲檢攝法制，綜理政務的機關；羣司有關政事之文書均上尚書省，由尚書省檢核文案舊制或符問百官參詳衆議，然後擬具處理意見，或製成駁議奉入。門下，中書代表皇室接受尚書奏議，經過評駁署名後，再奏上君主決定。事決後由君主以手詔，或由中書作中詔，或逕傳口詔至尚書省。尚書得「內降詔」後，製成「詔」、「勅」、「符」頒下百官奉行。此爲晉宋政務處理之正式手續。（選案除外）

（二）詔書未經尚書省以前，或不經尚書省而逕下者，多別以「中詔」、「手詔」、「口詔」等名之。就實際効力而論，手詔反較勝於中書詔（見上引材料第九、一八兩條），然二者性質相近，或可互稱焉（見第一五條所引之兩種材料）。

（三）尚書省既然綜理政務，則一切「口詔」、「手詔」及「中詔」其內容涉及政務者，自應經過尚書機構轉爲正式詔命頒下，（見上引第九條，及前述中書門下建議交尚書主者處理之事例）。獨君主私人函件如皇室婚姻及以私情慰戒大臣等文書乃可不經尙書省逕自遣發（見上引第二、三、一二、一三、一五、一六、一七、一八條）。此爲三省制度根本精神之所在。

然而魏晉中書之行事，與上述制度精神背道而馳者很多；其始則君主由於軍情緊急事須機密的緣故，逕以中書密詔下州郡邊將，（見前引環濟要略及唐六典卷九）。後來私門意態日長。

按晉世私爭甚劇，宗室之間固然互相勾心鬥角，（如晉武帝之與齊王攸，八王間之相殺戮，孝武帝之與會稽王道子）；大臣之間更朋黨紛然（如賈充之與任愷）；而天子之與羣臣亦復有其私人間之利害關係，是以晉世政治出於法度者少而决於私意逞爭者多。此弊植自晉武建基之初，晉書懷愍紀末引干寶之語已言之。及至江左，此風益扇，其時權臣擅政，方任嚣張，軍國典制陵夷已甚，君臣之間，惟力是競，故天子多潛出其左右親信以分方鎭之勢（如元帝出戴若思劉隗以制王敦；明帝改授荆湘四州以分上流之力；孝武出王恭、殷仲堪以張王室而潛制道子。）鎭將權臣如王敦、蘇峻、桓溫、桓玄、劉裕等，亦布其心腹於尙書以窺王室，每致機事之失十常八九。

朝廷非常措施，遂多不經尙書省而以私詔下之，此於法制精神之破壞，影响極大。

夫中書作詔本爲處理皇室私事，無關政令法制，故可便宜行事。其有關政令法制者，尙書省既參檢議處於前，門下省復評駁奏署於後，則中書爲詔亦不過取其筆札文采可觀而已，（見前引陸機集序）初無關乎國典鴻旨也。前引第七條華、荀、傅三氏任中書監，均以草詔之事，委其幼息；第一二、一三條君主致人臣手詔曰頓首惶恐言，中詔則曰敬問，二者情雖稍異，其非法制所出則一也。今遂以此便宜之制，處理大政，其弊可勝言乎？

中書便宜行事第一個弊端爲「政出多門」：蓋尚書與中書性質本不相同，其在法制上之職權亦非重複，已如上述。然若稽諸當時事實，則尚書中書實際已成「政出二門」。其時中樞政令固有「中詔」、「手詔」、「口詔」與尚書省之「詔」「敕」「符」並行（見上引第一、八、一〇、一一、一二、一四、一五、一六條）。而臣下奏事亦有不上尚書而逕詣中書者。

晉書李重傳：「時燕國中正劉沈舉霍原爲寒素，司徒府不從，沈又抗詣中書奏原，而中書復下司徒參論。」又晉書傅玄傳：「泰始四年以爲御史中丞，時頗有水旱之災，玄復上疏曰：……竊見河堤謁者石恢甚精練水事及田事，知其利害，乞中書召恢委曲，問其得失……」又通典八十八：「晉惠帝元康中……御史中丞傅咸表：……言……心所不安，而不敷寫，謹重以聞，乞中書見諾……。」

尚書與中書之職事本應爲處理文案的兩重手續，一在先一在後，一在外一在內：今乃成爲並行的兩個機構；於是便產生「政出二門」的現象。其時裴頠已上疏痛論之。

羣書治要二九引晉書百官志：「裴頠以萬機庶政宜委宰輔詔命不應數改乃上疏：『臣聞古之聖哲，深原治道……故設官建職，制其分局，分局既制，則軌體有斷，……委任責成，立相干之禁，……。及其失也：……人不守份，越位干曹，競達所懷，衆言紛錯，蒞職者不得自治其事，非份者橫干他分，主聽眩然，莫知所信，遂親細事，躬自聽斷，所綜遂密，所告彌衆，功無所歸，非無所責，羣下棄職，得辭宜罪，以此望治，固其難也，……政不可多門，多門則民擾，于今之宜，選士既得其人，但當委責，若有不稱，便加顯戮，誰敢不盡心竭力，不當便有干職之臣，適不守局，則所豫必廣，所豫適廣，則人心赴之，人心通赴，則得作威福，臣作威福，朝之蠹也。……外委羣司，殫力所職，尊崇宰輔……，如此詔書必不復數改。聽聞風言，頗以詔命數移易爲不安靜，……乞陛下少垂省察。」

今按晉世政出多門，侵官犯局，原因甚多，其範圍亦不限於中書與尚書，然終究以中書之侵奪尚書職事最爲亟要。因尚書爲全國政令之總理衙門，今中書由典尚書發展至逕分尚書出納之職，此眞政出二門也。

中書便宜行事之第二弊端，爲詔命改易頻繁，以至爲姦人所矯詐：蓋中詔既可便宜行事，姦人亦遂得以便宜改易及矯制也。晉世詔命數易之弊，上引裴頠疏語已畧及之，其爲姦人矯擅之證，則見前引史料第四、六、九、一〇、一一數條。此等中詔均逕手寫青紙出之，故每易爲姦人所乘。

按晉書庾冰傳：「時有妄爲中書符勑宮門，宰相不得前，右左皆失色，冰神氣自若，曰是必虛妄，推問果詐，衆心乃定。」資治通鑑改「中書符勑」爲「尚書符勑」，雖較合於晉代文書之體制，然就「中書」而論，其文書之易爲人所矯詐，則已數見不爽矣。故後來中書爲詔，衆多不敢信任（見前引中詔材料第一八條）。考晉惠帝世之禍亂，大多與「中詔」有關（前述中詔爲人矯詐之例，幾全發生於此時），爲害之烈，前所未見，干寶謂懷愍之禍，實萌於武帝建基之初，武帝時已以中詔下百官即其一端也。

十二、魏晉三省權勢變化之幾個階段

就上述各點觀之，可見以尚書省總理政務政令，而門下中書則典評尚書奏事以約制尚書省，爲晉世三省制度之常態（亦即三省制度之善法美意）；中書逕自下詔納奏，破壞尚書省政令權之統一，形成「政出多門」現象，則爲三省制度之變態，（亦即私門政治之弊端）。中書門下對於尙書制度不但息息相關，且二者之權勢常形成互爲消長之情況。今將魏晋以來三省權勢演變之經過，畧述如下：

曹魏五君四十五年（公元二二〇——二六四），就中央政局之大勢而論，可分爲兩個階段：自黃初至景初（二二〇——二四〇）間廿年爲一階段（文、明二帝）：自正始以後之廿五年又爲一階段（齊王芳、高貴鄉公髦、陳留王奐三主）。

文、明二帝英明果斷，躬親政事，外有錄尙書及八座以總政務，由有中書監令以掌機衡，羣司列局，內外相參，爲皇權伸張時期。明帝薨，齊王芳以八歲稚齡卽位，由曹爽司馬懿輔政，魏代君權自此不振。其初則曹爽轉司馬懿爲太傅，大權獨攬。嘉平元年，司馬懿害爽，軍國政柄遂入司馬氏之手，魏室更爲衰微。齊王芳爲司馬師所廢，高貴鄉公爲司馬昭部屬所弒，至陳留王遂禪位於司馬炎，是爲晋武帝。

今考，魏代中書監令之權勢，亦始於文帝，盛於明帝，曹爽輔政時，已漸失勢，迨馬師誅李豐後，更一蹶不振焉；至於尙書省權勢則變動不大。

按：由文帝至明帝時中書監劉放、令孫資之權勢見魏志劉放傳及蔣濟傳。

齊王芳時曹爽專政中書權力漸見侵奪，見魏志齊王芳紀及劉放傳注引資別傳。

李豐爲司馬師所殺見魏志夏侯尙傳注引魏畧。

其後中書權勢更爲陵替，中書令虞松、韋誕，朱整等但以翰墨文采見知於世，見魏志鍾會傳注引世語、魏志劉卲傳引文章叙錄，及御覽二二〇引晋陽秋。

其時尚書職權則未陵墜過甚：曹爽、司馬師、司馬昭等以錄尚書專制朝政，固不待言。他如：魏志裴潛傳：「入爲尚書令，奏正分職，料簡名實，出事使斷官府者百五十餘條。」是卽在明帝之世，尚書權力亦未盡爲中書內官所奪也。

至齊王芳時，曹爽專政，親信盡據尚書機構，威權無二，（見魏志曹爽傳、盧毓傳、曹爽傳注引魏畧。）及司馬懿害爽，乃盡去此輩，而樹己黨於尚書中，亦擅權勢（見魏志盧毓傳，傅嘏傳及注世語，北堂書鈔引傅子，及魏志王觀傳）

晋書衞瓘傳：「弱冠爲魏尚書郎，時魏法嚴苛，母陳氏憂之，自請得徙爲通事郎，轉中書郎，時權臣專政，瓘優遊其間……在位十年，以任職稱。」而王隱晉書曰：「賈充之除尚書郎，典定法令，兼度支，考課、辨章、制度，事皆通行也。」（北堂書鈔引。今本晉書法作科，制作節，通行作施用，餘同。）觀此兩條，魏末尚書各官，事繁法密，反不若中書之優遊十載，而得任職之譽也。

蓋尚書爲法令之司存，職有專任。君主雖親內官，尚書未遂轉爲冗散；而權臣專擅朝政，亦只能植私黨以控制尚書機構却不能盡廢其職事。中書則不然，此官類於至尊私屬，其權勢全由君主賦與，缺乏法制上之根據，一旦君主失權，中書卽便退爲閒散，但見其文采優遊而已。

曹魏末年，中書權勢隨君權之衰墮而陵夷至於極點。及司馬炎由魏朝權臣一變而爲晋室天子，君主之權勢又隨此新王朝之開拓而獲得新的生命，於是中央三省制度亦經過一番調整：

西晋四君五十一年，其政局大勢亦可分爲三個時期：武帝在位二十五年爲昇平時代；惠帝元康年間爲黑暗前期；其後關中大亂，西晉覆滅爲戰亂時代。西晉三省制度之演變亦由於政局之變化而分成三個階段：

第一階段爲三省互相制衡時期：自晉武帝登基起至元康元年楊駿被誅爲止，此時大局相當安穩，漸有昇平氣象，尤其是滅吳以後，四境統一，財富充裕，國家更見欣欣向榮之勢，中央政治措施雖不很理想，但大體還算不錯，所以干寶晉紀總論對晉室抨擊不留餘地，而於晉武之興仍不能不稱爲「功烈於百王，事捷於三代」也。

按干寶晉室總論曰：「世祖遂享皇極，仁以厚下，儉以足用，和而不弛，寬而能斷，故民詠維新，四海悅勸矣；役不二時，江湘來同，掩唐虞之舊域，班正朔八荒，天下書同文，車同軌，牛馬被野，餘糧委畝，故于時有天下無窮人之諺，雖太平未洽，亦足以明吏奉其法，民樂其生矣……。」（見文選及晉書懷愍紀。）

此時中央職官外有錄尚書事及尚書八坐統攝百僚羣司，總持全國政務（如裴秀、賈充、衞瓘、羊祜、杜預、盧欽、山濤、張華、劉毅、荀勗等之在尚書，其行事對於當時國家政治之影响具見晉書本傳，文多不錄）。內則由門下中書等官典內樞以約制尚書省（如任愷、馮沈、和嶠之在門下：荀勗、庾純、和嶠之在中書，其與君主之親近及對尚書機構之關係亦具見晉書本傳）。惟其時中書位望猶卑，時人均以佞倖目之，（是以武帝之崩也，楊駿矯詔自兼官職凡六，而中書之官不與其數）。此時三省間之關係正合於前數章中所述三省制度之常態。所以這階段又可稱爲三省制度之本型期。

第二階段爲門下中書全盛時期：自惠帝元康元年賈后矯詔殺楊駿始，至永寧元年孫秀受戮惠帝播越爲止，約十餘年。本期政局之明顯迹象爲三省均衡之打破，其始賈后欲預政事，因楊駿專掌朝權，不逞所欲，乃謀誅之（見楊駿傳），轉以汝南王亮及衞瓘輔政，旋又矯詔盡戮此等錄尚書事大臣，於是尚書省權勢大受影响，自後各尚書長官多徒擁虛號，（如高密王泰、梁王肜、王渾、陳準之爲錄；下邳王晃、高密王泰、王衍、梁王肜、滿奮之爲令：王戎、東海王越、崔隨、樂廣之爲僕射，均無事權，各見晉書本傳）；此時實權全歸門下中書二省（如賈模、裴頠、賈謐之在門下；張華、裴楷、孫秀之在中書，其行事對當時政局之影响亦具見各傳）。此種轉變在政制上之特徵則爲中書詔令之屢出，因而破壞國家政令權之統一，形成「政出多門」現象。最後終於因爲中詔數爲姦人所矯易，引起種種事變，西晉遂以瓦解。此爲晉世三省制度破壞之第一期，相當於前述三省制度之變態。

按：中書爲詔雖不單限於此一時期，然由中詔而引起之種種弊端，則以本期爲最烈。前中書詔令職權之變態發展一節中所述「政出多門」，「詔令數易」及「姦人矯制」之事例幾全發生於此一時期。

第三階段爲戰亂時期，前後亦十餘年；由八王之亂，繼而外族入侵，終於中原版盪，西晉覆亡。在此期間，戰亂頻仍，天子蒙塵，妃嬪見奪，百官逃散，台府空虛，城中蒿棘成林，官員無章服印綬，時實無若何制度可言。惟有一點可注意者，即尚書與中書之性質在此變亂中所發生之變化，而爲下一階段所承受者是也：

在戰亂中，尚書中書二省組織職權均同遭破壞，自爲事實。然若比較觀之，則尚書制度所受破壞較少，而中書制度所受破壞較大：在此期間，尚書錄、令、僕、尚等官員仍然存在，（如成都王穎、張方、東海王越、荀晞、麴允、索琳之爲錄；王戎、樂廣、東海王越、王衍、高光、荀藩、和郁之爲令；樂廣、東安王繇、羊玄之、王衍、高光、和郁、傅祗、鄭球、山簡、劉暾、曹馥、麴允、索琳之爲僕射，或見本傳，或見本紀，或兼見），尚書省名義上仍然爲國家政令之正式發佈機關，尚書組織之有無，乃成爲帝王名位是否存在之考驗，以故建國者必先置尚書官，其爲君主號令所不及者，則有行台尚書之設（如荀藩、劉暾、周馥立西台於洛陽，見惠紀；傅祗建行台於河陰，見本傳，荀藩、荀組、荀崧等建行台於密，見本傳，荀晞置行台於蒙城，見本傳。）國家一日未亡，尚書組織亦必存在一日。中書則不然，其權力本源自天子私授，一旦天子失勢，中書之威靈亦即隨之無存，此於魏世如此(見前)，在晉代亦復如是；獨趙王倫專政之時，天子雖已失勢，然中書監令於張華時代所建立之權勢猶未遽壞，是故孫秀之以中書監總大權，所因襲者仍爲前一階段之舊制，及倫秀誅後，中書權勢遂即破壞。

晉書王衍傳：「及倫誅……又爲中書令，時齊王冏有匡復之功而專權自恣，公卿皆爲之拜，衍獨長揖焉，以病去官。」又長沙王乂傳：「乃使中書令王衍……使說潁與乂分陝而居，潁不從。」晉書卞粹傳：「齊王冏輔政，爲侍中中書令……及長沙王乂專權，粹立朝正色，乂忌而害之。」惠帝紀：「太安二年七月中書令卞粹侍中馮蓀河南尹李含等貳於長沙王乂，乂疑而害之。」晉書盧志傳：「乂死潁表志爲中書監，留鄴參相參事……張方……逐逼天子幸其壘，帝垂泣就輿，唯志侍側曰陛下今日之事當一從右將軍，臣駑怯無所云補，唯知盡微誠，不離左右而已。」臧榮緒晉書：「潘尼性淡退，唯以著述爲事，永興末爲中書令。」（御覽二二〇引）又晉書潘尼傳：「永興末爲中書令，時三王戰爭，皇家多故，職居顯要，從容而已，雖憂虞不及，而備嘗艱難。」晉書王敦傳：「永嘉初徵爲中書監……單車還洛，東海王越自滎陽來朝……收中書令繆播等十餘人殺之，越以敦爲揚州刺史。」晉書繆播傳：「懷帝……徙中書令，任遇日隆，專管詔命，時越威權自己，帝力不能討，心甚惡之，以播胤等……故委以心膂，越懼爲己害，因入朝……遂害之。」又晉書荀組傳：「轉衛尉加散騎常侍中書監轉司隸校尉……懼不容於世，雖居大官並諷議而已。」觀此等行事，中書監令自張華以還所建立之威靈已蕩然無存。其時中書郎亦多以不任事者居之晉中興書

曰：「顧榮，齊王冏召爲主簿，冏自擅威權，榮知其必敗，唯終日昏酒，冏以榮爲中書郎。」（御覽二二○引）

西晋自永嘉三年以後，遂不見有單拜中書監令者。

按：傅祗，和郁以尙書令僕兼。李暾疑爲中書郎之誤，見前。

陵遲至於江左，三省制度遂另以一種新的型態出現，此當於下節中論述之。

肆：東晋三省關係之改變及其對尙書制度之影响

十三、東晋相權之新型態及其影响

歷來關於三省制度之最大爭議，是「分」和「合」的問題。

按：唐初以三省長官爲丞相，是「分」也；其後有「中書門下政事堂」，是「合」也。「分」之優點是三省職權互相制衡，缺點則爲文書轉折，事務冗滯；「合」之利弊適與此相反。文獻通考卷五十所載司馬温公及胡致堂之論正可爲分、合兩派代表，馬端臨按語言之極明。

「分」「合」問題際上在晋世即已發生，惟其由分而合之演變，不在於三省機構之聯合，而在於三省長官之互兼，茲列舉此時三省長官互兼之事例如下：

（一）錄尙書與中書監令互兼者有

王導（見紀傳）
庾亮？（見宋書百官志及文選讓中書令表注，另有考證見後）
庾冰（見何充傳）
何充（見本傳）
會稽王昱（見簡文帝紀）
謝安（見紀傳）
元顥（見本傳）
王謐（見本傳）
劉裕（見宋書武帝紀）

（二）尚書令與中書監令互兼者

東海王越（見本傳）
和郁？（見本傳及萬斯同表）
王導（見本傳）
元顥（見本傳）

（三）尚書僕射兼門下中書事者

裴頠（專任門下事。見本傳）

傅祇（兼中書監。見本傳）

謝安（總關中書事。見本傳）

由上列事例觀之，可見此項互兼乃始於西晉末葉而盛於江左者。考其原因，則半由於軍國之急須，半由於權臣之專擅。蓋晉初中央官分爲二大系：尙書統外，中書門下在內，二者互相制衡，其利在於防止一臣之專擅，其弊在於牽制過多以致事務冗滯。此與唐代三省制度之精密處雖不盡相牟，然其興廢之理則一。唐制由三省分立一變而產生中書門下；晉制則自武帝崩後一變而爲中書門下之獨盛；再變而爲中書，門下之衰落（均見前節）；三變而爲尙書中書二省長官之互兼。

自王導助元帝建業江左，集內外權柄於一身以後，此項互兼遂爲常制，變成晉世相權之一種新型態。（上列諸人無論在名義上抑或實權方面均爲東晉之丞相，說見後）此制之優點爲事權統一行事便宜，其缺點則爲相權過重致有專擅之嫌，是故後人對東晉丞相制度之評論多毀譽參半。

按：南北朝人批評東晉相職多嫌其失諸專擅：晉書范弘之傳：「與會稽王道子牋曰：……自中興以來號令威權多出彊臣……。」又宋書武帝紀：「卽位告天策：……晉自東遷,四維不振,宰輔憑依，爲日已久…。」又十七史商榷卷五十君弱臣强條曰：「魏收魏書僭晉司馬叡傳言東晉君弱强，不相羈制，以今考之猶信……。」

然後世亦有謂此制爲得時宜者：容齋隨筆卷八東晉將相條云：「西晉南渡，國勢至弱，元帝爲中興主，已有雄武不足之譏，餘皆童幼相承，無足稱筭，然其享國百年，五胡雲擾，竟不能窺江漢，符堅以百萬之衆，至於送死肥水，……其於江左之勢，固自若也，果何術哉。嘗考之矣，以國事付一相而不貳其任……文武二柄既得其道，餘皆槩可見矣。百年之間，會稽王昱、道子、元顯以宗室，王敦二桓以逆取，姑置勿言。卞壼、陸玩、郗鑒、陸熠、王彪之坦之不任事。其眞託國者：王導、庾亮、何充、庾冰、蔡謨、殷浩、謝安、劉裕八人而已。……頃嘗爲主上論此，蒙欣然領納，特時有不同，不能行爾。」按洪邁爲宋室重臣，其敢冒大不諱而爲主上論此，雖或有感而發，抑亦深信此制之有當於時宜也。

東晉這種「兼攝二省」之相權型態，可能對日後唐代「中書門下聯合辦事」的措施發生啓示作用。然就制度精神而言，二者却大不相同：唐代三省制度由「分立」而變爲「聯合」，是有意的調整，因此中書門下聯合機構之產生，並不直接影响三省原有職能，在政制上，這是一種積極措施。

按：唐代「中書門下」成爲丞相機構以後，中書省出詔，門下省封駁，尙書省執行之制度仍未改變，至於日後三省職制之破壞實另有原因，此文獻通考卷五十所載馬端臨駁葉石林之論言之至明。唐「中書門下」及「三省」之制度實爲「分」中有「合」，而「合」中有「分」，以故能兼得分、合之利而無其弊也。

晉世則不然，東晉此項互兼制度之產生，乃廹於事勢之需要，君主不得不以內外機柄委諸權臣，這種互兼，實在等於對權柄之侵奪（干寶晉紀總論言權臣之弊曰：「身兼官以十數，大極其尊，小錄其要，機事之失十常八九」。）所以江左三省長官互兼的結果，對於三省原有之職制便直接發生破壞的作用。

十四、中書門下二省職制之破壞與混合

東晉尚書中書二省長官互兼的結果，第一個受到影響的是中書省。

蓋晉官本以尚書綜理政務，而中書門下之作用則爲牽制尚書省。今「行政之力量」與「牽制之力量」合在一人身上，此牽制之作用自等於零。

晉書何充傳：「遷尚書令加左將軍，充以內外統任，宜相糾正，若使事綜於一人，於課對爲嫌，乃上疏固讓，許之，徙中書令……獻后臨朝……又加中書監錄尚書事，充自陳既錄尚書，不宜復監中書，許之……」此當時人亦知二職不宜相兼之義也。

是以渡江以後，中書機構之職制即見破壞。

按：通典二十一：「中書令……東晉常併其職入散騎省，尋復置之。」又唐六典卷九：「東晉……中興以後，以中書之任幷入散騎省，後復之。」是中書之職確曾一度省併也，獨人多忽之，故其省併情形亦多不究。今考唐六典卷八：「東晉幷中書入散騎省，故庾亮讓中書牋曰方今幷省，不宜多官，往以中書事幷附散騎，此事宜也，方今喉舌之要，則任在門下，表章詔命，則取之散騎，殊無事復立中書也。」按文選庾元規讓中書令表中無此語，晉書庾亮傳亦不見載錄，然六典乃唐代重要法典，所稱必當有據，疑此表或另藏於中秘者也。若其說不訛，則中書職制之破壞當在元規以前，亦即王導兼中書監之時也。

蓋中書職掌機要，且可逕下密詔，最易爲權臣所疑忌，故於戰亂期間，有力者多殺戮中書之官以破壞其職制（見前）。至江左王導雖未曾殺戮中書官，然時朝廷因事勢所須，以導長兼中書監之任。中書之職既在牽制行政官，今反而爲行政官所兼領，其牽制之職能自消失於無形。故王導中書監任內，中書省中各官員均無若何權勢：晉中興書魯國孔錄云：「演……與庾亮俱補中書侍郎，於時中興，庶事草創，演經學淵博，又練悉舊典，朝議軌制，輒多取正，元明二帝並親愛之。」（書鈔五七引）又晉中興書云：「庾亮……爲中書侍郎，又領著作，侍講東宮，亮所講論，多見稱述。」（書鈔五七引）又晉中興書云：「劉超字世喩，遷中書舍人，時台省初建，內外多事，超出內書命，以忠愼稱。」（書鈔五七）此輩雖經義可觀，又得君主親愛，然却無實際權力可言。

又考庾亮之前，既有王導長兼中書監，又有演、亮、超等爲中書侍郎，是中書之組織未廢也，獨其職事已遭破壞而已。

中書之職既爲權臣所兼領而失去作用，君主乃不得不專以門下侍中掌機事以牽制外朝大臣，於是門下之勢又重。

按：晉元帝末年因王氏兄弟權勢過重，乃引劉隗等在門下以疏拒王導：晉書王導傳：「及劉隗用事，導漸見疑。」又晉書劉隗傳：「隗雅習文史，善求人主意，帝深器遇之……太興初長兼侍中……代薛兼爲丹陽尹……諸刻碎之政，皆云隗協所建……。」又晉書王敦傳：「時劉隗用事，頗疏間王氏，導等甚不平之……永昌元年敦率衆內向，以誅隗爲名，上疏曰劉隗前在門下……疑惑聖聽，遂居權寵，撓亂天機，威福自由，有雖無忌、宰嚭、弘恭、石顯未足爲喩……。」今按其時元帝所任不止劉隗一人，劉隗所歷亦不止侍中一職，然王敦舉兵乃專以劉隗在門下爲辭，則其時門下之權勢有足以爲權臣所戒忌者可知。此時門下省蓋已兼昔日中書之職任矣：前引通典及六典均謂中書之職併在散騎，晉世散騎雖自有省，然未完全脫離門下機構。又六典引庾亮牋則明謂「方今喉舌之要則在門下」蓋時中書機要之任轉在門下，筆札文采則取於散騎也。元席既疏忌王導，並潛出劉隗、戴若望等以制王敦，其密詔往還自亦不經中書而轉經門下省，是以周顗上表申救王導，導竟不及見也（晉書周顗傳）。

門下省權勢既重，自亦爲權臣所戒忌，王敦得勢後，門下省之職制亦受到摧殘。

按：宋書百官志：「魏晉散騎常侍侍郎與侍中黃門侍郎共平尚書奏事，江左乃罷。」（晉志畧同）此江左門下平尚書事權力之喪失也。其奏事之權則爲殿中武官所奪：宋書王韶之傳：「晉帝自孝武以來，常居內殿，武官主書於中通呈。」又王道秀百官春秋：「初晉中書置主書用武官，宋文帝改用文吏。」（唐六典卷九引）今按主書用武官究始於何時，又此等武官何以屬於中書省，古今典籍言之不詳。以筆者所考此制亦當始於王導任內：據晉宋二書官志，西晉奏事經黃門郎及通事郎，而無中書主書武官之制，是此制必自東晉始，又據晉書庾亮傳：「時王導輔政，主幼時艱，務存大綱，不拘細目，委任趙胤、賈寧等，諸將並不奉法，大臣患之，……至是亮又欲率衆黜導，又以諮鑒，鑒又不許，亮與鑒牋曰：……主上自八九歲以及成人，入則在宮人之手，出則唯武官小人，讀書無法從受章句，顧問未嘗遇君子，侍臣雖非俊士，皆時之良也，知今古顧問，豈與殿中將軍司馬督同年而語哉。不云當高選侍臣，而云高選將軍司馬督，豈合賈生願人主之美翼以成德之意乎？」觀此則王導黜廢諸侍臣，而代之以武官明矣。（又所稱諸將，既非大臣及方任，則亦指近衛也。劉宋大明之世，巢徐二戴以執戟之位，權亢人主，正與此相當，見宋書王景文傳）。近侍左右本屬侍中散騎之職，今既黜之而代以武官則奏事之用武官，當亦始於此時也。（通典二十一謂黃門爲侍衞之官，亦可與本說相印證）。王導時既兼中書監，此等武官主呈奏，自亦以中書之名出之，相沿成制，遂有中書主書武官之名也。

自後散騎遂成宂散之官：宋書孔顗傳：「初晉世散騎常侍選望甚重，與侍中不異，其後職任閑散，用人漸輕，孝建三年，世祖欲重其選……。」侍中原日之職制亦難恢復：晉書虞嘯父傳：「至侍中，爲孝武帝所親愛，嘗侍飲宴，帝從容問曰卿在門下，初不聞有所獻替邪？嘯父家近海，謂帝有所求，對曰天時尚溫，制魚蝦鮓未可致，尋當有所上獻，帝大笑。」此直不知獻替爲何物矣。

稍後，中書西省逐漸恢復行使原有之詔令職權，然西省官與門下官之界限始終混雜不淸。

晉書職官志：「江左……以中書侍郞一人直西省，又掌詔命。」（宋志畧同）是西省侍郞掌詔命之職也。

然晉書溫嶠傳：「明帝卽位，拜侍中，機密大謀皆所參綜，詔命文翰亦悉豫焉，俄轉中書令。」又晉書王坦之傳：「徵拜侍中……簡文帝臨崩，詔大司馬桓溫依周公居攝故事，坦之自持詔入於帝前毀之……帝乃使坦之改詔焉。」又晉書殷仲文傳：「玄將爲亂，使總詔命，以爲侍中，領左衞將軍，玄九錫文，仲文之辭也……。」是侍中亦掌詔命也。

晉書徐邈傳：「年四十四始補中書舍人，在西省侍帝……遷散騎常侍，猶處西省，前後十年……。」宋書王韶之傳：「晉武帝自孝武以來，常居內殿，武官主書於中通呈，以省官一人管司詔誥，任在西省，因謂之西省郞，傳亮、羊徽相代領西省事，轉中書侍郞……恭帝卽位，遷黃門侍郞領著作郞，西省如故，凡諸詔奏，皆其辭也……。」又宋書傳亮傳：「義熙元年，除員外散騎侍郞，直西省，典掌詔命，轉領軍長史，以中書郞滕演代之……七年遷散騎侍郞，復代演直西省，仍轉中書黃門侍郞，直西省如故……。」是門下之官亦在西省也。至王珉更以侍中長兼中書令焉（見本傳）。弘明集卷十二卞嗣之答桓玄詔中有「門下通事令史」馬範，據晉宋官志及通典，唯中書有「通事」、「令史」之名，門下本無此官，是桓玄篡逆時，中書門下二省職制之混淆可知。其餘尚有論述見前第十節。

門下，中書均由漢代宮官職事發展而來，晉世二者猶屬內官（均見前），性質相近，君主自可隨宜委任。今中書監令既常爲尚書重臣兼領，宮內機事遂不得不轉以侍中及西省侍郎居其職也。

十五、中書監令性質之轉變及尚書權勢獨盛

前第十三節中所列諸人，位尊勢重，均爲東晉丞相之任。惟其所兼二職，究竟孰爲主從？亦即尚書、中書二官，究當以何者爲東晉丞相常任，則爲政制史上一大問題。

就「錄尚書事」與「中書監令」而論，一爲「職名」，一爲「官名」，自當以「官名」爲主，而「職名」爲輔。且東晉以來，中書監令日益顯華，亦爲事實。

按：西晉尚書錄令位極尊崇，人選亦遠較門下中書爲華重，已見前述。今二者相兼，自使中書長官之聲望大爲增加，而躋於重臣之列：王洽集辭中書令表云：「竊以中書……歷代時宜，拜參遂重，武帝朝荀勗張華並爲其任，中興以來，宰相居也……。」（書鈔五七引）又王獻之啓琅邪王爲中書監表云：「中書……自大晉建國，常令宰相參領，中興以來，益重其任……。」（書鈔五七引。通典二十一注，及御覽二二〇同）又齊職儀曰：「中書監令，魏晉以來，皆置一人……江左更重其任，多以諸公兼之。」（初學記十

一引）

以理度之，當時監令勢位既日增華顯，則中書省組織與職權之發展亦當與之大略相牟。然考諸史實，乃殊不爾，其時中書省本身職制反若陵墮不堪（見前節考）。是則前列諸宰輔之權勢是否建立在中書機構上，已極可疑。且尚有一點應注意者，即江左單拜中書令以下各官之權勢，亦與上列諸兼中書監令者甚不相牟。

按：晉陽秋曰：「肅祖欲以温嶠爲中書令，手詔曰卿以令望忠允之懷，著於周旋，且文清而旨遠，宜居機密，欲即爲中書令。」（初學記十一引。又御覽二二〇引晉中興書同），是單拜中書令但以周旋文辭爲任焉；至云機密，不過沿舊稱而已，且嶠在侍中任內已掌機事，亦無待乎中書也（見晉書本傳）。至晉陽秋曰：「王洽……加中書令……穆帝詔曰……今所以用爲令……欲時時相見，共講文章，待以不臣之義，豈便任國之大事邪？宜推洽令拜。固讓遂不受。」（類聚引。晉書本傳無國之大事句，不臣作友臣。）此明謂中書令之職但講文章，不任國事矣。又舊晉書曰：「王獻之爲中書令，少而標邁，不循常貫，文義並所不長，而能撮其勝會，故爲一時風流之冠，獻之卒以王珉代之，世謂大王令小王令。」（御覽二二〇引）又晉書桓胤傳：「少有清操，雖奕世華貴，甚以恬退見稱，初拜秘書丞，累遷中書郎秘書監……遷中書令……玄死歸降……特全生命……。」又晉書謝混傳：「少有美譽，善屬文……歷中書令」又晉中興書東莞徐邈云：「邈字仙民，以東圻儒素，少好學，尤善經傳，於時烈宗始覽典籍，招延禮學之士……邈應選補中書舍人，在西省撰正五經音訓，學者宗之。」（書鈔五七引）

以上諸人除以「恬退」、「文采」、「經義」見稱外，似無若何權勢可言。蓋筆札著錄，乃中書之本職，而政事權則爲君主所特賦，故中書官於權力衰微之際，多退守本職而以文義行世也。

渡江後，中書原職既逐漸轉入門下及西省侍郎之手，而單拜中書長官亦復優游無事，足見中書監令已因長爲尚書重臣所兼領，以致失去原有作用。

陶氏職官要錄曰：「中書監舊視僕射……自宋以來，比尚書令特進之流，而無事任，淸貴華重，大臣多領之。」（御覽二二〇引）是中書監確因常由大臣兼領而漸變爲一虛號矣。

中書監令事權既失，則前第十三節中所列諸人權勢之主要關鍵，自不在其爲中書省長官也。然則東晉政柄不出中書亦可斷言矣！

按：東晉後來雖以西省侍郎典中書事，然其官猶卑，故晉世西省郎知名甚少。（及劉宋中葉以後華族之弊日彰，寒素卑官始漸擅權勢。）門下之官，位秩較西省郎爲高，是以侍中權勢重於此輩，而西省侍郎亦遂多由門下各官兼任（見前）

前列諸人所兼中樞職任，一爲中書，一爲尚書，今中書既非政柄之所在，其時權勢自當基於尚書機構。

就「錄尚書事」而言：

「錄尚書事」與「典尚書事」之性質本頗相近（「錄」之義爲「總領」見後漢書和帝紀注），前漢「領尚書事」與「平、幹(管)尚書事」官均屬內朝。惟「領」者以上位臨下，「平、幹」則平輩相制，故前者尊於後者。後漢「錄尚書」成爲外朝大臣，而「典尚書」猶歸宮庭近習（均見前），其時「錄」之權勢，似遜於「典」。然經魏至晉，錄公之權又重。今考西晉諸錄，除賈后當政一階段外，餘如王沈、賈充、汝南王亮、楊駿、成都王潁、張方、東海王越、荀晞、麴允、索琳等，均掌重權（各見本傳）宋書百官志曰：「錄尚書職無不總，王肅注尚書納于大麓曰堯納舜於尊顯之官，大錄萬機之政也。凡重號將軍刺史皆得命曹授用，唯不得施除及加節。」其權重可知。且兩晉錄公，禮異百僚。

通典一〇四：「東晉時太常蔡司空謚議云：……司空左長史孔嚴與王彪之書云：……蔡公德業既重，……居總錄之任，則是參貳宰相……彪之答：……中朝及中興，曾居師傅及錄台事者，亦皆不復謚，山李二司徒，吾族公安豐侯近賀司空荀太尉顗周光祿顗，或曾師傅，或曾總錄，並不複謚……。」今按孔嚴書中明謂總錄參貳宰相，又據彪之所云，則兩晉唯師傅及總錄不複謚，司徒亦須曾爲總錄者始在不複謚之列，則總錄所參貳者，乃眞宰相，而非三公之虛位，明矣。晉書元顯傳：「……加元顯錄尚書事……元顯因諷禮官下議，稱已德隆望重，既錄百揆，內外羣僚，皆應盡敬，於是百官皆拜。」此更爲非常之禮！

故江左諸重臣，雖同兼「錄尚書事」及「中書監令」二職，其政事之責，似仍以「錄」爲主體。

晉書王導傳：「進位侍中司空假節錄尚書事領中書監，會太山太守徐龕反，帝訪可以鎭撫河南者，導舉太子左衞率羊鑒，既而鑒敗抵罪，導上疏曰……臣受重任，總錄機衡，使三軍挫衂，臣之責也，乞自貶黜，以穆朝論。」今按：鑒本爲導所舉，故導以此自責，其時導同兼四官，侍中司空爲虛號而「錄尚書」及「中書監」爲實職，今導獨舉「總錄」自責者，蓋中書不負政治責任也。又晉中興書云：「王導爲驃騎揚州領中書監錄尚書事，時丞相參佐羅宏，父母沒賊，賊平不奔喪，御史中丞奏清議，而吏部尚書周顗選宏，導以署過其事，爲有司所奏，導上疏請免錄，中宗令曰卿恒總萬機，何解錄，除節而已。」（書鈔五九引）解亦同前。世說新語政事：「陸太尉詣王丞相咨事，過後輒翻異，王公怪其如此，後以問陸（陸玩別傳曰玩……累遷侍中尚書左僕射尚書令，贈太尉），陸曰公長民短，臨時不知所言，既後覺其不可耳。」今按時導任司徒、中書監、揚州刺史、錄尚書事，故陸玩乃以令僕身份向「錄公」諮事，而非導以中書長官身份而決之於中書省也。又晉書謝安傳：「進安中書監驃騎將軍錄尚書事，固讓軍號……復加侍中……進拜太保……進都督……十五州軍事……時會稽王道子專權，而姦諂頗相扇構，安出鎮廣陵之步丘，築壘曰新城以避之……遂遇疾篤……。」今按晉書孝武帝紀云「太元十年八月丁酉，使持節侍中中書監大都督十五州諸軍事衛將軍太保謝安薨。」盡書其官號，獨不言「錄尚書事」。而穆帝紀永和二年正月何充卒書其錄尚書事，孝武帝紀寧康元年桓溫薨，亦書「錄尚書事」。今謝安薨獨不言此，疑其時安已解錄矣。然則安因失勢，出鎮新城，不解中書監而獨解錄尚書事，足見中書不及錄事之重要也。又謝安薨後，道子代為錄尚書，晉書本傳謂其「既為揚州總錄，勢傾天下。」又元顯加錄尚書事，號為西錄，車騎塡湊，公卿皆拜，尋以星變解錄，亦見本傳。元顯受害後，桓玄自為錄尚書事，據晉書桓玄傳：「乃出鎮焉，既至姑孰，固辭尚書事，詔許之，而大政皆諮焉。」是玄雖專擅朝權，然其出鎮，亦不得不解除「錄事」之名也。晉中興書曰：「安帝元興元年八月庚子，尚書下舍火，是時桓玄用事，出鎮姑蘇，身雖出外，實遙錄尚書事也，故天火示不復用也。」（御覽二一〇引）此言玄名雖出鎮解錄，然既遙執朝政，實仍居錄尚書之任，故有天火之變。此均錄公總持國政之證。

再就尚書令僕而論：

晉世令僕與錄尚書官，在地位及職權方面均已漸相伯仲（見前附論一），此時錄公既操國政，尚書令僕亦頗具權勢：江左令僕除前述兼中書監令者外，其單拜者，如刁協、郗鑒、卞壼、陸玩、諸葛恢、顧和、王述、王彪之、謝石、王珣、桓謙、劉道憐之為令；刁協、陸曄、周顗、顧和、諸葛恢、謝尚、王彪之、江虨、謝安、謝石、陸納、王珣、王國寶、王雅、桓謙、劉穆之、袁湛、徐羨之之為僕射，勢位均隆。

按上列諸人或出高門華族，或受人主親待，或擅軍國權柄，或為權臣黨羽，其任尚書機構長官，對政局均有重大影响，各見晉書本傳。今只畧舉一二重要事例以示其大畧焉：

晉書卞壼傳：「明帝不豫，領尚書令，與王導等俱受顧命輔幼主……成帝即位……王導以疾不至，壼正色於朝曰王公豈社稷之臣耶……導聞之，乃與疾而至，皇太后臨朝，壼與庾亮對直省中，共參機要……壼斷裁切直，不畏彊禦……幹實當官，以褒貶為已任，勤於吏事，欲督正軌世，不肯苟同時好……明帝深器之，於諸大臣而最任職。」此卞壼以人主親待而任職之例也。

晉書顧和傳：「起為尚書令……居位多所獻納，雖權臣不苟阿撓。」又陸玩為令僕詣王導咨事，過後輒翻異（見前）；王述為尚書令，每受職不為虛讓，獨敢與桓溫抗爭，溫竟無以奪之；王彪之為僕射，亦累抗桓溫，溫薨，遷令，與謝安共掌朝政，安曰朝之大事，諮王公無不得判；又謝石在職，務存文刻；陸納拜尚書令，恪勤貞固，始終不諭（各見晉書本傳）。此以南北令望而任職之例也。

譙王恬忠正有格局，既宗室勳望，有才用，孝武時深仗之，為尚書僕射（分見本傳及孝武紀）；又孝武以王珣與道子等不協，乃出王恭為方伯，而委珣端右，以張王室；又元顯因星變解錄改領尚書令，而權勢無改。此宗室及重臣任職之例也。

桓玄用事，以桓謙爲左僕射，兄弟顯列，玄甚倚仗之，而內不能善，及桓氏爲亂，謙保護乘輿，頗有功焉（以上各見晉書本傳）；又劉裕用事，以道憐爲尙書令，劉穆之，袁湛，徐羡之等爲僕射，晉室大權遂旁落其手（見宋書紀傳）。此以權臣黨羽而任職之例也。

此外復有二事足爲尙書權構重於中書之證者。

一爲王國寶之由中書令轉爲尙書僕射：據晉書道子傳及國寶本傳，國寶爲中書令時雖已僭侈驕縱，然其權勢乃由諂事道子，扇動內外而來。及孝武帝崩，國寶轉爲尙書僕射，遂眞參管朝權，威震內外（本傳語），後道子歸政，國寶更總國權，勢傾朝廷（道子傳語），至是王恭不能復忍，乃舉兵討之。

二爲劉裕出征，袁湛、劉穆之、徐羡之等先後居留守之任：據宋書武帝紀及各人本傳，劉裕雖曾兼中書監之職，然裕之出也，穆之羡之相繼掌留任，總軍國全權，二人除監領府事外，均兼尙書僕射及京畿將尹之任，獨不云兼中書官，此亦可見其時中書職事之無足輕重也。

十六、（附論二：通典晉相常任攷）

就上述各點而論，東晉政柄之在尙書省已無疑問。然通典及歷代職官表，均以中書監令爲兩晉宰相之常任，而屛尙書於樞軸之外。

通典二十一：「晉惠帝永寧元年罷丞相復置司徒，永昌元年罷司徒幷丞相……其後或有相國，或有丞相，省置無恆，而中書監令常管機要，多爲宰相之任。」

歷代職官表：「內閣上：

晉——丞相、相國、司徒、中書監、中書令。

宋齊梁陳——丞相、相國、尙書令、左右僕射、侍中、中書監、中書令」。

通典於宰相條注文下擧魏劉放孫資；晉荀勗、張華，東晉庾亮、庾冰、謝安諸人爲例。復於中書省條下擧王献之「自晉建國嘗命宰相參領」一語，及荀勗「鳳凰池」之喩爲證。今按：東晉政出尙書已見前論；西晉荀勗，雖參朝政，然較之賈充，勢位相去尙遠；至鳳凰池之喩，尤爲倖倖作態，不足以貴中書監，此觀前引元帝喩王導「願君處之勿疑」一語至明。魏世中書之官，不止放資二人，然其餘各人均無權勢（見第十二節），放資雖號專任，而時人乃以小吏目之（見魏志蔣濟傳）。故通典所擧數證，僅張華、献之二例較爲有力。惟献之表語明云中書監令由宰相參領，是以宰相領中書，而中書非卽宰相也明矣，此正與前論兼官之說相合。至張華之例似亦可依此解釋：晉書張華傳：「及瑋誅，華以首謀有功，拜右光祿大夫開府儀同三司侍中中書監金章紫綬，固辭開府，賈謐與后共謀，以華庶族儒雅，有籌畧，進無逼上之嫌，退爲衆望所依，欲倚朝綱，訪以政事，疑而未決，以問裴頠，頠素重華，深贊其事，華遂盡忠匡輔，彌縫補闕……數年代下邳王晃爲司空領著作，及賈后謀廢太子，左衞率劉卞……曰東宮俊乂如林，四率精兵萬人，公居阿衡之任，若得公命，皇太子因入朝錄尙書省事，廢賈后於金墉城，兩黃門力耳，華曰今天子當陽，太子人子也，吾又不受阿衡之命，忽相與行此，是無君父……華將死謂張林曰卿欲害忠良耶，林稱詔詰之曰卿爲宰相，任天下事，太子之廢不能死命何也……。」此通典之所據也，歷代職官表內閣篇於「晉建制」

下引通典注並按曰：「謹案杜佑此注，蓋以證晉代中書監令爲宰相之職，然攷張華本傳，華被害時，張林稱詔詰之曰卿爲宰相云云，則史文已明言宰相矣，佑失於徵引，未免稍疏。」

今按此說大有可議：

（一）張華於太子被廢時己爲司空。玆畧攷晉世公輔稱謂之事例如下（尚書令僕之特殊稱謂已見前第一章第一節，今不列）：

①王隱晉書：「何曾……以太保領司徒，曾固讓，詔曰司徒舊宰相之職，自古及今，總論人物，訓治之本也。」（書鈔五十八引）

②晉書秦秀傳：「何曾卒下禮官議謚，秀議曰：『故太宰何曾……身兼三公之位……非惟失輔相之宜……此自近世以來，宰臣輔相未有……若曾者……宰相大臣，人之表儀……。』」（又畧見御覽五百六十二引干寶晉紀）

③晉書齊献王攸傳：「太康三年乃下詔曰……侍中司空齊王攸……以母弟之親，受台輔之任……。」

④御覽四二四引王隱晉書羊祜讓開府表曰：

「臣祐言，臣昨出、伏聞恩詔拔臣使同台司……臣忝竊雖久，未若今日兼文武之搖寵，等宰輔之高位也……。」

⑤晉書李胤傳：「其後帝以司徒舊丞相之職，詔以胤爲司徒。」

⑥晉書庾純傳：「庾純……歷中書令河南尹，（辱罵賈充）……自劾曰司空公賈充請諸卿校并及臣……充爲

三公……臣……黷慢台司違犯憲度，不可以訓，……詔曰昔廣漢陵宰相……。司徒西曹椽劉椽議以為……罵辱宰相宜加放斥……。」

（今按時賈充為司空、侍中、尚書令、領兵。）

⑦晉書山濤傳：「……後拜司徒濤復固讓，詔曰……是以授君台輔之任……。」

⑧楊駿傳：「召中書監華廙令何劭口宣帝旨使作遺詔曰：「……侍中車騎將軍行太子太保領前將軍楊駿……宜正位上召擬跡阿衡其以駿為太尉太子太傅假節都督中外諸軍事，侍中錄尚書事領前將軍如故……。」

（今按阿衡指錄尚書事，故張華謂卞曰……且吾又不受阿衡之命也。）

⑨書鈔五十九引晉起居注云：「元康元年誅楊駿，詔曰：司徒王渾……宜參弼機衡以亮天工，其令錄尚書事。」（又御覽二一〇引晉書同）

⑩晉書衞瓘傳：「進位太保……錄尚書事……汝南王亮共輔朝政。……被害……太保主簿劉繇……上言曰初矯詔者至公承詔當免……輒戮宰輔不復表上……。」

⑪晉書齊王冏傳：「如拜大司馬如九錫之命……冏於是輔政……河間王顒……上表曰……成都王穎……宜為宰輔代冏阿衡之任……。」

⑫晉書鄭方傳：「及冏輔政專恣……獻書於冏曰……大王建非常之功，居宰相之任……。」

⑬晉書庾亮傳：「明帝卽位，以為中書監，亮上書曰……陛下踐阼，聖政維新，宰輔賢明……國恩不已，復以臣領中書，臣領中書，則亦天下以私矣……以此招禍可立待也，雖陛下二相明其愚欵……。」

今按文選李善注曰：「二相王敦王導也。（王隱晉書曰王敦……中宗時爲大將軍謀逆，肅祖以爲丞相不受，又曰：王導……中宗時爲侍中，肅祖卽位，敦平，進太保不拜，後爲丞相）。」

⑭世說新語政事：「丞相末年，畧不復省事……（注徐廣歷紀曰導阿衡三世……）……。」

⑮世說新語卷三：「郗太尉拜司空，語同書曰……遂至台鼎……」

⑯晉書陸玩傳：「轉尙書令又詔曰：玩……宜居台司以允衆望，授大光祿大夫開府儀同三司加散騎常侍，餘如故。」

⑰晉書陸玩傳：「乃遷侍中司空……玩雖登公輔，謙不辟掾屬……。」

⑱通典六十七注：「何充與庾翼書，褚將軍還朝，値太后臨朝……。翼答曰……當今后德賢明，褚侯讜正，得命參貳阿衡，遐邇之幸……。」

今按：晉書外戚傳：「褚裒……康献太后臨朝，有司以裒皇太后父，議加不臣之禮，拜侍中衛將軍錄尙書事……。」

⑲晉書蘇峻傳：「明帝初崩委政宰輔護軍庾亮……。」

按亮兼官見前第十三節。

⑳晉書庾冰傳：「時王導新喪……冰既當重任，經綸時務……由是朝野淸心，咸曰賢相。初王導輔政，每從寬惠，冰頗任威刑，殷融諫之，冰曰：前相之賢，猶不堪其弘，况吾者哉……。」

㉑世說新語政事注引殷羨言行曰：「王公薨後，庾冰代相，網密刑峻，羨時行遇收捕者於途，慨然歎曰：丙

吉問牛喘，似不爾……。」

按冰兼官見前第十三節。

㉒晉書何充傳：「冰翼等尋卒，充專輔幼主……充每曰：桓溫、褚裒爲方伯，殷浩居門下，我可無勞矣。充居丞相，雖無澄正改革之能……。」

㉓世說新語：「何次道爲宰相，人有譏其信任不得其人，阮思曠慨然曰：似道自不至此，但布衣超居宰相之位，可恨唯此一條而已。」

㉔世說新語注中興書：「何準……驃騎將軍充第五弟也……充位居宰相，權傾人主……。」

按充兼官職見前第十三節。

㉕王隱晉書：「謝安義在輔導，雖會稽王道子，亦賴弼諧之益……人皆比之王導，而文雅過之……。」（見御覽四百四十五）

按謝安官職見前第十三節。

㉖晉書王恭傳：「道子嘗集朝置酒於東府，尚書令謝石因醉爲委巷之調，恭正色曰居端右之重，集藩王之第（按御覽引晉中興書作宰相之座）。……裴氏……道子甚悅之……恭抗言曰未聞宰相之坐有失行婦人。」

㉗晉書稽王道子傳：「吳興聞人奭上疏曰驃騎諮議參軍茹千秋，協輔宰相，起自微賤，竊弄威權，衒賣天官……。」

按道子官職見前第十三節。

㉘世說新語注：「續晉陽秋曰時穆帝幼沖，母后臨朝，簡文親賢民望，任登宰輔……。」

㉙晉書：簡文帝紀：「及廢帝廢，皇太后詔曰：「丞相錄尚書會稽王昱……阿衡三世… 咸安二年……三月丁酉詔曰：朕居阿衡三世……。」

今按：會稽王昱……永和元年，崇德太后臨朝，進位撫軍大將軍錄尚書六條事，二年驃騎何充卒，康帝崩（考康帝崩於建元二年不當在永和二年），崇德太后詔帝專總萬機，八年進位司徒，固讓不拜，穆帝始冠，帝稽首歸政，不許……太和元年進位丞相錄尚書事。又穆帝紀永和二年正月……何充卒，二月癸丑以左光祿大夫蔡謨領司徒錄尚書六條事，撫軍大將軍會稽王昱及謨並輔政，太和元年十月爲丞相。則簡文帝於康帝、穆帝、哀帝時，均爲撫軍大將軍錄尚書事。故阿衡爲錄尚書事，無疑也。

就上述諸事例觀之，可見晉世儀同三司以上均有宰輔之稱，蓋仍沿襲漢之舊制也。其時張華既爲司空故有此稱，非指中書監也。

（二）又劉卞稱華居阿衡之任，而華則自云不受阿衡之命，此說亦大可推究。晉世諸公雖沿舊稱宰輔，然「阿衡」「機衡」等辭則多以稱錄尚書事輔政者（亦見上舉事例）。張華雖有輔政之實，而無錄公之名，故有此對。又據宋書百官志，則張華曾經關尚書七條事。

宋書百官志：「晉康帝世何充讓錄表曰咸康中分置三錄，王導錄其一，荀崧陸曄各錄六條事。然則似有二十四條，若止有十二條，則荀、陸各錄六條，導又何所司乎，若導總錄，則不得復云導錄其一也，其後每置二錄，輒云各掌六條事，又是止有十二條也。十二條者，不知悉何條，晉江右有四錄，則四人參錄也，江右張華，江左庾亮，並經關尚書七條，則亦不知皆何事也。後何充解錄，又參關尚書。」

今按六條、七條，沈約已不知爲何事，然宋志並列之於錄尚書條中，且有何充一例，可見關尚書七條之性質，頗近於「錄」也。又按尚書六條事之內容，遍查正史、唐六典及各類書，均無正面記錄，惟就已知事例而言，此問題亦非絕不可解者。因此問題之解答與張華、庾亮二人之職事關係頗大，故今畧言之於左：

考此問題之困難點，在後人惑於沈約「悉不可知」一語，而約之不知，則惑於錄尚書之條數。然沈約所言條數乃不通之論：依約所論：有一「錄六條事」者，即有六條數；有二、即有十二條數，有三、當有十八條數，有四、當有廿四條數，若有一總錄，二分錄，亦當有廿四條數，後每置二錄，輙云各掌六條，則又止於十二條，此皆不通之論。試問若止有十二條，則單置一錄，當云錄十二條事，三人分錄，當云錄四條事，若幷置四「錄」，則當云錄幾條耶？若謂止有廿四條亦可以此推究。

實則晉世無論置錄尚書幾人，其名稱只有「總錄」與「錄六條事」二種。

武帝時，王沈、賈充、汝南王亮先後爲總錄。（見晉書紀傳）

惠帝永熙元年：楊駿、秦王柬並爲總錄。（分見惠紀及本傳）

惠帝元康元年三月至六月：衞瓘、汝南王亮並爲總錄。（均見紀傳）

惠帝元康元年：王渾、高密王泰，梁王肜，三人又並爲總錄。

以後梁王肜、陳準、成都王潁、張方、東海王越、荀晞、麴允、索琳，先後均爲總錄。（分見紀傳）此時未見錄六條之名。

愍帝即位未幾，劉聰以子粲爲總錄，江都王延年爲錄六條事（見晉書載記）。通鑑列此事於建興二年，胡三省並注謂爲錄六條事之始。

江左元帝時，王導、荀組、西陽王羕，並爲總錄。後王敦亦自爲總錄。（分見紀傳）

明成二帝時，王導、陸曄、荀崧並錄。（分見紀傳）據宋志則導爲總錄，而曄、崧爲錄六條。

後蘇峻、庾冰、何充，又先後爲總錄。（分見峻、充二傳及穆紀，據宋志則何充又曾參關尚書）穆帝永和初何充爲總錄，會稽王昱爲錄六條，稍後充卒，昱專總萬機，而蔡謨爲錄六條。

哀帝興寧間，昱與桓溫又並爲總錄。

孝武太元初謝安爲總錄，八年安爲總錄，而道子爲錄六條，安卒後道子爲總錄。隆安年間道子元顯又並爲總錄，而琅琊王德文則爲錄六條事。

以後桓謙、王謐、劉裕，又先後爲總錄。（以上均見紀傳）

就上述事例而言，不論錄尚書人數爲若干，除「總錄」外，餘均稱「錄尚書六條事」，是只有六條明矣。既只有六條，尚書又適有六曹，故六條當即爲六曹所上事，而非另有條制。因非另有條制，故歷代法典自無庸著錄。沈約誤以六條事爲行事法制，致有十二條，二十四條之疑，是以不敢比之於尚書六曹，而另求之於法典。法典中既無所載錄，故沈約遂云不可知也。否則錄六條事本晉世一重要制度，而劉宋時仍沿用之，何得無有紀載，若有紀錄，沈約世仕南朝，何得無所見哉。通鑑晉紀愍帝建興二年下注三省按語曰：「……余按宋元嘉以後。江夏王義恭、始興王濬、南譙王義宣，皆錄尚書六條事，沈氏世仕江左，歷位通顯，且不知爲何事，後之人何所取徵？杜佑曰：何充讓錄表曰：咸康中，分置三錄，王導錄其一，荀崧、陸曄各錄二條事。晉代渡江，有吏部、祠部、左民、五兵、度支尚書，是五條也。晉初有吏部、三公、客曹、駕部、屯田、度支六曹；太康有吏部、殿中、五兵、田曹、度支、左民六曹；蓋六條也。如杜佑之言，則六條蓋六曹也。沈約以何充表「各錄二條」，爲「各錄六條」，致有此誤。」今按杜佑及胡三省以六條卽六曹之說甚合。然謂王導只錄一條（曹），荀崧、陸曄各錄二條（曹），則殊不然，此亦沿沈約以各條數分配於錄事人數之誤也。蓋沈氏以人錄六條，二人當有十二條，杜、胡則以只有五（或六）條（曹），三人共錄，導錄其一，則崧、曄各分得二條也，不知導之勢位遠在二人之上，何得反只錄一曹（條），且若有二錄，四錄，則又當如何分配耶。觀前列事例，不論錄事人數多少，均只有「總錄」及「錄六條」二名稱，則六條事亦爲一總名稱，而非分配所得之曹（條）數明矣。

總錄與錄六條事，旣同爲錄尚書之二名稱，然則二者之分別何在耶，此因限於史料，已不可詳攷，獨有一事可知者，卽六錄條事較總錄爲卑，故初爲錄者多先錄六條事，後乃升爲總錄：如會稽王晃（見本紀）、瑯琊王道子（見本傳），其餘陸曄、荀崧、何充、瑯琊王德文等先後爲錄，紀傳雖無明載，疑亦曾分歷此二官，蓋晉書紀傳於錄尚書事多失載，尤以錄六條事爲然也。（荀崧、陸曄、何充曾錄六條見前引宋志。）或曰：六條旣卽六曹，江左尚書僅得五曹，而猶稱錄尚書六條事，何也？此則有二可能：一爲六條事本西晉舊稱，江左曹數雖改，而稱謂相沿不變。（江左五曹，祠部與右僕通職，是連一令二僕射只七人，而晉書禮志及解系溫嶠等傳，仍有八座之稱，亦同此例，至於通典二十二云晉不言八座疑誤）。另有一可能則爲五曹各作一條，其令僕總省事者亦作一條，共六條。二說不知孰是。若後說不謬，江左五曹有六條，西晉尚書六曹加令僕一條實爲七條，則張華經關尚書七條事，亦卽錄尚書七條事也（故江右無「六」條之稱）。

此外張華「經關尚書」卽「錄尚書」之說，尚有一證據：宋志謂江右曾有四錄。今攷前列所舉，西晉最多只有三人並錄，不得有四人之數（上舉諸錄，筆者除遍攷晉書紀傳外，並參對萬斯同將相大臣年表，周濟晉略執政表及秦錫圭補執政表，除辭不拜者未列外，當無遺漏。）若加上張華，則惠帝元康年間，王渾、高密王泰、梁王肜與張華，適爲四人。（張華自元康元年爲中書監，經關尚書七條，亦當始於此時）若張華曾爲錄，劉卞「公居阿衡之任」一語，自指錄公而言，然「經關」或「參關」，究與「總錄」有別，故華乃對曰：「吾又不受阿衡之命」也。

（三）於張華一例尚有一點應予討論者，卽中書監令是否必關錄尚書，亦卽關錄尚書是否爲中書監令之常職，（因中書門下，本有「典評尚書」之制，而此制與「錄」性質亦頗相近也），若中書監令必錄尚書，則通典謂中書監令爲晉相常職，自無疑義，而唐修晉書於張華、庾亮、庾冰等傳，均不言其錄尚書事，亦非失書矣。今攷前引華傳先言華以首謀拜中書監，後乃云賈謐等欲倚以朝綱訪以政事，而問諸裴頠。是中書監未必卽掌朝綱政事也。蓋華於武帝時，本爲賈氏之政敵，及帝問以後事，華又舉齊王攸爲對，更不容於賈氏黨，由是失勢已久。及楚王瑋縱兵擾亂，朝廷惶恐無計，始納華一言而定，事後乃以「右光祿大夫開府儀同三司侍中中書監」酬之，初未倚以朝政也。稍後，朝中無人，闇主虐后，終不能不有所倚仗，謐、頠始進張華爲輔。是拜中書監不必卽掌朝綱政事之證一。又前述何充拜中書監錄尚書事，充自云既錄尚書不宜復監中書（見第十四節），是「錄尚書」與「中書監」，明爲二官也。

且前引諸單拜中書監令者，若王洽、王獻之之流，雖爲監令，亦無若何權勢。即以中書監兼錄尙書事者，二官性質仍有分別之處，其主體在尙書而不在中書，前節已言之甚明。故關錄尙書事，非中書監令之常職可知也。是則張華乃以「參錄尙書」而非以「中書監令」爲晉相之職也，庾亮亦然。通典以中書監令爲晉相常職，所舉各例證，均有可議之處，其說自欠完備。（通典於晉相諸兼職中，獨取其中書一職，乃本唐代以中書爲相任之制立說）至於淸修歷代職官表則失之益遠矣。歷代治政制史不滿通典之論者頗有其人（如文獻通攷之宰相觀點，即與通典有出入），然終乏一澈底之解說，今區區管見，亦不過冀其萬慮一得而已耳，未敢遂自許爲定論也，質諸先進以爲如何？

十七、（附論三：兩晉權臣方任對尙書制度之影响）

觀前述種次，尙書省爲兩晉政權之核心組織，似屬不易之論。惟就史籍所載，晉世尙書省官員甚多居位華重而不務政事者，亦爲事實。

晉書愍帝紀：「干寶有言曰……進仕者以苟得爲貴而鄙居正，當官者以望空爲高而笑勤恪……其倚仗虛曠，依阿無心者皆名重海內，若夫文王日旰不暇食，仲山甫夙夜匪懈者，蓋共嗤點以爲灰塵矣。」又梁書謝舉何敬容傳：「陳吏部尙書姚察曰：魏正始及晉之中朝，時俗尙於玄虛，貴爲放誕，尙書丞郎以上簿領文案不復經懷，皆成於令史，逮乎江左，此道彌扇，惟卞壼以台閣之務，頗欲綜理，阮孚謂之曰卿常無閑暇，不乃勞乎？」又陳書後主紀：「史臣曰……自魏正始、晉中朝以來，貴臣雖有識治者，皆以文學相處，罕關庶務，朝章大典，方參議焉，文案簿領，咸委小吏……。」其餘個別事例，散見晉書各傳，殆不勝舉。

此則與時代風氣有關：六朝人不樂處督責繁劇之任，是以不願爲尚書御史等官，而願作中書黃散郎及諸王文學佐者亦頗有其人（世說方正篇注曰按王彪之從伯導謂彪之曰選曹舉汝爲尚書郎，可作諸王佐邪，此知郎官寒素之品也）。惟此究屬時人意態之弊，而無關乎制度也。若純就制度而言，兩晉尚書事權之被削，則與當時權臣公府組織及地方鎭將之專橫有關。

就權臣公府而論：晉世大臣儀同三司以上者卽可開府置僚屬，是以兩晉尚書長官開府或兼守他職者，有於府綜攝之例。

徐廣晉紀曰：「王述不拜中書監，患脚就拜尚書令，於府攝事也。」（書鈔五九引）按晉書本傳述時兼衛將軍。又晉書謝石傳：「遷中軍將軍尚書令……遷衛將軍……石乞依故尚書令王彪之例，於府綜攝，詔聽之。」（又書鈔五九引晉中興書畧同）。又晉書何澄傳：「安帝卽位，遷尚書左僕射典選……時澄脚疾固讓，特聽不朝，坐家視事。」

至於錄尚書輔政重臣，則居東府（參閱十七史商榷東宮西宮條）。由是公府組織又分尚書之勢。（尚書破壞公卿制度之經過見前）。

按公府掾屬之盛，見晉書楊駿，汝南王亮、趙王倫、齊王冏、成都王頴、河間王顒、東海王越、淮南王允、會稽王道子、王敦等傳，及宋書武帝紀，文多不引，今特舉其著者；世說補方正篇：「齊王冏爲大司馬輔政，稽紹爲侍中，詣冏咨事，冏設宰會，召葛旟、董艾等共論時宜……。」又晉書齊王冏傳：「顒表既至，冏大懼，會百僚……司徒王戎，司空東海王越說冏委權崇讓，冏從事中郎葛旟怒曰：……議者可斬，於是百官震悚，無不失色。」按：朝會廷議本由尚書掌之（見前第四節），今乃由公府召集，且府僚（如葛旟）在會中有極大發言權，此公府分奪尚書主持朝議之職也。

晉書齊王冏傳：「不入朝見，坐拜百官，符敕三台……殿中御史桓豹奏事，不先經冏府，即考竟之。」晉書成都王穎傳：「及冏敗，穎懸執朝政，事無巨細，皆就鄴諮之。」又桓玄出鎮姑孰，遙執朝權；陸玩爲令僕詣王導府諮事，均見前。此公府制斷尚書中事之例也。

以是公府掾屬每或權過尚書：晉書齊王冏傳：「顒……上表曰……大司馬冏……以樹私黨，僭立官屬……董艾放縱，無所畏忌；……張偉惚恫，擁停詔旨，葛旟小監，維持國命；操弄王爵，貨賂公行，羣姦聚衆，擅斷殺生，密署腹心……。」晉書荀晞傳，「晞復上表曰……東海王越……委任邪佞，寵樹姦黨，至使前長史潘滔，從事中郎畢邈，主簿郭象等，操弄天權，刑賞由己。尚書何綏……等皆是聖詔親所抽拔，而滔等妄構，陷以重戮，帶甲臨宮誅討……。」晉書會稽王道子傳：「吳興聞人奭上疏曰驃騎諮議參軍茹千秋，協附宰相，起自微賤，竊弄威權，衒賣天官……又權寵之臣，各開小府，施置吏佐，無益於官，有損於國……。」魏書司馬叡傳：「道子以王緒爲輔國將軍，琅邪內史……緒猶領其從事中郎，居中用事，寵幸當權。」至劉裕用事，府屬權勢更盛（見宋書劉穆之、徐羨之等傳）。

此於尚書制度，影响頗大。及劉裕專權，遂有逕以府令行事之舉（見宋書武帝紀），對尚書之政令權更爲重大打擊，晉祚遂亦終結。

次論地方鎮將對尚書事權之影響：

晉武帝鑒於曹魏以孤弱而亡，故出宗室子弟分據方任，爲帝室後援（見晉書八王列傳序）。是以武帝崩後，楊賈二氏，名義上雖取得政府大權，然有識之士，均知其危機四伏，不可久處也。此觀晉書所載時人對二氏之諫語可知。（武帝以宗室防制外戚之謀策則見本紀太熙元年下）。詎方任擁兵之結果，不但偪制外戚，浸且形成對所有中央政府首長之威脅。

晉書王豹傳：「豹致牋於冏曰……伏思晉政漸缺，始自元康以來，宰相在位，未有一人獲終，乃事勢使然，未爲輒有不善也。今公……欲冀長存，非所敢聞，今河間樹根於關右，成都盤桓於舊魏，新野大封於江漢，三面貴王，各以方剛强盛，並興戎馬，處險害之地……冀此求安，未知其福……豹重牋曰……且元康以來，宰相之患，危機竊發，不及容思……豈復宴然，得全生計……冏……乃奏豹曰……敢造異端，謂臣忝備宰相，必遘危害，慮在一旦，不祥之聲，可蹻足而待……豹將死……衆庶冤之，俄而冏敗。」足見地方將領對中央政府首長之威脅形勢，已爲識者所共知。

及至江左，方鎮之勢有增無已（中宗元帝本身卽爲前揚州鎮將），軍國實際事務均操於方任之手，中央政令不過徒具形式而已。

晉書王敦傳：「敦始自選置，兼統州郡焉……於是專擅之迹漸彰矣……專任外閫，手控彊兵，群從貴顯，威權莫貳，遂重專制朝廷，有問鼎之心，帝畏而惡之。」又晉書桓溫傳：「雖有君臣之跡，亦相羈縻而已，八州士衆資調，殆不爲國家用……。」晉書桓冲傳：「初溫執權，大辟之罪，皆自己決，冲既莅事，上疏以爲生殺之重，古今所愼，凡諸死罪，先上須報。」

是以中央官員，若不兼帶京畿，幾無若何實權可言。此項兼官，大者都督中外或數州，次爲揚州刺史，再次爲丹陽尹。今攷東晉以錄公領揚州者有：

王導：領揚州刺史，後爲中外都督；

庾冰：爲揚州刺史，都督揚豫兗三州軍事；

何充：爲都督揚豫徐州之琅邪諸軍事領揚州刺史；

蔡謨：領揚州刺史；

桓溫：都督中外諸軍事，揚州牧；

謝安：領揚州刺史，都督十五州軍事；

道子：領揚州刺史，都督中外諸軍事，又領徐州刺史；

元顯：領揚州刺史，又領徐州刺史，加都督十六州諸軍事；

桓玄：都督中外，揚州牧，領徐州刺史；

桓謙：領揚州刺史；

王謐：領揚州刺史；（以上分見晉書紀傳）

劉裕：入輔授揚州刺史，徐兗二州刺史如故，後爲揚州牧，司豫北徐雍四州刺史如故。（宋書武帝紀）

以令僕兼方任者則有：

王導：令兼揚州刺史（傳）

郗鑒：令都督從駕諸軍事，不受（傳）

卞壼：令都督大衍東諸軍事（傳）

王珣：令都督琅邪水陸軍事（傳言進，安帝紀言加）

元顯：令兼揚州刺史，都督十九州諸軍事（傳）

劉道憐：令兼都督徐兗青三州揚州之晉陵諸軍事，徐兗二州刺史（宋書本傳）

（荀組：僕兼司隸）（傳，西晉末）

（麴允：僕兼雍州刺史）（傳，西晉末）

（索琳：僕兼京兆尹）（傳，西晉末）

謝尚：僕兼都督江西淮南諸軍事，豫州刺史，後加都督豫州揚州之五郡軍事。（傳）

謝安：僕兼揚州刺史。（傳）

劉穆之：僕兼丹陽尹。（宋書本傳）

徐羨之：僕兼丹陽尹（宋書本傳）

其他如：

殷浩：「徵爲……揚州刺史……父憂去職……服闋徵爲尚書僕射，不拜，復爲建武將軍揚州刺史，遂參綜朝權。」（本傳）

桓温：「復進督司州，因朝野之怨，乃奏廢浩，自此內外大權，一歸温矣。」（本傳）

王述：「代殷浩爲揚州刺史，加征虜將軍……尋加中書監……不拜……尋遷散騎常侍尚書令，將軍如故。」（本傳）

桓冲：「温薨，孝武詔冲爲中軍將軍，都督揚、江、豫三州諸軍事，揚、豫二州刺史……冲既代温居任，則盡忠王室，或勸冲誅除時望，專執權衡，冲不從，謝安以時望輔政，爲群情所歸，冲懼逼，寧康三年乃解揚州自求外出。」（本傳）

温嶠：「補丹陽尹……帝疾篤，嶠與王導、郗鑒、庾亮、陸曄、卞壼同受顧命。」（本傳）

郗鑒：「遷車騎將軍都督徐兗青三州軍事，兗州刺史……輔幼主。」（本傳）

王坦之：「温薨與謝安共輔幼主，遷中書令領丹陽尹。」（本傳）

王雅：「歷……丹陽尹領太子左衛率……雖在外職……朝廷大事，多參謀議。」（本傳）

以上諸人或以方任參綜朝權，或以疆藩制斷國政，或以京畿同受顧命，或以丹陽兼中書職。由是可見京畿事任與中央權勢之息息相關也。故道子代謝安爲揚州總錄，本傳謂其勢傾天下，及元顯潛解道子揚州而代之以己，本傳亦謂西府車騎塡湊，而東第門可羅雀矣。又宋書劉穆之傳：「義熙三年，揚州刺史王謐薨，高祖次應入輔，劉毅等不欲高祖入，議以中領軍謝混爲揚州……以二議咨高祖……穆之曰……揚州根本所係，不可假人，前者以授王謐，事出權道，豈是始終大計……今若復以他授，便應受制於人，一失權柄，無由可得……唯應云神州治本，宰輔崇要……此事既大，非可懸論，便蹔入朝……高祖從其言，由是入輔。」此更見揚州事任之重焉。

上述一爲權臣公府，一爲地方鎮將，二者對於尚書省之實權，均有極大影響。此似與本文重視晉代尚書制度之論點互相矛盾。然此矛盾之現象正與筆者於篇首引言中謂：「晉世尚書制度只有一理論上之重要特色（或特殊性能），而由於事變頻仍，方任囂張，此特色未能發展爲一完整有力之政府制度，更缺乏實際上之行事史例以資參證，乃致後人所能窺見者，亦僅限於一『特色』而已。是以晉世尚書省之重要地位，惟有就漢、唐制度演化之歷程中比較觀之，始有意義。」（大意如此）一語，前後印證。

且若就另一觀點以察之，則於權臣與方鎭二者專擅之迹中，亦可間接證明晉世尚書組織在政府制度上之重要性：蓋權臣公府雖隱操朝柄，制斷軍國，惟在名義上國家政令，仍不得不以尚書省爲其發施機關，尚書省對全國政務，尚有相當控制力量：故齊王冏專政時，葛旟有「納言不恤王事，責不在府」之語；東海王越專政時，王敦有「尚書猶以舊制裁之」之言；王敦得志，加王導尚書令；王導在位，陸玩詣府咨事，過後輒可翻異；道子恃寵失敬，孝武乃出王恂爲僕射以張王室；王謐死後，劉毅欲拒劉裕入輔，議以內事付僕射孟昶；劉裕出征，劉穆之、徐羡之總留任，二人除領府事及丹陽尹外，均兼尚書僕射。（以上已見前引）又晉書劉暾傳：「遷尚書僕射，越憚暾久居監司，又爲衆情所歸，乃以爲右光祿大夫領太子少傅，加散騎常侍，外示崇進，實奪其權。」又宋書武帝紀：「毅既有雄才大志，厚自矜許，朝士素望者多歸之，與尚書僕射謝混丹陽尹郗僧施並相深結，……既知毅不能居下，終爲異端，密圖之，……九月藩入朝，公命收藩及謝混，並於獄賜死，自表討毅……。」又晉書劉毅傳：「劉裕以毅貳于己，乃奏之，安帝下詔曰：劉毅傲狠凶戾……尚書左僕射謝混，憑藉世資，超蒙殊遇，而輕佻躁脫，職爲亂階，扇動內外，連謀萬里，是而可忍，孰不可懷，乃誅藩混。」（又見南史宋武帝紀。觀前引毅欲以混爲揚州，以阻裕入輔，則混之權勢，固尚可觀也。）此均尚書機構對全國政事尚有相當控制力量之證。尚書爲「中央政府之代表，國家法律之化身」，觀此益明。

又就方鎮而論：東晉庶事之執行，多歸地方長官，亦爲事實，然就政制原理而言，此於尚書制度影响不大，蓋晉世尚書，本爲處理國策政令之機構，而非執行庶事之有司，地方政府專擅庶事，受影响最大者爲庶事機構之卿寺，而非尚書省。是以渡江以後，方任專横，卿寺遂多裁併，而尚書則不然（見表）。東晉主政大臣，多兼地方事任，然亦以兼官型式出之而非併局也。雖所謂「庶事」之與「政令」，實亦類于「政由寧氏，祭則寡人」，不過二者終應有別，不可不察。此點亦可爲論晉世尚書省地位及特色之一佐證焉。

東晉九卿省併表

九卿名目	江左省併情形
太常	
光祿勳	哀帝興寧二年省併司徒，孝武寧康元年復置。
衞尉	渡江省。
太僕	或省或置。
廷尉	
大鴻臚	江左初省，有事權置，無事則省。
宗正	哀帝省幷太常，太醫以給門下省。
大司農	哀帝末省幷都水，孝武復置。
少府	哀帝末省幷丹陽尹，孝武復置。
將作大匠	晉氏以來有事則置，無事則罷。

註：材料來源：晉書職官志爲主；宋書百官志爲輔。

結論

綜合全文攷述，可得以下結論：

（一）尙書機構自漢以來，逐漸由內官變爲外官，其職制日趨完密，權力與地位亦益增隆顯；

（二）尙書本爲典治文書機關，其後尙書制度日有發展，此一職能亦隨之而演進（而非隨之而消失）；尙書各項法定權力均由此職能衍伸而來，後來尙書省以文案機關主持國政，乃爲政制上之一新型態，（而非單純地由尙書省取代其他機關的地位）；

（三）經漢至晉，尙書由主治御前文書；進而監察約制百官；再進而綜管國政，指揮群司，成爲外朝領袖；尙書制度之發展，至此進入成熟階段；

（四）與尙書同時存在者還有一典尙書事機構；至魏晉此職事分化而成爲中書、門下、散騎等組織，其作用仍在約制尙書機關；是以晉初政府之組織系統可分爲三層：中書門下居內以約制尙書省，尙書省又居中以約制百官群司；然就位望而言，尙書可爲百官上司，而中書門下則不得爲尙書省之上司；

（五）晉武帝年間爲三省制衡時期：此時中書門下雖較尙書爲親近，然其勢位不能凌駕尙書長官之上；公務文書均由尙書省依法統攝參詳辦理，門下散騎掌諫諍及評駁尙書事，中書省則主署奏及草詔；又此時中書雖已有逕自下詔之制，惟僅以軍情密詔及皇室私事爲限；

（六）晉惠帝時，賈后居中專政，對諸尙書重臣任情殺戮，於是尙書權勢大受破壞，其時大策多決於門下，中書監張華則參關（錄）尚書七條事輔政；

（七）尚書職制破壞之結果，政府重要公文多不經尚書省，而由中書便宜逕下；於是產生「政出多門」，「詔令數易」，及「詔令常爲姦人矯詐」等弊端，晉世自此不振；

（八）中原大亂之結果，君權旁落於彊臣之手，此輩彊臣對「內官」權職，恣意摧殘，於是中書門下制度大受破壞。尚書制度則以有客觀尊嚴，故獨能碩果僅存；成爲國家政令之最高機關；

（九）陵夷至於江左，中書監令常爲執政重臣所兼領，成爲宰輔兼帶名號之一，於是中書原有約制外官之作用便爾消失，此時君主遂不得不轉而倚重門下各官；門下得勢未幾，亦受到權臣所摧殘；其後中書監令已成虛位，而門下及西省侍郎則逐漸混合，共典「內樞」；此時尚書省之政令權仍無變更；

（十）東晉江左政事實際操在權臣方任手中，尚書省則爲名義上之發號施令機關（此時中詔、手詔、口詔，只能代表君主私人之意旨及情誼），於是尚書錄令兼揚州刺史（或再加中書監）便爲東晉丞相之常任；

（十一）東晉末年尚書省獨操國家政令，其時唯一可以侵削尚書權柄者爲彊臣方任。及劉裕以彊臣方任身份一變而爲新朝天子，境內暫無其他方任力量足與中央抗爭，於是尚書官之權勢，在名實兩方面均發展至巔峯狀態（如徐羨之之爲總錄，傅亮之歷令、僕）。尚書制度發展至巔峯以後，乃大爲君主所猜忌而逐漸受到摧殘；尚書權職破壞之結果，形成門下省及中書舍人專權之現象，是爲南朝官制（按此點之敍述，不在本文範圍）。

根據此等敍述，可附帶產生三點推論：

（一）就尚書制度之發展而言——隋唐尚書省之處事制度，實際於晉世即已存在，故單就尚書一省之發展而研究，當以兩晉爲核心；

（二）就中央政府之類型而言——漢爲「公卿制」，唐爲「三省制」；兩晉雖亦有三省之名，然與晉室相終始，其重要性大畧不變者，惟獨尚書制度而已；故兩晉中央政府組織實在可稱爲「尚書制」；

（三）就唐以前三省發展之脉絡而言——北朝重尚書及門下，正與晉末趨勢相合（北魏二次更定官制，一在天賜元年，卽東晉元興三年；一在王肅來奔，卽宋末齊初）；南朝重門下及中書舍人，則爲承繼晉末宋初趨勢再經變化之結果。是以南、北朝官制，卽以晉末三省關係變化之趨勢爲其分歧點。（按此分歧直至唐太宗重用江南文士，重新釐定三省關係之後，始再重合而成爲集大成之三省制度。參閱牟潤孫師一九五七年於國際漢學會議宣讀「從唐代初期的制度論中國文人政治之形成」一文）。

元史藝文志補注

何佑森

（卷二）

史類十有四曰正史曰實錄曰編年曰雜史曰古史曰史鈔曰故事曰職官曰儀注曰刑法曰傳紀曰譜牒曰簿錄曰地理

正史類

蕭永祺遼史七十五卷○紀三十志五傳四十　太常丞　皇統八年四月成

陳大任遼史○泰和中翰林直學士

完顏孛迭中興事跡○翰林學士　以上金

遼史一百一十六卷○都總裁中書右丞相脫脫、總裁官中書平章政事鐵睦爾達世、中書右丞賀惟一、御史中丞

蕭永祺遼史七十五卷 千頃堂書目卷四 紀四十 王仁俊遼史藝文志補證

耶律儼遼史 遼史藝文志補證

陳大任遼史 千頃堂書目卷四 黨懷英遼史陳大任繼修 補三史藝文志

完顏孛迭中興事跡 千頃堂書目

遼史一百一十六卷 補遼金元藝文志 二十冊 菉竹堂書目卷二 托克托等撰。至正三年四月詔儒臣分撰，於四年三月成書，爲本紀三十

張起巖、翰林學士歐陽原功、侍御史呂思誠、翰林侍講學士揭傒斯、史官兵部尚書廉惠山海牙、翰林直學士王沂、秘書著作佐郎徐昺、國史院編修官陳繹曾，至正四年三月進。

金史一百三十五卷○領三史事中書右丞相阿魯圖、左丞相別兒怯不花、都總裁前中書右丞相脫脫、總裁官御史大夫帖睦爾達世、中書平章政事賀惟一、翰林學士承旨張起巖、翰林學士歐陽原功、治書侍御史李好文、禮部尚書王沂、崇文太監楊宗瑞、史官江西湖東道肅政廉訪使沙剌班、江西湖東道肅政廉訪副使王理、翰林侍制伯顏、國子博士費著、秘書監著作郎趙

卷，志三十一卷，表八卷，列傳四十六卷、國語解一卷。四庫全書總目提要卷四十六　一百十五卷 補三史藝文志　十二本 尊經閣藏書目錄　一百六十六卷 述古堂書目卷一　二十四冊 稽瑞樓書目　二十冊闕另一作十五冊闕 文淵閣書目卷五

總裁官或陸爾達世 遼史

一百六十卷 湖南通志卷二百四十七

金史百三十五卷 補遼金元藝文志　四冊 菉竹堂書目卷二　托克托等撰。凡紀十九卷、志三十九卷、表四卷、列傳七十三卷 四庫提要卷四十六

四十冊另一作八十冊、一百二十冊 文淵閣書目卷五

二十四冊 稽瑞樓書目

二十本 尊經閣藏書目錄

四十八冊又一部存四卷四冊 涵芬樓燼餘書錄

時敏、太常博士商企翁、至正四年十一月進。卷首列總裁職名，有翰林侍講學士揭傒斯，表不載。

宋史四百九十六卷○領三史事中書右丞相阿魯圖、左丞相別兒怯不花、都總裁前中書右丞相脫脫、總裁官中書平章政事帖睦爾達世、御史大夫賀惟一、翰林學士承旨張起巖、翰林學士承旨歐陽原功、治書侍御史李好文、禮部尚書王沂、崇文太監楊宗瑞、史官工部侍郎斡玉倫徒、秘書卿泰不花僉、太常禮儀院事杜秉彝、翰林直學士宋褧、國子司業呂思誠、集賢待制干文傳、國子司業汪澤民、翰林待制張瑾、宣文閣鑒書博士麥文貢、翰林待制貢師道、太常博士李齊、監察御史余闕、翰林修撰劉聞、太醫院都事賈魯、國子助教馮福可、陝西行御史臺監察御史趙中、太廟署令陳

宋史四百九十六卷（補遼金元藝文志） 二百六十冊（菉竹堂書目卷二） 托克托等撰（原作脫脫，今改正。）其總目題本紀四十七、志一百六十二、表三十二、列傳二百五十五、然卷四百七十八至四百八十三實爲世家六卷，總目未列，蓋偶遺也（四庫提要卷四十六）

一百二十本（述古堂書目卷一）

一百冊（稽瑞樓書目）

二百六十冊另一作二百五十八冊一百二十五冊（文淵閣書目卷五）

四百九十三卷一百五十四冊又一部存一百三十一卷四十七冊（涵芬樓燼餘書錄）

楊愼曰宋史表首稱丞相阿魯圖其實歐陽元之筆也（湖南通志卷二）

祖仁、應奉翰林文字王儀、應奉翰林文字余貞、秘書監著作佐郎譚慥、翰林國史院編修官張翥、國子助教吳當，經筵檢討危素、至正五年十月進。

實錄類

耶律儼皇朝實錄七十卷

百四十七

耶律儼皇朝實錄七十卷〇知樞密院事（千頃堂書目卷四國史類）見黃目本傳大安六年封越國公修皇朝實錄七十卷一名太祖以下實錄天祚紀乾統三年詔耶律儼纂太祖以下實錄七十卷（遼史藝文志補證）

儼字若思析津人壽隆六年封越國公修皇朝實 錄 七 十 卷（遼史耶律儼傳）

遼先朝事蹟抄四本（蕭韓家奴）遼實錄鈔四本(耶律儼)（世善堂書目）

室昉統和實錄二十卷

右實錄內多奇聞異事正史所未載者亦有與正史相矛盾者約而抄之黃任恆案曰元脫脫進遼史表稱耶律儼修史語多避忌又曆象志下云儼以大明法追正乙未月朔與陳大任紀時或牴牾禮志一云儼志視大任爲加詳儀衛志四云儼大任舊志有未備者營衛志下云舊史有部族志后妃傳云儼大任遼史后妃傳大同小異又皇子表兩引舊史皇族傳此皆實錄內之大畧也（補遼史藝文志）

太祖以下七帝實錄　道宗紀四曰大安元年十一月史臣進太祖以下七帝實錄（補遼史藝文志）

室昉統和實錄二十卷（千頃堂書目卷四國史類）　北府宰相室昉翰林學士邢抱朴等撰統和四年進（補三史藝文志）

按室昉傳乾亨初監修國史統和八年表進所撰實錄二十卷手詔褒之邢抱朴傳遷翰林學士承旨與室昉同修實錄書見

黃目疑即尤目之契丹實錄（遼史藝文志補證）
聖宗紀曰統和九年正月樞密使監修國史室昉等進實錄賜
物有差室昉傳曰室昉字夢奇統和八年（按此年數與本紀
不符）表進所撰實錄二十卷手詔褒之賜帛六百匹邢抱朴
傳曰抱朴應州人與室昉同修實錄（補遼史藝文志）

遼太宗實錄二十卷〇昉字夢奇南京人（遼史本傳）按南京即今順天
府是書亦名統和實錄（畿輔通志卷一百三十四）

焦景顏王僉等修實錄　金史仁宗立翰林學士院俾學士焦景
顏王僉等修實錄（王仁俊西夏藝文志）

以上遼

金先朝實錄三卷〇皇統元年左丞勖進

始祖以下十帝實錄三卷〇金源郡王完顏勖撰（千頃堂書目卷四國史類）

太祖實錄二十卷〇皇統八年宗弼進

太祖實錄二十卷（千頃堂書目卷四國史類）
完顏勖撰（補三史藝文志）

太宗實錄〇大定七年右丞相監修國史紇石烈良弼進

熙宗實錄

海陵實錄

睿宗實錄〇太定十一年左丞相紇石烈良弼進

世宗實錄〇明昌四年國史院進

顯宗實錄十八卷〇泰和三年左丞完顏匡等進

章宗實錄〇興定四年高汝礪張行簡進

太祖（案祖為宗字之誤）實錄〇泰和九年進 千頃堂書目卷四國史類

張景仁曹望之劉仲淵等同修 補三史藝文志

熙宗實錄〇鄭子耼撰 補三史藝文志

海陵庶人實錄 千頃堂書目卷四國史類

睿宗實錄 千頃堂書目卷四國史類

世宗實錄〇明昌四年守尚書右丞監修國史完顏匡等進 千頃堂書目卷四國史類 明昌四年國史院進泰和三年完顏匡等進 金史章宗本紀十一 承安三年進 補三史藝文志

又聖訓六卷〇王惲撰 補三史藝文志

世宗實錄〇按世為顯字之誤 金史章宗本紀

章宗實錄〇四年九月國史王若虛修進 千頃堂書目卷四國史類

尚書右丞高汝礪監修參加政事張行信王若虛等同修 補三史藝文志

衞王事迹○蘇天爵謂衞王實錄竟不及爲

宣宗實錄○正大五年進

以上金

太祖實錄○大德七年翰林國史院進太祖太宗定宗睿宗憲宗五朝實錄

太宗實錄○至元二十七年大司徒撒里蠻翰林學士承旨兀魯帶進太宗定宗實錄

定宗實錄

睿宗實錄

憲宗實錄

世祖實錄二百一十卷

衞王事迹○興定五年進（千頃堂書目卷四國史類）

宣宗實錄（千頃堂書目卷四國史類）

王若虛修進（補遼金元藝文志）

太祖以來累朝實錄○翰林學士撒里蠻等纂修（補三史藝文志）

太宗實錄○三魯帶等進（補三史藝文志）按三字爲兀字之誤

定宗實錄○撒里蠻進（元史世祖本紀）

睿宗實錄○國史院進（元史成宗本紀）

太宗世宗憲宗三朝實錄○元貞二年兀都帶等進（補三史藝文志）

世祖實錄二百一十卷○姚燧修（千頃堂書目卷四國史類）

王約董俊姚燧趙孟頫孛朮魯翀等修（補三史藝文志）

又事目五十四卷

又聖訓六卷○成宗紀大德八年翰林學士承旨撒里蠻進金書世祖實錄節文一冊漢字實錄八十冊翰林學士承旨董文用翰林學士王構翰林學士王惲趙孟頫

順宗實錄一卷○皇慶元年十月學士程鉅夫待制元明善進

成宗實錄五十六卷

又事目十卷

又制誥錄七卷○皇慶元年翰林學士程鉅夫修撰鄧文原待制元明善進

武宗實錄五十六卷

又事目七卷

又事目五十四卷 山東通志卷百三十一

王惲世祖聖訓六卷 千頃堂書目卷四國史類

漢字實錄十冊 補三史藝文志

順宗實錄一卷○皇慶元年命翰林元明善等修 補三史藝文志

成宗實錄五十六卷○暢師文修 千頃堂書目國史類

楊載等修 補三史藝文志

又事目十卷

又制誥錄七卷○至大元年鄧文原暢師文程鉅夫元明善等修 補三史藝文志

武宗實錄五十六卷○至順元年蘇天爵修 千頃堂書目卷四國史類

蘇天爵重修 補三史藝文志

又事目七卷

又制誥錄三卷〇皇慶元年翰林學士承旨程鉅夫待制元明善修撰楊載進

仁宗實錄六十卷

又事目一十七卷

又制誥錄三卷〇至治三年二月進翰林學士元明善侍講學士曹元用袁桷

英宗實錄四十卷

又事目八卷

又制誥錄二卷〇至順元年五月進翰林學士吳澂侍講學士曹元用馬祖常謝端

泰定實錄〇翰林學士王結翰林直學士歐陽原功編修成遵

又制誥錄三卷（俱見元史仁宗本紀）

仁宗實錄六十卷〇李之紹等同修拜住正定至治三年進（補三史藝文志）

又事目十七卷（山東通志卷一百三十一）

又制誥錄十三卷（山東通志卷一百三十一）

英宗實錄四十卷〇廉惠山海牙等同修（補三史藝文志）

又事目八卷（山東通志卷一百三十一）

又制誥錄二卷（山東通志卷一百三十一）

泰定天厤兩朝實錄〇張起巖歐陽元等修（補三史藝文志）

泰定帝實錄（湖南通志卷二百四十七）

明宗實錄○翰林直學士歐陽原功侍講學士張起巖翰林直學士謝端編修成遵

文宗實錄○翰林直學士歐陽原功謝端侍講學士張起巖翰林學士王結待詔蘇天爵編修成遵

寧宗實錄○張起巖歐陽原功謝端

編年類

楊雲翼等續資治通鑑○金　大安元年編

郝經通鑑書法

金履祥通鑑前編十八卷

明宗實錄○成遵謝端所修 趙翼廿二史劄記

泰定明宗文宗三朝實錄○蘇天爵謝端成遵等修 補三史藝文志

文宗實錄 湖南通志卷二百四十七

甯宗實錄○謝端所修 元史謝端傳

四朝實錄○翰林學士歐陽元修 補三史藝文志

楊雲翼等續資治通鑑 補遼金元藝文志

郝經通鑑書法 千頃堂書目卷五史學類

金履祥通鑑前編二十卷 補遼金元藝文志

二十冊 菉竹堂書目卷二　十八冊另一作十九冊闕 文淵閣書目卷五

又前編舉要二卷 千頃堂書目卷四　三卷 四庫全書總目提要

何中通鑑綱目測海三卷

胡三省音注資治通鑑二百九十四卷

又釋文辨誤十二卷○字景參一字身之天台人

尹起莘通鑑綱目發明五十九卷○遂昌人

王幼學通鑑綱目集覽五十九卷○字行卿望江人書成於泰定中

劉友益通鑑綱目書法五十九卷○字益友永新人

何中通鑑綱目測海三卷補遼金元藝文志史學類

又通鑑綱目凡例攷異千頃堂書目卷五史學類

中字太虛一字養正撫州人四庫提要卷四十八

胡三省音註資治通鑑二百九十四卷千頃堂書目卷四

一百六十冊菉竹堂書目卷二　文淵閣書目亦作一百六十冊

又釋文辨誤十二卷千頃堂書目卷五史學類

四冊菉竹堂書目卷二　文淵閣書目亦作四冊

尹起莘通鑑綱目發明五十九卷千頃堂書目卷五史學類

三冊菉竹堂書目卷二　四冊另一作八冊文淵閣書目卷六

王幼學通鑑綱目集覽五十九卷千頃堂書目卷五史學類

四冊菉竹堂書目卷二　八本述古堂書目卷一

十冊幼學字元卿絳雲樓書目卷一

劉友益通鑑綱目書法五十九卷千頃堂書目卷五史學類

徐昭文通鑑綱目攷證五十九卷○字季章上虞人
金居敬通鑑綱目凡例攷異
吳迂重定綱目
徐詵續通鑑要言二十卷
曹仲埜通鑑日纂二十四卷
董蕃通鑑音釋質疑○字子衍宜興人釣臺書院山長
潘榮通鑑總論一卷
汪從善通鑑地理志廿卷○字國良杭州新城人邵武路總管
宋季三朝政要六卷○起寶慶終祥興無撰人姓名皇慶壬子
陳氏餘慶堂刊

八冊（菉竹堂書目卷二）八本（述古堂書目一）
宋末元初人以三十年之功爲此書見揭傒斯序（絳雲樓書目卷一）
徐昭文通鑑綱目攷證五十九卷○韓性門人（千頃堂書目卷五史學類）
一卷（述古堂書目卷一）按郘亭知見傳本書目亦作一卷
金居敬通鑑綱目凡例攷異（千頃堂書目卷五史學類）
吳迂重定綱目（千頃堂書目卷四）
徐詵續通鑑要言二十卷（千頃堂書目卷四）
曹仲埜通鑑日纂二十四卷（千頃堂書目卷四）
董蕃通鑑質疑（千頃堂書目卷五史學類）
潘榮通鑑總論一卷○字伯誠婺源人（補遼金元藝文志史學類）
汪從善通鑑地理志二十卷○作於松江
宋季三朝政要六卷○宋末元初人（千頃堂補宋書目卷四）

張特立歷年係事記

察罕帝王紀年纂要一卷

蘇天爵遼金紀年

張特立歷年係事記千頃堂書目卷四

字文舉東明人初名永避金衛紹王諱易今名元史卷八十六

又見畿輔通志卷一百三十四

察罕帝王紀年纂要一卷補遼金元藝文志　皇慶元年成元史

察罕帝王紀畧纂要一卷○平章政事白雲翁千頃堂書目卷四

蘇天爵遼金紀年畿輔通志卷一百三十四

江少微通鑑節要三十卷

又續編三十卷

陳桱通鑑續編二十四卷

又筆記二百卷俱見千頃堂書目卷四編年類

汪克寬通鑑綱目攷異五十九卷邵亭知見傳本書目卷四

劉時舉續宋中興編年十五卷補遼金元藝文志編年類

遼興宗起居注○重熙中耶律良修補三史藝文志

金天德朝起居注〇天德三年翰林侍制宗敘修

金世宗起居注〇大定七年詔紇石烈良弼石琚楊邦基夾谷衡等同修

金章宗起居注〇守貞等修

元世祖起居注〇至元十五年修

元順帝起居注〇至正元年修 俱見補三史藝文志起居注類

雜史類

遼遙輦可汗至重熙以來事迹二十卷〇蕭韓家奴耶律庶成撰

大遼古今錄

又大遼事蹟〇皆金時高麗所進

大金弔伐錄四卷

遼遙輦可汗至重熙以來事迹二十卷 千頃堂書目卷四國史類

重熙十三年詔錄 補三史藝文志實錄類

大遼古今錄 金史

大遼事蹟 補遼金元藝文志 入別史類 千頃堂書目卷五

金人弔伐錄二卷〇記金人伐宋往來文檄盟誓書 補遼金元藝文志

張師顏南遷錄一卷○金秘書省著作郎

以上遼金

元好問壬辰雜編

劉祁歸潛志十四卷

入別史類千頃堂書目卷五

二冊文淵閣書目卷六　述古堂書目作二卷

張師顏南遷錄一卷○紀金愛王大辨叛據五國城及元兵圍燕

貞祐遷都汴京之事四庫提要卷五十二雜史存目

一冊金末人絳雲樓書目卷一編年類

元好問壬辰雜編補遼金元藝文志　入別史類千頃堂書目卷五　入子部雜家類

補三史藝文志

壬辰雜錄菉竹堂書目卷二

三冊文淵閣書目卷六

劉祁歸潛志十四卷補遼金元藝文志

一本作八卷千頃堂書目卷五別史類　一冊菉竹堂書目卷二　七卷述古堂書目卷一

從益之子補三史藝文志

瞻思金哀宗紀

又正大諸臣列傳

王鶚汝南遺事四卷○起天興二年六月訖三年正月

楊奐天興近鑑三卷

北風揚沙錄○記金國始末

天興墨淚○記金亡事皆不著撰人

張樞宋季逸事

金末人字京叔絳雲樓書目卷一

瞻思金哀宗紀千頃堂書目卷四正史類

又正大諸臣史傳千頃堂書目卷四正史類

按瞻思一作舒蘇畿輔通志卷一百三十四

王鶚汝南遺事四卷○是編郎隨哀宗在蔡州圍城所作故以汝南命名共一百有七條四庫提要卷五十一

二卷千頃堂書目卷八地理類一冊菉竹堂書目卷二

隨日編載有綱有目共一百有七條畿輔通志卷一三四

楊奐天興近鑑三卷補遼金元藝文志入別史類千頃堂書目卷五

字煥然乾州奉天人元史卷四十

北風揚沙錄補遼金元藝文志入別史類千頃堂書目卷五補金書目

天興墨淚補遼金元藝文志入別史類千頃堂書目卷五補金書目

張樞宋季逸事補遼金元藝文志入別史類千頃堂書目卷五

劉一清錢塘遺事十卷○記南宋事

咸淳遺事二卷○不著撰人

又陳仲微廣益二王本末一卷○宋兵部侍郎國亡避地卒於安南

吳萊桑海遺錄

秦玉宋三朝摘要

張雯繼潛錄○字子昭吳人記宋末遺事

鄧光薦德祐日記

又滇海錄

又續宋書

張樞著見黃溍張子長墓表 浙江通志卷二百四十三

劉一清錢塘遺事十卷○臨安人始末無可攷 四庫提要卷五十一

按一清提要作臨安人浙江遺書總錄作武陵人 湖南通志卷二百四十七

秦玉宋三朝摘要 補遼金元藝文志 入別史類 千頃堂書目卷五

張雯墨記○記宋末遺文逸事可補野史之缺者 補遼金元藝文志

入別史類 千頃堂書目卷五

鄧光薦德祐日記 千頃堂書目卷五

又續宋書 千頃堂書目卷五別史類

周才宋史畧十六卷○字仲美浦城人

危素宋史稿五十卷

聖武開天記○中書平章政事察罕譯脫必赤顏成書

太宗平金始末○同上

元秘史十卷

又續秘史二卷○不著撰人記太祖初起及太宗滅金事皆國

按光薦爲宋末元初人

元太祖聖武開天記一卷補遼金元藝文志入別史類千頃堂書目卷五一冊文淵閣書目卷六

太宗平金始末元史卷一百三十七

元秘史五冊文淵閣書目卷五十五卷○文淵閣書目著錄文詞鄙俚未經譯潤故傳本絕稀然元史序次太祖太宗兩朝事蹟顛倒覆沓此書論次頗詳且得其實可以羽翼正史　四庫未收　儀徵阮氏亦有抄本謂其紀年以鼠兒兔兒羊兒等不以干支所載元初世系史所述始自孛端乂兒之前尚有十一世曾以進呈郘亭知見傳本書目四

元朝秘史十二卷○其紀年稱鼠兒羊兒等不以干支蓋其國人

語旁譯疑卽脫必赤顏也

和林廣記〇至正直記所載有和林志

平金錄〇至元十三年詔修

平宋錄十卷〇至元十三年劉敏中奉詔修

諸國臣服傳〇至元十三年詔修

伯顏平宋錄二卷〇不知撰人或云平慶安作

權衡庚申外史二卷〇一云庚申大事記　字以制吉安人隱於彰德黃華山察罕帖不兒聘之不應

所錄 補遼金元藝文志國史類

五册又續秘史一册 菉竹堂書目卷二

又元秘史續集一册 文淵閣書目卷五

平金錄〇六月戊寅詔作 元史世祖本紀

平宋錄十卷〇劉敏中伯顏同修一作一卷 千頃堂書目卷五別史類

伯顏撰 國史經籍志三

二卷 補遼金元藝文志　一册 菉竹堂書目卷二

諸國臣服傳〇六月戊寅詔作 元史世祖本紀

劉敏中伯顏平宋錄〇一作一卷 千頃堂書目卷五別史類

十卷 絳雲樓書目卷一編年類

庚申外史二卷 國史經籍志卷三

權衡庚申帝史外聞見錄 述古堂書目卷一

史□至正遺編四卷

陶宗儀草莽私乘

史□□至正遺編○溧陽人千頃堂書目卷五別史類

溧陽州人補遼金元藝文志國史類

陶九成草莽私乘補遼金元藝文志

一卷千頃堂書目卷十傳記類又見卷五別史類

一冊三卷絳雲樓書目卷一傳記類

平猺記一卷○元虞集撰紀至元元年廣西宣慰使章巴顏平粵

粵西猺洞事蹟四庫提要卷五十二雜史存目一

宇文懋昭大金國志四十卷補遼金元藝文志雜史類入別史類千頃堂書目卷五

親征錄一卷○記世祖征伐事失名補遼金元藝文志雜史類入別史類

千頃堂書目卷五

葉隆禮契丹國志二十七卷補遼金元藝文志雜史類入別史類千頃堂書目卷五

暢師文平宋事蹟補三史藝文志

元好問金源野史補三史藝文志

古史類

蕭貢注史記一百卷○字眞卿京兆咸陽人戶部尚書

蔡珪補南北史志六卷

吾衍晉史乘一卷

又楚史檮杌一卷

王遹東周四王譜

吳師道戰國策校注十卷

呂思誠兩漢通紀

蕭貢史記注一百卷 千頃堂書目卷四正史類

蔡珪南北史志三十卷 千頃堂書目卷四正史類

南北史三十卷合沈約蕭子顯魏收書作南北史 補三史藝文志正史類

珪眞定人 畿輔通志卷一百三十四

吾衍晉史乘一卷 千頃堂書目卷五別史類 補遼金元藝文志雜史類

又楚史檮一卷 補遼金元藝文志雜史類 千頃堂書目卷五別史類

吳師道戰國策校注十卷○一作十一卷 補遼金元藝文志子部雜家類

入子部縱橫家類 補三史藝文志

字正傳至治元年進士 四庫提要卷五十一雜史類 婺州蘭溪人 元史卷七十七

呂思誠兩漢通紀 千頃堂書目卷四編年類

王希聖續漢春秋

郝經續後漢書九十卷

張樞續後漢書七十三卷

又刊定三國志六十五卷

字仲實平定州人（元史卷七十二）

郝經續後漢書一百三十卷○經使宋被羈於眞州時作用朱子綱目義例以昭烈爲正統凡爲年表二卷帝紀二卷列傳七十九卷錄八卷共九十卷別爲一百三十卷（千頃堂書目卷四正史類）經以中統元年使宋爲賈似道所拘留居儀眞者十六年於使館著書七種此卽七種之一也此書正陳壽帝魏之謬卽三國志舊文重爲改編而以裴注之異同通鑑之去取參校刊定原本九十卷中間各分子卷實一百三十卷（四庫提要卷五十別史類）

附札記四卷（邵亭知見傳本書目卷四）

張樞續後漢書七十三卷○分漢本紀魏吳載記（補三史藝文志）

又刊定三國志六十三卷（俱見千頃堂書目卷四正史類）

六十五卷（補三史藝文志）

趙居信蜀漢本末三卷〇字季明許州人翰林學士追封梁國

張延東晉書二卷〇稾城人眞定路教授

謝翱南史補帝紀贊一卷

又唐書補傳一卷

陳翼子唐史巵言三十卷

戚光音釋陸游南唐書一卷

徐天祐吳越春秋音注十卷〇字受之紹興人國子監書庫官

史鈔類

胡一桂十七史纂古今通要十七卷

趙居信蜀漢本末三卷（千頃堂書目卷四編年類）

三冊（菉竹堂書目卷二）

至治時人是書宗通鑑綱目之說（四庫提要卷五十別史存目）

張延東晉書二卷（千頃堂書目卷五別史類　補遼金元藝文志雜史類）

謝翱南史補帝紀贊一卷

又唐書補傳一卷（俱見千頃堂書目卷五別史類）

按謝翱爲宋末元初人

戚光音釋陸游南唐書一卷（千頃堂書目卷五霸史類）

徐天祐吳越春秋音注十卷（補遼金元藝文志霸史類）

胡一桂十七史纂古今通要十七卷（千頃堂書目卷四編年類　補三史藝文志雜史類）

楊奐正統書六十卷

又正統八例序

姚燧國統離合表

王約史論三十卷

是書自三皇以迄五代裒集史事附以論斷前有大德壬寅自序幷地理世系等十三圖（四庫提要卷八十八史評類）

楊奐正統書六十卷（千頃堂書目卷四編年類）

又正統八例○正統書一作正統八例（補三史藝文志雜史類）

姚燧國統離合表（補三史藝文志雜史類）

其先柳城人（牧庵集姚燧年譜）

字端甫河南人案元史稱樞爲柳城人元無柳城當是據誌狀之文著其祖貫耳（四庫提要）

燧先在蘇門山讀通鑑綱目嘗病國統散於逐年不能一覽而得其離合之概至告病江東著國統離合表若干卷年經而國緯之如史記諸表將附朱熹凡例後復取徽建二本校讐得三誤焉序於表首（畿輔通志卷一百三十四）

王約史論三十卷（千頃堂書目卷五史學類）入雜史類（補三史藝文志）

	約字彥博其先汴人祖通北徙眞定元史卷六十五
陳櫟歷代通畧四卷	陳櫟歷代通畧三卷千頃堂書目卷四編年類 是編敍歷代興廢得失各爲論斷每一代爲一篇 四庫提要卷八十八史評類 又增廣通畧千頃堂書目卷四
陸以道宋鑑提綱〇無錫人翰林待制	陸以道宋鑑提綱千頃堂書目卷四編年類
楊如山讀史說三卷	楊如山讀史說三卷補遼金元藝文志史學類 續史說千頃堂書目卷五史學類按續爲讀字之誤
秦輔之史斷	
余瑾史斷補〇上海人自號笥隱生	
許謙觀史治忽幾微〇起太皡氏訖宋元祐元年司馬光卒	許謙觀史治忽幾微千頃堂書目卷五史學類補三史藝文志雜史類
戚崇僧歷代指掌圖二卷	戚崇僧歷代指掌圖二卷〇金華人浙江通志卷二百四十三引黃溍戚君墓誌
黃繼善史學提要一卷	

倪堯史學提綱
夏希賢全史提要編○廣信人昭文館大學士
鄭滁孫直說通畧十三卷
鄭鎮孫歷代史譜二卷
張明卿世運畧八卷○字子晦天台人
倪士毅歷代帝王傳授圖說
馮翼翁正統五德類要三十四卷
陳剛歷代帝王正閏圖說
柴望丙丁龜鑑五卷
呂溥史論
俞漢史評八十卷

鄭滁孫直說通畧十三卷 千頃堂書目卷四編年類
字景歐處州人 元史列傳卷七十七
鄭鎮孫歷代史譜二卷 千頃堂書目卷四編年類
張明卿世運畧八卷 補遼金元藝文志編年類
倪士毅歷代帝王傳授圖說 千頃堂書目卷四編年類
馮翼翁正統五德類要三十四卷 千頃堂書目卷四編年類
陳剛歷代帝王正閏圖說 千頃堂書目卷四編年類
丙丁龜鑑十卷○湻祐中中書省奏名柴望衢州人上丙丁龜鑑
浙江通志卷二百四十三引戒庵漫筆
呂溥史論 補遼金元藝文志 呂浦 千頃堂書目卷五史學類
俞漢史評八十卷 千頃堂書目卷五史學類

雷光霆史辨三十卷
趙居信史評
謝端正統論辨一卷
錢天祐敍古頌二卷
朱震亨宋論一卷
楊維楨史義拾遺二卷
曾先之十九代史畧十八卷

雷光霆史辨三十卷 千頃堂書目卷五史學類
趙居信史評 千頃堂書目卷五史學類
謝端正統論辨 千頃堂書目卷五史學類
錢天祐敍古頌二卷○是書前有延祐五年三月進表 四庫提要卷八十九史評類存目一
朱震亨宋論一卷 補遼金元藝文志史學類
楊維楨史義拾遺二卷○此書雜事自爲論斷上自夏商下迄宋代 四庫提要卷八十九史評類存目
又宋遼金正統辨
又歷代史鉞 俱見千頃堂書目
曾先之十九代史畧十八卷○一作十卷 補遼金元藝文志
十八史畧二卷○字從野廬陵人 四庫提要卷五十別史類存目
十八史畧八卷 國史經籍志卷三

董鼎汪亨史纂通要後集三卷

吳簡史學提綱

宋□紀史奇蹟十五卷○傅若金序稱侍御史魏宋公

史畧攷○羅伯綱王子讓撰皆廬陵人

故事類

士民須知

趙秉文貞觀政要申鑒

楊廷秀四朝聖訓○承安二年編類太祖太宗熙宗世宗聖訓

董鼎汪亨史纂通要後集三卷千頃堂書目卷五

括金宋兩朝事跡以續胡氏之本邵亭知見傳本書目卷六

吳簡史學提綱○字仲廣吳江人紹興學錄補遼金元藝文志史學類

戴羽史評一卷○德安人虞集序補三史藝文志雜史類

劉彭壽古今要畧○衡山人見歐陽元所撰墓志

歐陽元唐書纂要了凡綱鑑引

士民須知金史百官志

趙秉文貞觀政要申鑒補三史藝文志雜史類

楊廷秀四朝聖訓千頃堂書目卷四國史類

大定遺訓○至大四年同知集賢院史公奕進

大金德運圖說○貞祐二年尚書省集議

范拱初政錄十五篇

以上金

大元聖政國朝典章六十卷○始中統至延祐

新集至治條例○不分卷　至治二年集

經世大典八百八十卷

又目錄十二卷

又公牘一卷

承安五年右補闕楊廷秀等類編 補三史藝文志雜史類

大定遺訓 補三史藝文志雜史類

大金德運圖說一卷○金尚書省會官集議德運所存案牘之文也 四庫提要卷八十二政書二

范拱初政錄十五篇 補三史藝文志雜史類

國朝典章十五卷 千頃堂書目卷九典故類

一冊 補遼金元藝文志政刑類 按又見千頃堂書目卷十政刑類

元至正國朝典章六冊 絳雲樓書目卷一刑法類

新集至治條例○至治二年新集 郘亭知見傳本書目政書類

經世大典八百八十卷

又目錄十二卷

又公牘一卷

又纂修通議一卷〇至順三年二月進中書平章政事趙世延
奎章閣侍書學士虞集總裁預修者奎章閣承制學士李泂
授經郎揭徯斯藝文少監歐陽原功藝林庫使王守誠等

省部政典舉要一册

成憲綱要五册

六條政類〇至正八年上

會要格例六册

弋直集注貞觀政要十卷

張立道平蜀總論

大定治績二卷一百八十餘條〇翰林直學士王磐翰林侍講
學士徐世隆翰林學士承旨王鶚進

孟夢恂漢唐會要

又纂修通議一卷〇天歷二年命趙世延虞集等修 千頃堂書目卷四國史類
又見廣東通志卷二百五十
悉取諸有司掌故修之 補三史藝文志故事類

省部政典舉要一册 菉竹堂書目卷五政書類

成憲綱要五册 菉竹堂書目卷五政書類

六條政類〇三月書成 元史卷四十一

會要格例六册 菉竹堂書目卷五刑書類

弋直集注貞觀政要十卷〇字伯誠婺源人 補遼金元藝文志史學類

張立道平蜀論 補三史藝文志雜史類
字顯卿其先陳留人後徙大名 元史卷五十四

大定治績二卷一百八十餘條〇至治二年進 千頃堂書目卷五別史類

孟夢恂漢唐會要 補遼金元藝文志 入雜史類 補三史藝文志

陳櫟六典撮要

李好文歷代帝王故事百六篇

揭傒斯奎章政要

袁誠夫征賦定攷

徐泰亨海運紀原七卷〇餘杭人

陳椿熬波圖一卷

陳櫟六典撮要 補遼金元藝文志

李好問歷代帝王故事 補遼金元藝文志

按問爲文字之誤

字惟中大名之東明人 元史卷七十

總百有六篇一曰聖慧二曰孝友三曰恭儉四曰聖學以爲太子問安餘暇之助 畿輔通志卷一百三十四

揭傒斯奎章政要 補遼金元藝文志

揭傒斯 千頃堂書目卷九典故類

字曼碩龍興富州人 元史卷六十八

陳椿熬波圖一卷〇天台人始末未詳此書乃元統中椿爲下砂場鹽司因前舊圖而補成者也自各竈座至起運散鹽爲圖四

贍思河防通議二卷

任仁發水利書十卷○華亭人

十有七圖各有說後繫以詩（四庫提要卷八十二政書二）

陳春撰（邵亭知見傳本書目卷六）

贍思重訂河防通議（千頃堂書目卷八地理類）

一冊（菉竹堂書目卷二）

沙克什撰（原本作贍思今改正）色目人官至秘書少監事蹟具元史本傳是書具論治河之法以宋沈立汴本及金都水監本彙合成編（四庫提要卷六十九地理類二）

按邵亭知見傳本書目卷五地理類亦作沙克什撰

任仁發水利書十卷○上海人官都水監歷浙江宣慰司副使（千頃堂書目卷八地理類）

浙西水利議答錄十卷○一名水利文集任發松江人仕至都水少監以吳松江故道堙塞震澤汎濫爲浙西害乃上疏條利病疏導之法凡十卷前有仁發自序又有許約趙　二跋末附

歐陽原功至正河防記一卷

王喜治河圖畧一卷

韓準水利通編

曹慶孫水利論說

武祺寶鈔通攷八卷

王士點禁扁五卷○字繼志東平人

宋郟亶及其子　水利議（四庫提要卷七十五地理類存目）

歐陽原功至正河防記一卷（補遼金元藝文志）

諱玄字原功潭之瀏陽人其先家廬陵（歐陽公文集宋濂序）

事見元史河渠志

王喜治河圖畧一卷○爵里無攷是書殆作於順帝至正中（四庫提要卷六十九地理類二）

韓準水利通編（王圻文獻通攷）

武祺寶鈔通攷八卷○里貫未詳至正十三年爲戶部尚書歷攷中統以後八十餘年中鈔法撰爲此書（四庫提要卷八十四政書類存目）

王士點禁扁五卷（千頃堂書目卷九典故類）

王士熙（補遼金元藝文志）

此編載歷代宮殿門觀池館苑籞等名有歐陽玄至順庚午序

內府宮殿制作一卷〇無撰人姓名

國初國信使交通書

梁琮官吏須用十六卷〇安陽人福建轉運副使

官民準用七卷〇無撰人

玉璽傳聞一卷〇卷末題阜昌宋隆夫書

歷代錢譜一卷〇至大三年編

虞集至順癸酉序（四庫提要卷六十八地理類一）

按郘亭知見傳本書目入地理類宮殿之屬

內府宮殿制作一卷〇其辭鄙俚冗贅不類文士所爲疑當時營繕曹司私相傳授之本也（四庫提要卷八十四政書類存目二）

梁琮官吏須用十六卷（千頃堂書目卷十政刑類）

官民準用七卷〇前有徐天麟序此書明文淵閣書目作四冊不言幾卷今見於永樂大典者凡七卷（四庫提要卷八十四政書類存目二）

歷代錢譜一卷（元史卷二十三）

陳恬上虞縣五鄉水利本末一卷〇裒集自唐迄元興廢沿革事實臚載甚畧（郘亭知見傳本書目卷五地理類）

漢唐事箋十二卷後集八卷〇元朱禮撰其論漢唐政典求實是

職官類

孫鎮歷代登科記○字安常絳州人　金

徐勉之科名總錄○鄱陽人

元統元年進士題名錄一卷

陳剛歷代官制說

金國官制一卷○無撰人

秘書監志十一卷○王士點商企翁同撰點字繼志東平人企翁字繼伯曹州人

風憲宏綱二十冊○趙世延撰

無蕪蔓往往有微言精義發前人所未發　邵亭知見傳本書目卷六政書類

孫鎮歷代登科記　龔顯曾亦園脞牘卷四

元統元年進士題名錄一卷○有元刊本余忠志榜進士題名也色目一甲一名爲同同二名即忠宣公　邵亭知見傳本書目五

陳剛歷代官制說　千頃堂書目卷九

金國官制一卷　龔顯曾亦園脞牘卷四

秘書監志十一卷○企翁官著作佐郎其書成於順帝至正中凡至元以來建置遷除典章故事無不具載司天監亦附錄焉　四庫提要卷七十九

風憲宏綱　千頃堂書目卷九　三十冊　菉竹堂書目卷五政書類

國朝憲章十五卷○敬儼撰

趙承禧憲臺通紀一卷

潘廸憲臺通紀二十三卷

唐惟明憲臺通紀續集一卷

索元岱南臺備紀二十九卷

劉孟琛南臺備要二卷

王惲玉堂嘉話八卷○述翰林故事

世延所較定律令 補三史藝文志儀注類

按文淵閣書目亦作三十冊

國朝憲章 補遼金元藝文志故事類

潘廸憲臺通紀二十三卷○監察御史 千頃堂書目卷九

十二冊 菉竹堂書目卷五政書類有憲臺通紀未著錄撰者姓氏二十二卷 國史經籍志卷三

廸元城人 輔通志卷一百三十四

索元南臺備紀二十九卷 補遼金元藝文志

國子監書目作二十二卷 千頃堂書目卷九

劉孟琛南臺備要二卷○劉孟保等撰前有江南行御史臺都事

索元岱序此書乃補憲臺通紀之遺者也 四庫提要卷八十職官類存目

王惲玉堂嘉話八卷 補遼金元藝文志子部小說家類

又中堂事紀三卷

又烏臺筆補十卷

高謙吏部格例一百八十卷〇雄州人河間等路都轉運使

六曹法十二卷〇不知撰人

資正備覽三卷〇資正院使札剌爾公撰

李好文成均志二十卷

又中堂事紀三卷 千頃堂書目卷九

又烏臺筆補十卷 補遼金元藝文志職官類又見同書集部表奏類

字仲謀衞州汲縣人 元史卷五十四

高謙吏部格例一百八十卷 千頃堂書目卷九

曾德裕攷功歷式二卷〇永豐人大德中翰林直學士 千頃堂書目卷九

知制誥 補遼金元藝文志

六曹法 千頃堂書目卷九

成均志 文淵閣書目卷十八 二十卷 畿輔通志卷一百三十四

元城均志一冊 菉竹堂書目卷六古今通志

周伯琦官箴一卷 千頃堂書目卷九職官類

宮制〇許衡劉秉忠張文謙同撰

鄧光薦相業一編 俱見補三史藝文志職官類

儀注類

遼禮書三卷○重熙中蕭韓家奴等撰

楊雲翼校大金禮儀

張行簡禮例纂一百二十卷

又會同朝獻禘祫喪葬錄

大金集禮四十卷○明昌六年禮部尙書張暐等進

以上遼金

至元州縣社稷通禮

又廟學典禮六卷○始太宗丁酉訖成宗大德間

太常集禮五十一卷○郊祀九社稷三宗廟二十一輿服二樂

遼禮書三卷○耶律庶成蕭韓家奴撰 千頃堂書目卷九

楊雲儀校大金禮儀 金史卷一百十

張行簡禮例纂一百二十卷 千頃堂書目卷九

又會同朝獻禘祫喪葬錄 金史本傳

大金集禮四十卷○金史望志但稱集禮若干卷 山東通志卷一百三十四

大金儀禮○明昌六年禮部尙書張暐等進 補遼金元藝文志

今攷書中紀事斷自大定知爲章宗時書 四庫提要卷八十二政書類二

又廟學典禮六卷○其書雜鈔案牘排綴成編 四庫提要卷八十二政書類二

太常集禮五十卷 千頃堂書目卷九 補遼金元藝文志

七諸神祀三諸臣請謚及官制因革典籍錄六李好文孛朮魯翀等撰

太常續集禮十五冊〇脫脫本

續編太常集禮三十一冊〇王守誠

太常至正集禮二十冊

太常禮儀沿革一卷〇心里牙敦

張頵釋奠儀注一卷

申屠致遠釋奠通禮三卷

袁桷郊祀十議一卷

曾巽申鹵簿圖五卷書五卷

又郊祀禮樂圖五卷書三十卷

又崇文鹵簿志十卷

好文請出禁閣文牘以資採錄三年書成（畿輔通志卷一百三十四）

太常續集禮十五冊（千頃堂書目卷九）

續編太常集禮三十一卷（千頃堂書目卷九補遼金元藝文志）

太常至正集禮二十卷（千頃堂書目卷九補遼金元藝文志）

張頵釋奠儀注（補遼金元藝文志經部禮樂書類）

申屠致遠釋奠通禮三卷（補遼金元藝文志）

字大用其先汴人金末從其父義從東平之壽張（元史卷五十七）

袁桷郊祀十議一卷（補遼金元藝文志）

曾巽申鹵簿圖

又郊祀禮樂圖十冊

又鹵簿志十卷（俱見補遼金元藝文志）

又致美集成三卷

任栻三皇祭禮一卷○記至正祀三皇禮儀

趙鳳儀釋奠樂器圖一卷

大德編輯釋奠圖八卷○何元壽

趙孟頫祭器圖二十卷

范可仁釋奠通載九卷

又通祀纂要二卷○宣慰使

黃以謙通祀輯畧三卷○至元間泉州路分教

黃元暉通祀輯畧續集一卷○以謙從子

又致美集成三卷 補遼金元藝文志經部禮樂書類

永豐人應奉翰林文字 補遼金元藝文志

趙鳳儀釋奠樂器圖一卷○汴人温州守 補遼金元藝文志經部樂書類

大德編輯釋奠圖八卷 補遼金元藝文志

第一至第四卷爲釋奠器服朱所定第五卷爲釋奠節次元學錄劉芳實彭埜編次第六卷至第八卷爲侯國通祀儀宋吳郡何元壽編次刻於灤州路學 千頃堂書目卷九

趙孟頫祭器圖二十冊 補遼金元藝文志

范可仁釋奠通載九卷

又通祀纂要二卷 俱見補遼金元藝文志經部禮樂書類

黃以謙通祀輯畧三卷○教授

黃元暉通祀輯畧續集一卷

吳夢賢釋奠儀圖一卷

周之翰朝儀備錄五卷

又朝儀紀原三卷○字子宣太都人由侍儀舍人至冠州知州

張希文丁祭攷一卷○字質夫瑞州新昌人

刑法類

金國刑統

泰和律義三十卷○泰和元年十二月成

吳夢賢釋奠儀圖一卷（俱見補遼金元藝文志經部禮樂書類）

遼朝雜禮○失名

陳大任遼禮儀志（俱見千頃堂書目卷九）

朝儀○許衡徐世隆撰（補三史藝文志）

禮器纂修雜錄四百卷○世宗命禮官修（千頃堂書目卷九）

金國刑統（遂初堂書目）

泰和律義（千頃堂書目卷十政刑類）三十卷（金史刑志）

泰和新定律義十六册（菉竹堂書目卷五）

泰和新定律令敕條格式五十二卷○泰和律令二十卷新定敕條三卷六部格式三十卷泰和元年司空襄進

承安律義○承安五年尚書省進

皇統制條

大定重修制條十二卷○大理卿移剌慥撰

李祐之刪注刑統賦○太原人

以上金

至元新格○參知政事何榮祖撰

大元通制八十八卷二千五百三十九條○至治三年完顏納丹曹伯啓纂集

至正條格二十三卷

新定律令敕條格式五十二卷○司空襄等進 補遼金元藝文志

泰和律令格式九冊 菉竹堂書目卷五刑書類

明昌律義 金史刑志

皇統制條 補三史藝文志儀注類

大定律令 補三史藝文志儀注類 大定重修制條千一百九十條 金史卷四十五

李祐之刪注刑統賦 龔顯曾亦園脞牘卷四

何榮祖至元新格 千頃堂書目卷十政刑類

大元通制八十八卷○至治三年命完顏納曾伯啓纂集累朝格例而損益之凡二千五百三十有九事 千頃堂書目卷九典故類

至正條格四冊 千頃堂書目卷十政刑類

三十八冊 菉竹堂書目卷五刑書類

元順帝時官撰凡分目二十七 四庫提要卷八十四政書類存目二

瞻思審聽要訣

刑統一覽五冊

趙惟賢刑統

徐泰亨折獄比事十卷〇字和甫餘杭人青陽縣尹

王與平寃錄二卷

鄭汝翼永徽法經三十卷

梁琮唐律類要六卷

二十三卷 邵亭知見傳本書目卷六

歐陽元等撰 湖南通志卷二百五十

瞻思審聽要訣 補遼金元藝文志政刑類

案千頃堂書目作瞻思誤也

刑統一覽五冊 菉竹堂書目卷五刑書類

趙惟賢刑統

折獄比事一冊 菉竹堂書目卷五刑書類 二冊 文淵閣書目卷十四

東甌王氏平寃錄二卷 千頃堂書目卷十政刑類

一冊 菉竹堂書目卷五刑書類 一卷 述古堂書目卷一

鄭汝翼永徽法經三十卷〇字鵬舉河南人喬從善跋是書作於中統癸亥意主發明唐律故名之曰永徽法經 四庫提要卷八十四政書類存目二

五冊 菉竹堂書目卷五刑書類

梁琮唐律類要六卷 千頃堂書目卷十政刑類

王元亮唐律疏義釋文三十卷

又唐律纂例圖○不分卷　字長卿汴梁人江西行省檢校官

吳萊唐律删要三十卷

金玉新書二十七卷○不知撰人

唐律疏義六冊三十卷 絳雲樓書目卷一刑法類

吳萊唐律删要三十卷 千頃堂書目卷十政刑類

金玉新書二十七卷○蓋元時坊本 四庫提要卷八十四存目二

鄭克折獄龜鑑二十卷

馮翼翁異政錄十一卷

黃邦俊眞陽共理集二卷○永福人知英州

何槐孫善政指南○宜黃縣尹 俱見千頃堂書目卷十政刑類補遼金元藝文志政刑類

刑統賦一卷○元傅霖撰續一卷楊淵撰

刑統賦疏一卷○元人抄本取傅賦爲之疏可與元典章及元史刑法志相參

粗解刑統賦一卷○元鄒孟奎解並見昭文張氏志 俱見郘亭知見傳本書目

卷六政書類

傳記類

王鼎焚椒錄一卷〇遼觀書殿學士

七賢傳〇不著撰人名七人皆遼世名流耶律玑其一也

以上遼

鄭當時節義事實〇金

列女傳圖像〇大德十一年刊行

蘇天爵國朝名臣事畧十五卷

王鼎焚椒錄一卷 千頃堂書目卷五別史類 補遼金元藝文志雜史類

一冊記懿德蕭后之變 絳雲樓書目卷一編年類

鼎字虛中涿州人清寧五年進士事蹟具遼史文學傳 四庫提要卷五十二雜史類存目

七賢傳 千頃堂書目卷十

鄭當時節義事實〇洪洞人明昌二年進士河汾教授 千頃堂書目卷十

列女傳圖像 元史成宗本紀

蘇天爵國臣名臣事畧十五卷〇字伯修眞定人元末爲江浙行省參政總兵饒信以勞瘁致疾卒學者稱滋溪先生 絳雲樓書目卷一

翟思忠魏鄭公諫續錄二卷

贍思西域異人傳

吳武子東坡事蹟〇光山人

陸友米海岳遺事一卷

羅有開唐義士傳一卷〇德興人

昭忠錄一卷〇記宋末事不著撰人

汪逢辰忠孝錄

黃一清節孝錄〇休寧人

此書記元代名臣實事始穆呼哩終劉因凡四十七人（四庫提要卷五十八）

翟思忠魏鄭公諫續錄二卷（邵亭知見傳本書目卷五）

贍思西域異人傳（補遼金元藝文志）

贍思（千頃堂書目卷十）

陸友仁米海岳遺事（千頃堂書目卷十　補遼金元藝文志）

昭忠錄一卷〇自紹定辛卯元兵克馬嶺堡總管田璲等死節迄於國亡徇義之陸秀夫文天祥謝枋得等凡一百三十人詳其詞義蓋宋遺民之所作也（四庫提要卷五十七）

張翥忠義錄三卷○集兵興以來死節死事之人

徐顯稗史集傳

楊元忠史一卷○番陽人起夏商至宋末得八百餘人

保越錄一卷○記至正十八年浙江行樞密院副使呂珍守紹興本末不著撰人名字

劉岳申文丞相傳一卷○字高仲吉水人遼陽儒學副提舉

龔開文天祥傳一卷

又陸秀夫傳

葉由庚瘦叟自誌一卷

張翥忠義錄十卷○記元末兵興死義之人 千頃堂書目卷十 字仲舉晉寧人 元史卷七十三

徐顯稗史集傳一卷 補遼金元藝文志雜史類

稗傳一卷顯仕履無可考觀其稱王艮爲鄉里又稱居平江東城則當爲紹興人而寓於姑蘇者也 提要卷六十一傳記類存目

楊元忠史一卷○鄱陽人 千頃堂書目卷十

保越錄一卷○載元順帝至正十九年明使攻紹興事 四庫提要卷五十八

一冊 菉竹堂書目卷二經濟類 文淵閣書目亦作一冊

劉岳申文丞相傳一卷 千頃堂書目卷十

廬陵人 元史卷七十七

劉翱浦陽先民傳一卷
海隄錄一卷○至元巳卯餘姚州判葉恆敬常築石隄子晉輯
名賢述作以褒揚之
舒彬廣信文獻錄○字文質永豐人
東陽人物表○胡減著
彭士奇廬陵九賢事實錄○進士
隴右王汪氏世家勳德錄○御史中丞汪壽昌撰
元永貞東平王世家三卷○木華黎
戴羽武侯通傳三卷○德安人
吳師道敬鄉前後錄二十三卷

謝翱浦陽先民傳一卷 浙江通志卷二百五十四引成化杭州府志
海隄錄一卷○從孫翼刊行 浙江通志卷二百五十四
東陽人物表○胡澸 千頃堂書目卷十
汪壽昌隴右汪氏系勳德錄 補遼金元藝文志譜牒類
壽昌隴右人 千頃堂書目譜系類
元永貞東平王世家三卷○木華黎 千頃堂書目卷十
一冊 菉竹堂書目卷二經濟類
戴羽武侯通傳三卷○隱居不仕 千頃堂書目卷十
吳師道敬鄉前後錄二十三卷 補遼金元藝文志
敬鄉錄十四卷是編以宋婺守洪遵東陽志所記人物尚有遺

黃奇孫三朝言行錄〇字行素宋尚書黃度孫輯度事

陳顯曾昭先錄〇記其祖父常州通判炤死難事

吳夢炎朱文公傳二卷

陳氏崇孝集一卷

張明卿尚左編五卷

楊三傑明倫傳五十卷〇字曼卿蜀人

胡琦關王事蹟一卷

辛文房唐才子傳十卷〇字良史西域人

運使復齋郭公言行錄一卷〇福州路教授徐東編紀福建都

漏因蒐錄舊聞以補其闕始自梁朝迄於宋末 四庫提要卷五十八

十四卷 郘亭知見傳本書目五

黃奇孫三朝言行錄〇入元不仕 千頃堂書目卷十

陳顯曾昭先錄〇記其祖宋常州通判炤死難事 千頃堂書目卷十

吳夢炎朱文公傳二卷〇至元間人采集舊史李燾所爲傳幷載文公前後歷官誥詞及建學碑誌諸文 千頃堂書目卷十

陳氏崇孝集一卷〇至正間奉化陳儔銘傳 千頃堂書目卷十

楊三傑明倫傳五十卷 補遼金元藝文志

辛文房唐才子傳八卷〇是書原本凡十卷總三百九十七人 四庫提要卷五十八 八卷 郘亭知見傳本書目五

復齋郭公言行錄一卷 郘亭知見傳本書目卷五

轉運鹽使郭郁事蹟

永豐尹幸君政績一卷○名中

眞定東和善政錄○字朝用蒙古人政和縣達魯花赤縣人紀

其事

幸君政績一卷○永豐令 補遼金元藝文志政刑類

一冊 菉竹堂書目卷二經濟類

陶凱幸君政績書二卷○字中元江都人以至正七年丁亥鄉試榜授永豐教諭 四庫提要卷五十九傳記類存目

眞定東和善政錄○集其斷獄善政 千頃堂書目卷十政刑類

耶律有尚許魯齋攷歲畧一卷○字伯强號迂齋東平人歷昭文館大學士是編載衡之言行 四庫提要卷五十九傳記類存目一

蘇天爵劉文靖公遺事一卷○記述容劉因行實也天爵於國朝名臣事畧書成之後別採舊聞補其所闕故曰遺事爲元史劉因傳所本 四庫提要卷五十九傳記類存目一

譜牒類

蕭貢五聲姓譜五卷

金重修玉牒○承安五年大睦親府進

女直郡望姓氏譜○太師金源郡王勖撰

以上金

十祖系錄

陳櫟姓氏源流一卷

又希姓畧一卷

楊譓姓氏通辨

排韻增廣事類氏族大全十卷○不著撰人

梁益史傳姓氏纂

蕭貢五聲姓諸五卷 中州集

重修玉牒○三月庚申進 金史章宗本紀

女直郡望姓氏譜○完顏勖撰 補遼金元藝文志

直一作眞 千頃堂書目卷十譜系類

又希姓畧一卷 補遼金元藝文志譜牒類 千頃堂書目卷十譜系類

楊譓姓氏通辨 尤氏藝文志

排韻增廣事類大全十卷○失名 補遼金元藝文志

梁益史傳姓氏纂 補遼金元藝文志

程時登孔子世系圖三卷
吳迂孔子家世攷異二卷
施澤之孔子實錄十二卷
孔子世家一卷○孔克己著臨江人
孔元祚孔子續錄五冊○孔子五十一代孫編於延祐間
孔聖圖譜三卷○大德間孔子五十三代孫澤刋
張頦闕里通載
孔濤闕里譜系一卷○字世平衢州人潮州路知事
張樞曲江張公年譜一卷
張師曾梅宛陵年譜一卷○宣城人或云其兄師愚撰
豫章羅氏族譜

字友直江陰人元史卷七十七 金人補三史藝文志
程榮登孔子世系圖三卷補遼金元藝文志傳記類
吳迂孔子世家攷異補遼金元藝文志傳記類
施澤之孔子實錄十二卷補遼金元藝文志傳記類
孔子世系一卷○克己爲清江三孔後補遼金元藝文志
孔元祚孔子續錄五冊補遼金元藝文志傳記類
孔津孔聖圖譜三卷補遼金元藝文志傳記類
張頦闕里通載補遼金元藝文志傳記類
孔濤闕里譜系一卷黃溍孔君墓誌
張樞曲江張公年譜一卷千頃堂書目傳記類
張翥曲江張公年譜補三史藝文志傳記類

盧龍趙氏族譜

金華俞氏家乘十卷〇俞慶字大有　俞氏宗譜〇金華俞大有修宋濂序 浙江通志卷二百五十四

黃溍義烏黃氏族譜圖　黃溍義烏黃氏族譜圖 浙江通志卷二百五十四

浦江柳氏宗譜〇文肅八世孫穆修　浦江柳氏宗譜〇宗濂序 浙江通志卷二百五十四

吳文正公年譜一卷

張文忠公養浩年譜一卷〇俱危素撰　張文忠公年譜一卷〇養浩 補遼金元藝文志傳記類

覃氏世系譜

槀城董氏世譜

晏世家譜

雒陽楊氏族譜

羅氏族譜

臨川危氏族譜一卷　臨川危氏家譜一卷 補遼金元藝文志

兩伍張氏家乘〇浙江行省都事張天永撰字長年高郵人

吳氏世譜○吳海撰

程峴程氏世譜三十卷○字和卿休寧人

汪氏勳德錄○汪嗣昌撰

汪松壽汪氏淵源錄十卷

簿錄類

蔡珪續歐陽公集錄金石遺文六十卷

又金石遺文跋尾十卷

又古器類編三十卷○金

共山書院藏書目錄○柳貫序稱汲郡張公不詳其名延祐三

程峴程氏世譜三十卷 補遼金元藝文志

汪松壽汪氏淵源錄十卷○字正心休寧人肇慶路儒學教授 補遼金元藝文志

姓氏大全十卷○一作十八卷 失名 千頃堂書目卷十

孔文昇闕里譜系○文昇家於溧陽 補遼金元藝文志

蔡珪續歐陽集古錄金石遺文六十卷 歸潛志

又續金石遺文跋尾十卷 金史本傳

又古器類編三十卷 龔顯曾亦園脞牘卷四

年參議中書省

史館購書目錄○至正中危素撰

上都分學目錄○至正中助教毛文在購書一千二百六十三卷爲目藏之崇文閣一藏開平儒學一藏分學

陸氏藏書目錄○黃溍序稱吳郡陸君不詳其名

地理類

蔡珪晋陽志十二卷

又補正水經三卷○一作水經補亡四十篇

史館購書目錄○至正十六年危素撰

上都分學書目○至正十六年

法寶總目十卷○失名（補遼金元藝文志）

蔡珪晋陽志十二卷（千頃堂書目卷八）

又水經補亡三卷○字正甫眞定人翰林院修撰水經補亡本四十篇刊本釐爲三卷金史作補正水經五篇誤也元好問中州集正之（補遼金元藝文志）

按千頃堂書目作五篇

又燕王墓辨一卷

呂貞幹碣石志○字周卿大興人

王寂遼東行部誌一卷

又鴨江行部誌一卷

以上金

聖朝混一方輿勝覽三卷

大一統志七百五十五卷○至元二十八年集賢大學士札馬剌丁祕書少監虞應龍等進

又大一統志一千卷○大德七年集賢大學士孛蘭肹昭文館大學士祕書監岳鉉等上

郡邑指掌十冊

又兩燕王墓辨金史

呂子羽碣石志○大定末進士著碣石志數十萬言皆近代以來事跡幽隱恢諧無所不有中州集　畿輔通志卷一百三十七

王寂遼東行部志一卷遼史藝文志補證

又鴨江行部誌一卷龔顯曾亦園脞牘卷四

方輿勝覽二十二冊菉竹堂書目卷六古今通志

大一統志一千卷○有誤孛蘭肹爲卜蘭溪得吳氏藏本而正之補遼金元藝文志　千頃堂書目作卜蘭溪

一百八十二冊菉竹堂書目卷六古今通志　六百冊文淵閣書目卷十八

郡邑指掌十冊菉竹堂書目卷六古今通志

蕭𣂏九州志

郝衡大元混一輿地要覽七卷

朱思本輿地圖二卷○字本初臨川人

吳萊古職方錄八卷

汪從善地理攷異六卷

滕賓萬邦一覽集

皇元建都記

楊奐汴故宮記一卷

陳隨應南渡行宮記

熊自得析津志典○字夢祥豐城人崇文監丞

蕭𣂏九州志 千頃堂書目卷八

郝衡大元混一輿地要覽七卷 補遼金元藝文志

大元輿地集覽 千頃堂書目卷八

輿地要覽三冊 菉竹堂書目卷六古今通志

朱思本廣輿圖二卷 千頃堂書目卷八補遼金元藝文志

吳萊古職方錄八卷 補遼金元藝文志

按職字千頃堂書目作賦誤也

汪從善地理攷異六卷○作於松江

滕賓萬邦一覽集 千頃堂書目卷八

皇元建都記 千頃堂書目卷八

楊奐宋汴都宮室記 千頃堂書目卷八補遼金元藝文志 一卷 國史經籍志卷三

熊自得析津志典 千頃堂書目卷八

王惲汲郡志十五卷

迺賢河朔訪古記十六卷〇今存二卷

贍思鎮陽風土記

又續東陽志六卷

又西國圖經

宋某東郡志十六卷〇侍御史

相臺續志十卷

于欽齊乘六卷〇字思容益都人兵部侍郎

王惲汲郡志十五卷 千頃堂書目卷八

迺賢河朔訪古記十二卷 千頃堂書目卷八 補遼金元藝文志

一冊 菉竹堂書目卷六古今通志

訥新撰 郘亭知見傳本書目卷五

贍思鎮陽風土記 補遼金元藝文志

鎭陽風土記 千頃堂書目卷八

又續東陽志六卷〇浙江 千頃堂書目卷八

又西國圖經 補遼金元藝文志

西域圖記 補三史藝文志

相臺續志十卷〇不知撰人 千頃堂書目卷八

于欽齊乘六卷 千頃堂書目卷八

蘇天爵序 絳雲樓書目卷一地誌類

是書專記三齊輿地凡分八類曰沿革曰分野曰山川曰郡邑曰古蹟曰亭館曰風土曰人物四庫提要卷六十八
元至正十一年辛卯其子溍刻于浙邵亭知見傳本書目卷五

李好文長安志圖三卷

李好文長安志圖三卷四庫提要
長安圖記三卷千頃堂書目卷八補遼金元藝文志
字惟中東明人至治元年進士畿輔通志卷一百三十四

張鉉金陵新志十五卷○字用鼎陝西人

張鉉金陵新志十五卷補遼金元藝文志
至大金陵新志十五卷四庫提要卷六十八
十二冊張佐撰絳雲樓書目卷一地誌類
其書終于景定中四庫提要卷六十八
鉉官奉元路學古書院山長千頃堂書目卷八
至正金陵新志十五卷邵亭知見傳本書目卷五

戚光集慶路續志

戚光集慶路續志千頃堂書目卷八

太平路圖志十冊

天歷二年南臺御史趙世延爲郡士光輯 補遼金元藝文志

劉恭松江志八卷〇四明人松江教授

松江志〇大德中劉蒙修 補遼金元藝文志

錢全袞續松江志十六卷

錢全袞續松江志十六卷〇郡人 補遼金元藝文志

俞希魯鎮江府志

王仁輔無錫志二十八卷〇字文友華昌人

王仁輔無錫志二十八卷 千頃堂書目卷八

秦輔之練川志

楊譓崑山郡志

抄本崑山郡志六卷〇元浦城楊德譓撰字履祥自號東溪老人事蹟無攷元成宗元貞二年升昆山爲州故曰郡志 邵亭知見傳本書目五卷

宣伯聚浙江潮候圖說

韓性紹興志八卷

韓性紹興郡志八卷 千頃堂書目卷八

袁桷延祐四明志二十卷

袁桷延祐四明志十七卷 四庫提要卷六十八 四庫依抄本錄 邵亭知見傳本書目卷五

王元恭四明續志十二卷○字居敬眞定人慶元路總管

章嘉天台郡志

台州路志十冊

元統赤城志○楊敬德修

黃溍義烏志七卷

黃鄰諸暨志十二卷○至正丁酉

上虞志○至正中縣尹張叔温延邑人張德潤裒集後縣尹林希元屬學博陳子翬重修

許汝霖嵊志十八卷○至正

奉化志十卷○至元中縣尹丁濟屬邑人舒津陳著撰皇慶延祐重修

昌國州圖志七卷○大德中馮復京郭薦撰

東陽志○延祐七年戴壁等輯

王元恭四明續志十二卷○至正二年爲明州總管 千頃堂書目卷八

黃溍義烏志七卷 千頃堂書目卷八

黃隣諸暨志十二卷○至正十七年成

許汝霖嵊志十八卷 千頃堂書目卷八

大德昌國州圖志七卷○馮復京郭薦等同撰 郘亭知見傳本書目卷五

永康志○永安中陳安可修

温州路志十冊

平陽州志○大德十一年永嘉敎諭章嘉修

處州路志十冊○麗水梁載著

吳萊松江志畧

又甬東山水古蹟記一卷

方回建德府節要圖經○至元十四年安撫使

謝翱睦州山水人物古蹟記一卷

又浙東西游錄九卷○今存金華游錄一卷

黃奇孫南明志○南明在新昌縣

徐碩至元嘉禾志三十二卷

平陽州志 元史成宗本紀

皇慶處州路志 補三史藝文志

又南海古迹記 浙江通志卷二百四十四

謝翱睦州山水人物記 千頃堂書目卷十傳記類

按謝翱爲宋末元初人

又浙東西游錄九卷 千頃堂書目卷八

徐碩至元嘉禾志三十二卷 千頃堂書目卷八

碩里貫未詳始末亦無可攷其作此書時則方官嘉興路敎授

洪焱祖續新安志十卷

汪元相祁門志

汪幼鳳星源續志○婺源人

趙迎山續豫章志十三卷

劉有慶潘斗元續豫章職方乘十四卷

吳存鄱陽續志

李士會樂平廣記三十卷○字有元樂平人

李彝南豐郡志三冊

李肖翁豐水續志六卷○字克家富州人儒學提舉

楊升雲瑞陽志

致和三山續志

也 四庫提要卷六十八

洪焱祖續新安志十卷 千頃堂書目卷八

趙迎山續豫章志十三卷 千頃堂書目卷八

劉有慶潘斗元續豫章職方乘十四卷 補遼金元藝文志

吳存鄱陽續志 千頃堂書目卷八

李士會樂平廣記三十卷 千頃堂書目卷八

李彝南豐郡志三冊○大德間南豐郡守 千頃堂書目卷八

李肖翁豐水續志六卷 千頃堂書目卷八

富川人本學教諭遷提舉 補遼金元藝文志

致和三山續志○福建失名 補遼金元藝文志

吳鑒清源續志二十卷○字明之閩人

陳士元武陽志畧一卷○邵武人

嚴士眞崇陽志

峽州路夷陵志三冊

費著成都志

吳萊南海古迹記一卷

蔡微瓊海方輿志○字希元瓊山人

南雄路志一冊

張立道雲南風土記

又六詔通說

郝天挺雲南實錄五卷

陳士元武陽志畧一卷 補遼金元藝文志

與黃鎭成爲友 千頃堂書目卷八

嚴士眞崇陽志 千頃堂書目卷八

費著成都志 千頃堂書目卷八

吳萊南海古迹記一卷 千頃堂書目卷八

蔡微瓊海方輿志○任教官 千頃堂書目卷八 任學官 補遼金元藝文志

張立道雲南風土記 千頃堂書目卷八

張道立 絳雲樓書目卷一地誌類

又六詔通記 千頃堂書目卷八 補遼金元藝文志

郝天挺雲南實錄五卷 千頃堂書目卷八

李京雲南志畧四卷○字景山河間人大德中烏撒烏蒙宣慰副使

張道宗紀古滇說集一卷○雲南人起唐虞訖咸淳

潘昂霄河源志○字景梁濟南人集賢侍讀學士謚文簡

李處一西岳華山志一卷

張天羽茅山志十五卷

劉大彬茅山志三十三卷

字繼先安肅州人官御史中丞（畿輔通志卷一百三十四）

李京雲南志畧四卷（千頃堂書目卷八）

張宗道紀古滇說集一卷（補遼金元藝文志）

張宗說（千頃堂書目卷五霸史類）

潘昂霄河源志（千頃堂書目卷八）

河源記一卷○字景樑號蒼崖是書紀世祖至元十七年遣達實西溯河源至星宿海事末有元統中柯九思跋元史已全錄其文此別行之本也（四庫提要卷七十五地理類存目）

李處一西岳華山志一卷（千頃堂書目卷八）

張天雨尋山志十五卷（千頃堂書目卷八 補遼金元藝文志）

劉大彬茅山志三十三卷（千頃堂書目卷八）三十二卷元刻止十五卷（補遼金元藝文志）

楊少愚九華外史○青陽人

鄧牧大滌洞天圖記三卷○字牧心錢唐人

天台山志一卷○無撰人

曾堅四明洞天丹山圖詠集一卷

陳性定仙都志二卷○字此一

十五卷大彬號玉虛子錢塘人是書分十二門每門以三字爲題蓋仿陶宏景眞誥例也（四庫提要卷七十六地理類存目五）

楊少愚九華外史（千頃堂書目卷八）

施少愚撰（補遼金元藝文志）

鄧牧洞霄宮圖志三卷（千頃堂書目卷八 補遼金元藝文志）

大滌洞天記（四庫提要卷七十七地理類存目六）

宋鄧牧洞霄圖志六卷○元道士孟宗寶編（郘亭知見傳本書目卷五）

天台山志一卷○末稱世祖皇帝封道士王中立爲仁靖純素眞人知爲元人所作又稱前至元間知爲順帝時人矣（四庫提要卷七十六地理類存目五）

陳性定仙都志二卷○元道士此志分六門前序題至正戊子不著姓名（四庫提要卷七十六地理類存目五）

元明善龍虎山志三卷

黎崱廬山游記三卷○字景高安南人

李孝光雁山十記一卷

盛熙明補陀洛迦山攷

王約高麗志四卷

張立道安南錄

黎崱安南志畧二十卷

元明善龍虎山志三卷（千頃堂書目卷八）

字復初清河人是書乃皇慶三年明善官翰林學士時奉敕所修（四庫提要卷七十六地理類存目五）

黎崱廬山游記三卷○本安南人居漢陽泰定中游廬山記其詩文山物爲書（千頃堂書目卷八）

李孝光雁山十記一（千頃堂書目卷八）

字季和温州樂清人（元史卷七十七）李光孝（王圻續文獻通考）

王約高麗志四卷

約眞定人（畿輔通志卷一百三十四）

張立道安南錄（俱見補遼金元藝文志）

黎崱安南志畧二十卷（補遼金元藝文志　絳雲樓書目卷一）

十九卷號東山世居　州幼與黎琫爲子因從其姓（四庫提要卷六十六）

李志剛耽羅志畧三卷〇永嘉人

周達觀眞臘風土記一卷

周致中異域志三卷

汪煥章島夷志畧一卷〇字大淵豫章人

耶律楚材西游錄

長春眞人西游記二卷〇李志常述邱處機事

載記類　邵亭知見傳本書目亦作十九卷

李志剛耽羅志畧三卷〇樞密院祕書　補遼金元藝文志

周達觀眞臘風土記一卷　絳雲樓書目卷一地誌類

温州人眞臘本安海中小國爲扶南之屬元成宗元貞元年乙未遣使招諭其國達觀隨行至大德元年丁酉乃歸首尾三年諳習其俗因記所聞見爲此書　四庫提要卷七十一

周致中異域志三卷　千頃堂書目卷八

汪煥章島夷志畧一卷〇字煥章南昌人至正中嘗附賈舶浮海越數十國紀其所聞見成此書　四庫提要卷七十一地理志四

長春子西游記二卷〇元李志常記其師邱處機西游事蹟孫錫序云凡山川道里之險易水土風氣之差殊與夫衣服飲食百果艸木禽獸之別靡不畢具末附錄當時詔敕等編處機字通

劉郁西使記一卷

楊奐紫陽東游記一卷

郝經行人志

張德輝邊堠紀行

何中薊邱述游錄一卷

密又號長春子棲霞人此冊足資攷證郘亭知見傳本書目卷五

劉郁西使記一卷千頃堂書目卷八

西使錄一卷元劉郁都太僕嘗奉使至秦作西使記柯九思叙
潘昂霄河源志云憲宗皇帝二年命皇太帝旭烈帥諸部軍征
西域凡六年闢封疆四萬里見輟耕錄第二十二卷郁蓋當時
西征從軍者絳雲樓書目卷一

眞定人是書記常德西使皇帝錫里庫軍中往返道途之所見四庫提要卷五十八傳記類

楊奐紫陽東游記一卷千頃堂書目卷八

郝經行人志千頃堂書目卷九補遼金元藝文志俱入職官類

字輝卿冀寧交城人元史列傳第五十

何中薊邱述游錄千頃堂書目卷八

元貞使交錄

文子方安南行記○禮部郎中安南副使

周密武林舊事十二卷

吳自牧夢粱錄二十卷

古杭夢游錄一卷○自題灌園耐得翁

李有古杭雜記四卷

郭天錫客杭日記一卷○名畀以字行丹徒人江浙行省掾史

陸友吳中舊事一卷

周密武林舊事六卷後武林舊事五卷（千頃堂書目卷八 補遼金元藝文志）一冊（菉竹堂書目卷二）十冊（郘亭知見傳本書目卷五）

吳自牧夢粱錄二十卷○一本二卷（千頃堂書目卷八）

古杭夢游錄一卷○宋灌圃耐得翁著（百川書志）

李有古杭雜記一卷（焦氏經籍志）

郭天錫客杭日記一卷○號雲山京口人原本共四冊厲鶚因手錄其客杭一冊其書自至大戊申九月初一日至次年二月初九日（四庫提要卷六十四傳記類存目六）

陸輔之吳中舊事一卷（千頃堂書目卷八 補遼金元藝文志）一冊（菉竹堂書目卷二）宋人（絳雲樓書目卷一地誌類）

高德基平江紀事一卷

淩緯唐山紀事

姚桐壽樂郊私語一卷〇字樂年桐廬人餘千州教授

陸友仁字輔之吳郡人此書記其鄉之軼聞舊蹟以補地志之闕 四庫提要卷七十

高德基平江紀事一卷 補遼金元藝文志雜史類

常爲建德路總管不知何處人 千頃堂書目卷五別史類

平江人書中記干文傳修遼金宋史類 四庫提要卷六十八

淩緯唐山紀事 浙江通志卷二百五十四引成化杭州府志

姚桐壽樂郊私語一卷 補遼金元藝文志子部小說家類

咸淳臨安志九十三卷〇潛說友撰字君高處州人宋淳祐甲辰進士前十五卷記宮禁曹司之事自十六卷以下乃爲府志 四庫提要卷六十八地理類一

暢納地理指掌圖註 補三史藝文志地理類

岳陽郡志〇不知撰人 千頃堂書目卷八地理類

類編長安志十卷〇元京兆路儒學教授薛延年校正取宋敏求

長安志芟繁提要增入金元沿革分門類聚故曰類編張金吾藏蕘竹堂舊抄郘亭知見傳本書目卷五地理類

重修琴川志十五卷〇元盧鎮撰字子安淮南人至正間以領兵副元帥兼知常熟判事琴川常熟地名也郘亭知見傳本書目卷五地理類

抄本游志續編〇元陶九成編前有宋天台陳仁玉游志編序并因是書繼仁玉故曰續見張氏藏書志郘亭知見傳本書目卷五地理類

延祐永州路志〇零陵鄧桂賢撰

皇慶郴州路志〇福甯王都中監修

攸州圖志〇不知撰者

延祐平江州志〇蒙古按攤不花撰

至正黔陽縣志〇蒙古朶爾赤雲甫監修俱見湖南通志卷二百四十九

南海縣志〇陳大震輯廣東通志卷一百九十一

寶安志〇郭應木陳庚撰廣東通志卷一百九十一

韶州舊志〇元方朝修

惠州府志〇姜文龍修　大德間同知

新興縣志〇達嚕噶齊薛里吉思修俱見廣東通志卷一百九十一

敦煌本文選斠證（二）

饒宗頤

二、東方朔答客難揚雄解嘲殘卷

起答客難「不可勝數」句至解嘲「釋褐而傅」止。伯希和目二五二七，共一百二十二行，李注本之第四十五卷也，已影入羅氏石室䥴殘。

劉師培提要云：「每行字數由十七字至十四字，注均夾行，書法至工，前六行均漫其半，「世」字「治」字「虎」字各缺末筆，此亦李注未經竄亂之本也。故文與各本多殊……足證後世所傳李本，均與唐本乖違。試更即注文言之，此卷之例，李氏自注均冠「臣善曰」三字，所引漢書舊注，則各冠姓名在李注前，以之互勘各本，或彼有而此無，或此省而彼弗省，或此分而彼合，或此有而彼無，或文字不同，均治選學者所當考及也。」

校記

不可勝數悉　本文起此五字，在行末，其上漶滅者應是九個字。胡氏翻刻尤氏善注本「數」字下有注云「文子曰羣臣輻湊」，四部叢刊影宋建本亦有此注，而移併於次句「或失門戶」之下，此卷無此注。

失門戶使蘇秦　次行末存此六字，上加漶滅者八個字，適與前行末「悉」字連接。〇胡刻本「戶」字下有注云「言上書忤旨，或被誅戮。」叢刊本同有此注，與「文子」七字併在「戶」字下，此卷並無。

之士曾不得掌　第三行末存此六字。〇「士」字，胡刻本、叢刊本、北宋監本史記東方朔傳、北宋本漢書東方朔傳並作「世」字。

曰時異事異雖　第四行末存此六字，以位置計此行只漶八個字，文句與漢書同。〇各刻本「曰時異」之上多三十四字，與史記同。〇「事」字上史記有「則」字。〇叢刊本下「異」字校云「五臣作殊字」。〇「雖」字之上，胡刻叢刊並有善注「韓子」以次二十八字，此卷無。

身乎哉詩曰鼓鍾　第五行末存此七字，其上漶滅七字，與刻本字數合。〇史記無「哉」字。〇漢書「曰」作「云」。

□善曰毛詩小雅文也□萇曰有諸中必刑□於外　第六行下半存此二十字，作雙行夾注，應在正文「於外」之下，兩刻本此注併在次句「於天」之下。〇「刑」字刻本並作「見」。

鵠鳴于九皐　「鵠」字位於第七行頂格，以下完整。〇兩刻本及史記「鵠」字作「鶴」，無「于」字。漢書「鵠」作「鶴」，有「于」字，與毛詩合。〇皐字同漢孔彪碑。

臣善曰毛詩小雅文也毛萇曰皐澤也　「臣善曰」三字應是善注眞貌。〇此「小雅文」指鶴鳴篇，與上節指白華篇者義各有當，刻本併兩節注爲一節，故「小雅文」止一見，下「毛萇」字亦改爲「又」字。

乃設用於文武得明信厥說　「明」字頗暗晦，兩刻本及漢書無此字。〇此十一字史記作「逢文王得行其說」

封七百歲而不絕　「封」字下，兩刻本及史漢並有「於齊」二字。

臣善曰說苑　胡刻無「臣善曰」三字，叢刊本無「臣」字。（此種異文，以下從畧。）

此士所以日孳孳敏行而不敢怠也 兩刻本「日」下有「夜」字，「孳孳」下有「脩學」二字。○漢書有「夜」字。○史記有「夜」字，有「修學」二字，「孳孳」作「孜孜」，「敏行」作「行道」，「怠」字作「止」。

辟若鷺鴒 「鷺」字同漢書，刻本作「鶺」。○自此至「則敏且廣矣」凡百七十餘字，史記無。

禮義之不僁 「僁」字各本並作「愆」，龍龕手鑑以「僁」爲俗字。

臣善曰皆孫卿子文也 各本無「也」字。

水至清則無魚 漢書「水」上有「故曰」二字。

黈纊塞耳 「塞」字刻本及漢書作「充」。叢刊本校云「五臣作蔽」。

黈纊以黃緜爲丸懸之於冕以當兩耳所以塞聽也劉兆穀梁傳註曰黈黃色也土斗反 此三十四字，刻本作「薛綜東京賦注曰」以次二十八字，與東京賦「黈纊塞耳」句下薛注相同。案此節善注，寫卷與刻本義同而文異，或後注修改前注之故。○劉兆之「劉」字不甚明，疑指晉劉兆。

赦小過 「赦」字用別體。

毋求備於一人 「毋」字各本作「無」。

檢身若弗及 「弗」字兩刻本作「不」。

使自索之

揆度其法以開示之 「示」字兩刻本作「視」。

蓋聖人之教化如此　漢書無「之」字。

欲其自得之　漢書無「其」字。

今世之處士　「世」字缺筆。〇史記此句上接「修學行道不敢止也」句。

魁然無徒　此句上兩刻本有「時雖不用」四字，與史記同。寫卷及五臣本無上四字，與漢書同。〇「魁」字兩刻本及銑注並作塊，漢書注「師古曰魁讀曰塊」。〇史記此句作「崛然獨立」。

廓然獨居　此句史記作「塊然獨處」。

卑辭厚禮以遺之　「之」字同史記勾踐世家原文，兩刻本作「吳」。

遂滅之子胥已見上　兩刻本無下五字。

寡偶少徒　「偶」字漢書作「耦」。

固其宜也　「宜」字史記作「常」。

子何疑於予哉　史記至此句止。

酈食其之下齊　句與胡刻漢書並同，叢刊本句首多「漢用」二字。

臣善曰史記……聞燕昭王招賢……使於燕昭以禮待之　刻本「招」字作「好」，「昭以」二字作「燕時以」三字。此刪節史記文，寫卷與刻本各有長短。

李斯已見上　寫卷此五字乃善注「已見從省」之例。兩刻本並作「又曰」以次十八字，殆合併六臣注者複錄已見上文之注，即茶陵本所標之「增補」六臣注也。

漢書……臣請說齊王……迺聽食其罷歷下守戰備　此漢書酈食其傳文，善注所引，但有刪節，並無竄改。兩刻本同無「請」字，無「聽食其」三字，而「戰」下多「之」字，乃經後人竄改，比對漢書本傳，即見所改之陋。

是遇其時者也　漢書及五臣本無「者」字。

以管窺天　「管」字殆書手偶從別本，善本當作「筦」，觀此卷善注引服虔音管，可以推知，胡刻及漢書並作「筦」。○「窺」字見隋龍藏寺碑，刻本作「窺」，漢書作「闚」。

豈通其條貫　「豈」下各本並有「能」字。

發其音聲哉　五臣本「哉」上有「者」字。

□□□□音管　上四字漶，第一字頗似「服」字，疑即漢書舊注「服虔曰筦」四字，與刻本同。

臣善曰莊子……子乃規規而求之以察……是直管窺天　兩刻本「乃」上無「子」字，「直」下有「用」字。案今本莊子秋水篇並有「子」字及「用」字，又「規規」下有「然」字。○此上所引服虔張晏文穎之說，乃漢書音義舊文。自莊子以下乃善自注，故冠以「臣善曰」爲區別，胡刻誤混。叢刊本以服說文說分注正文本字之下，而張晏說乃錄于銑注之下，亦混。

豈能發其聲哉　兩刻本「聲」上有「音」字。

猶是觀之　漢書「猶」作「由」。

譬由鼱鼩之襲狗　漢書「由」作「猶」。

臣善曰李巡　寫卷「臣善」之上有如淳服虔音十二字，與胡刻同，叢刊本分附正文本字下。○胡刻「李巡」上無「臣善曰」三字。

〔**說文靡爛也**（**共十六字**）〕　兩刻本並有此十六字，寫卷無。案「糜爛其民」語見孟子，「粪米使糜爛」語見釋名，若說文則米部「糜，糝也」，非部「靡，披靡也」，皆與善注所引不合。惟火部云「爢爛也」，桂氏義證云「客難借靡字，李引爢義以釋之」，王筠沈濤等皆信此是善注曲爲之說，其實寫卷已無此注，刻本所有者又與原引書不同，故此注當是後人混入。本書二五盧子諒贈劉琨詩「靡軀不悔」下同有此誤。檢本書卷三三招魂「爢散不可止」下，善錄王逸舊注「爢碎也」，此乃善引舊說眞貌。

而終或於大道也　「或」字同漢書，刻本作「惑」。

解嘲一首　楊子雲　寫卷題頂格，作者姓字同行。刻本題低三字，姓字另行。○叢刊本無「一首」二字。○刻本題下側注「并序」二字，寫卷無之。案此篇所謂「序」者，乃漢書雄傳中解嘲文之前言，非另有序文之目，寫卷無「并序」二字，當是原貌。○「嘲」字刻本皆從口，漢書皆從言，寫卷題從口，文中皆從言。

起家至二千石　漢書「起」上有「或」字。

漢書音義曰　兩刻本無「曰」字。

時雄方草創太玄　漢書無「創」字，王先謙補注云：「宋祁曰，草下當有創字。」案濟注云「草創言造作也」，知五臣本亦有「創」字。

人謿雄以玄之尙白　兩刻本「人」下有「有」字。○叢刋本校云五臣本無「之」字。○漢書「人」作「或」，無「之」字。補注云「宋祁曰或上當有人字」。

將無可用也　兩刻本無「也」字。

而雄解之　「而」字同漢書，刻本無。

其辭曰　此下爲解嘲正文，寫卷與叢刋本皆提行，胡刻則連續而下。

吾聞上世之士　「世」字缺筆，注同。以下不另記。

臣善曰孔叢子……有云爲於世者也　刻本「孔」上有「尙書」以次十九字，末句無「者」字。

生必上尊人君　漢書「必」作「則」。

析人之圭　「圭」字同漢書，刻本及銑注作「珪」。

朱丹其轂

〔**東觀漢記（以次二十七字）**〕　刻本有此二十七字，寫卷無。

今吾子　漢書無「吾」字。

小玉堂殿　「殿」字與漢書注晋灼說同，兩刻本無之。

下談公三　「三」字頗晦，畫間似有兩點，各本並作「卿」字。

目如燿星　「燿」字與叢刋本同，胡刻作「耀」，宋本漢書作「曜」，補注本作「燿」。

壹從壹横　「壹」字刻本作「一」。「横」字漢書作「衡」。

〔**史記秦王曰知一從一橫其說何**〕　刻本有此十三字，寫卷無。案史記田完世家：「秦王曰，吾患齊之難知，一從一衡，其說何也。」又戰國策韓策：「秦王曰，吾固患韓之難知，一從一橫，此其說何也。」此注似刪節舊文，但句讀錯誤，且爲寫卷所無，當是他注混入。

顧默而作太玄　漢書無「默」字。

支葉扶踈　「支」字同漢書，刻本作「枝葉」。

獨說數十餘萬言　「數」字與刻本同，漢書無。胡克家以向注有「數十萬言」句指爲五臣亂善，不知寫卷善單注本正文亦有此「數」字。又漢書補注引王鳴盛曰：「今太玄經具存，正文大約與五千文之數合，此云十餘萬言，不可解。」

〔**以樹喻文也說文曰扶踈四布也**〕　寫卷無此十三字，刻本並有。案說文木部枎字下作「枎疏」，段注云：「古書多作扶疏，同音假借也。」刻本此注似後人誤混。

孅者入無間　「孅」字漢書及五臣本作「纖」，兩刻本作「細」。〇「間」字漢書及五臣本作「倫」。

〔**春秋**（**以次二十五字**）〕　寫卷無此注，兩刻本並有。

何爲官之袥落也　「袥」字从示，各本並作「拓」，師古音託。

〔**拓落**（**以次九字**）〕　寫卷無此注，刻本並有。

客徒欲朱丹吾轂　「欲」字與漢書同，胡刻無。叢刊本「欲」下校云「善無欲字」。案六臣注本校語疑所見異本，若胡刻無「欲」字，乃尤氏從六注剔取善注時照校語刪去耳。

不知跌將赤吾之族也　「知」下脫「一」字。

跌差也　刻本此下尚有「赤謂誅滅也」五字，寫卷無。

往者周內解結　「者」下叢刊本校云「善作昔」，胡刻作「昔」。○「內」字刻本作「網」，漢書作「罔」。

合爲六七

臣善曰十二已見東方朔客難　胡刻作「十二國已見上文」，叢刊本錄「張晏」以次二十六字，與客難「十二國」句下注同。案胡刻此注，義與寫卷相同，但添一「國」字，仍非善注眞貌，叢刊本則所謂「增補」也。

張晏……就秦而七也　刻本「而」作「爲」，無「也」字。（刻本注末無「也」字者寫卷並有，此下不另記。）

並爲戰國

晉灼……之意也四分則交午而裂如田字也　此注與漢書注引晉灼說同，刻本上「也」字作「耳」，無「四分」以次十一字。

士亡常君國亡定臣　二「亡」字刻本並作「無」，漢書上「亡」字作「無」。

失士者貧

〔春秋（以次十四字）〕　刻本並有此注，寫卷無。

或鑿坏以遁

史記曰王稽辭魏去過載范睢入秦　刻本無「曰」字，「過」字作「竊」字。案善注節取史記范睢傳，「過」字與原文合，刻本作「竊」，疑後人所改。

普來反　刻本「普」上有「坏」字。○所有注音，寫本用反，刻本用切，此下不另記。

是故𩣡衍　「𩣡」字刻本作「鄒」，漢書作「騶」。

〔**應劭（以次七十字）**〕　刻本有此注，寫卷無。○以漢書注引應劭說校勘此注，知注中誤「天事」爲「大事」，又「談天鄒衍」句多一「鄒」字。此種錯誤，兩刻本相同，亦可證尤氏善單注本乃從六臣注中剔出。

猶爲萬乘師

不便利也〔**趙岐（以次二十字）**〕　自「趙岐」以下共二十字，刻本有，寫卷無。

左東海

〔**應劭（以次八字）**〕　刻本有此注，寫卷無。

右渠搜

連西戎國也　「連」字與刻本同，漢書補注所引無「連」字。

枌支亦搜　寫卷「亦」旁有校筆作×，刻本與漢書注同作「渠」。

在金城河關之西　「關」字與尙書禹貢孔傳合，刻本及漢書補注並誤作「間」。（何焯校作「關」，與寫卷暗合。）

前番禺

應劭曰南海縣　「縣」字刻本作「郡」，漢書補注引官本亦作「郡」。

蘇林曰音番　下二字刻本作「番音潘」，漢書補注：「宋祁曰番蘇林音藩。」

後椒塗　「椒」字胡刻同；叢刊本作「陶」，校云「善作椒」；漢書作「陶」，顏注云「今書本陶字有作椒者，流俗所改」；考異謂善從應劭作「椒」，而不從顏監作「陶」；王先謙謂當闕疑。

東南一尉

如淳曰地理志云在會稽回浦也　胡刻無「回浦也」三字。叢刊本此句無善注，而於向注後有如淳說，亦無此三字。案漢書地理志會稽郡回浦下云「南部都尉治」，寫卷有此三字，與漢書合。

製以鑽鈇　「製」字與叢刊本漢書並同，胡刻作「制」。○「鑽」字漢書作「質」。

服虔曰刑縛束之也　刻本「刑」作「制」，無「之」字。王念孫謂「制」字乃「徽」之譌，說詳次條。

應劭曰音以繩徽弩之徽　「音」字刻本譌作「東」。○漢書補注云：「官本引蕭該音義曰，徽舊作嶶，應劭曰徽音以繩嶶弩之嶶，該案音揮。」案此乃王先謙錄宋祁校語，蕭該文選音已佚，宋祁引此，至堪重視。補注又引王念孫云：「廣雅徽束也，文選李注引服虔曰，徽，縛束也，應劭曰，徽音以繩徽弩之徽，則舊注皆不誤。」

臣善曰說文曰糾三合繩　刻本「繩」下有「也」字。○案說文丩部作「糾繩三合也」。

何休曰　刻本「休」下有「注」字。

結以倚廬

漢律以為親行三年服　「以」字與胡刻同，叢刊本作「不」。考異謂茶陵本作「不」，袁本作「以」。案漢書注引作「以不」二字。

〔結爲倚廬以結其心〕 寫卷無此八字。

晏嬰麤衰斬 寫卷此句與左傳襄十七年文合，刻本誤倒「衰」字在「斬」字下。

天下之士 句與胡刻漢書並同。叢刊本「天」上有「是以」二字，校云「善無是以字」。

營于八區

史記（以次二十一字） 刻本有此注，寫卷無。

人人自以爲皐繇 「皐」字漢書作「咎」，「繇」字刻本作「陶」。

稷契泉咎繇 「泉」字乃「暨」之譌。

戴縰垂纓 叢刊本「縰」下校云「五臣作纚音史」。

阿衡已見上 此五字刻本引詩及毛傳共十八字。

五尺童子

臣善曰五尺童子已見李令伯表 此注乃「已見從省」例。叢刊本及胡刻並複出「孫卿」以次十六字，與李令伯表「五尺之僮」句下注同。考異云「袁本作已見李令伯表十字，是也。茶陵本複出非。」案茶陵本題作「增補」，此十六字卽所補也。尤袤善單注本異于此寫卷作「已見」，竟同于茶陵本所增補，知尤本所从出之六臣注本蓋與茶陵本同源。

故當塗者升靑雲 「故」字各本並無。○「升」字漢書作「入」。

譬若江湖之崖勃澥之島 漢書「崖」作「雀」，「島」作「鳥」。師古曰：「雀字或作崖，鳥字或作島。」

王念孫曰：「臧玉林經義雜記云『古島字有通借鳥者，禹貢鳥夷，孔讀鳥爲島，可證。此言江湖之厓，勃解之島，其地廣濶，子雲借鳥爲島，淺者因改厓作雀以配之，臧說是也。』」○宋祁引蕭該音義曰「案字林，渤澥，海別名也，字旁宜安水。」

乘雁集不爲之多

方言曰飛鳥曰雙鴈曰乘鴈　案方言六「飛鳥曰雙，鴈曰乘」，此卷句末「鴈」字疑衍。刻本作「四鴈曰乘」，非方言文，殆因漢書注應劭「乘鴈四鴈也」之說致混。漢書補注云：「乘之爲數，其訓不一，四字後人所加，方言無四字。」

昔三仁去而殷虛

「虛」字同漢書，師古曰「一曰虛讀曰墟」，胡刻叢刊本並作「墟」。

臣善曰三仁已見上　寫卷此注當是「已見从省」之例。兩刻本各異于此，殆有疑混。○叢刊本善注無三仁之文，而五臣翰注列舉比干箕子微子後畧述其事，並譏李善引孟子注二老爲「誤甚」，且以楊雄爲「用事之誤」，其陋如此，疑非五臣眞貌。但併六臣注者取此較詳之注，因删去李善三仁之注，其事甚顯。○胡刻善單注本云「三仁微子箕子比干」，其次序與論語微子篇同，但已違「从省」之例。又考異無此注校記，當是袁本茶陵本與胡刻從同，而與寫卷相異。

孟子曰伯夷避紂……天下之大老（**共六十五字**）　寫卷此注六十五字與孟子離婁篇相符，但二「作」字誤爲「祚」，句末少「也」字。兩刻本並删去中間「大公辟紂」一節共二十七字。案五臣譏善引二老，姚寬西溪叢話既反斥之，乃併注者竟删善注以曲就五臣，然可證尤氏單注乃從六臣注剔取。

種蠡存而越霸　「存」字五臣作「在」。漢書「越」作「粵」，「霸」作「伯」，師古曰「伯讀曰霸」。

臣善史記……勾踐反國　「善」下脫「曰」字，「反」字刻本作「返」。○寫卷「蠡」字及上句「胥」字，並用別體。

樂毅出而燕懼

臣善曰五殺已見李斯上書　此「從省」例。兩刻本並複出史記百里奚事凡四十七字，但「聞百里奚」下脫一「賢」字。又兩刻本三十九卷李斯上書「得百里奚于宛」句下同引史記凡七十一字，卽注首多「晉獻公」十餘字，而「聞百里奚」下亦脫「賢」字。於此可推知者，卽六注之祖本李斯書注原脫「賢」字，其後增補者隨之亦脫「賢」字。（考異謂各本皆脫）單注本已從六注中剔取，故李斯書及解嘲兩注皆同脫「賢」字。

史記曰樂毅……乃使劫騎代將而召樂毅樂毅畏誅遂西降趙　寫卷此注乃刪節史記樂毅傳文，兩「樂毅」皆不省「樂」字及降趙之「降」字，並與史記樂毅傳原文相符，但「騎劫」二字誤倒。○叢刊本注樂毅事不冠以「史記曰」或「又曰」，遂與上文史記秦本紀載百里奚事混連；其刪去兩「樂」字及以「奔」字代「降」字，皆與史記原文不合；「奔趙」之下「惠大恐趙用樂毅伐燕」亦有脫誤。此下又有「銑注同」三字。案五臣注常用善注所引古籍而刪去書名，又常增減古書中二三字以滅其襲引之迹，如以五臣單注本與善注對勘，卽可了然。據叢刊本此注，可以推知其爲五臣之銑注，併六臣注者上段已采善注，因下段銑注與善注大同小異，但文較平近而稍詳，故卽以銑注爲善注之下段，只于注末記「銑注同」三字，此爲六臣注本通病，所謂五臣亂善者多屬此類。○胡刻「樂毅伐齊」上有「又曰」二字，注末「惠大」改爲「惠王」，似經尤氏補修，或尤氏據本不誤。

范睢以折摺而危穰侯 「摺」字五臣作「拉」。

臣善曰危穰侯已見李斯上書折摺已見鄒陽上書晉灼曰摺古拉字也力答反 此注與胡刻全同。○叢刊本善注止留「晉灼」八字，「力答」切音則注正文本字下，其「危穰侯」事以五臣良注入錄，已不增補，亦不留原注「已見李斯書」等語。○考異于此條無校語，殆袁本茶陵本並與胡刻相同，而叢刊本之祖本獨異。

蔡澤以噤吟而笑唐舉 「以」字漢書作「雖」。

孰視而笑曰先生曷鼻巨肩魋顏蹙齃膝攣吾聞聖人不相 此注與史記蔡澤傳文相合。兩刻本「孰」作「熟」。又刪去「先生」以次十二字。○「曷鼻」之「曷」字，據北宋本史記、南宋本史記集解並同，劉師培據不明顯之影本以爲「昌」字，非。

當其亡事也 連下句二「亡」字與漢書同，刻本作「無」。

世治則庸夫高枕而有餘 「廿」字「治」字並缺筆，劉師培據此定爲李注未經竄亂之本。

說苑 「苑」字刻本作「苑」。

高枕已見上 此「已見从省」例，叢刊本複引漢書楚辭，當是併六臣注者增補之例，胡刻單注本亦同複出，則尤氏剔取善注時，未審其爲後人增補也。

或釋褐而傳 寫卷至「傳」字止，以下佚。

以上爲李善注本；自此以下爲白文無注本。

三、嘯賦殘卷

倫敦大英博物院藏敦煌文選殘卷，舊列斯坦因目三六六三號，新目編七二八四號，共四十一行，每行十六至十九字，起「自然之至音」，終「音聲之至極」，爲成公子安嘯賦，白文無注，末行題「文選卷第九」，案善注本嘯賦在第十八卷，知此爲昭明三十卷本。篇中不避唐諱，有點校，有音切分注本字兩旁，于隋唐文選反切舊音，大有裨助；至其別體字頗與他卷相同。茲以胡克家本四部叢刊本及吳士鑑斠注晉書本傳校記如下。

〔良〕自然之至音　此卷行首從「自」字起，以上佚百七十餘字。

優潤和於琴瑟　「琴瑟」二字誤倒。

反亢陽於重蔭　「蔭」字各本並作「陰」。

唱弘萬變　「引」字右旁从人不从丨，與唐寶室寺鐘銘同。下文不另記。

紛繁鶩而激楊　「鶩」字各本並从馬。「楊」字見下「柔橈」條。

固極樂而無荒　「固」字叢刊本作「故」，校云「善作固」。〇此卷書手誤倒「極樂」二字有校筆勾正。

喟仰拚而抗首　「拚」字各本作「抃」。玉篇云「抃同拚」。

或冉弱而柔橈　「橈」字从木旁，此卷从手从木之字多不分。叢刊本作「擾」，校云「善作橈」。

橫鬱鳴而滔涸　「鳴」字胡刻作「鳴」，叢刊本校云「善作鳴」。

洌寮朓而淸昶 「冽」字晉書作「咧」。「寮朓」二字胡刻作「飄眇」，考異疑爲尤氏誤改。「朓」字叢刊本晉書同作「眺」。

逸氣奮涌 「涌」字胡刻作「湧」。

烈烈飇揚 「烈烈」二字胡刻及叢刊本作「列列」。許巽行文選筆記云「列與烈通，毛詩傳曰，烈，列也」。

啾啾嚮作 「嚮」字各本作「響」，下文同。

奏胡馬之長思 「奏」字五臣作「走」。「思」字叢刊本作「嘶」。

向寒風乎北朔 「向」字叢刊本作「迴」。並於「嘶迴」下校云「善作思向」。晉書「向」作「迴」。

又似鳴雁之將鶵 「鳴」字各本並作「鴻」。「鶵」乃「雛」之別體，近似唐王訓墓誌。

南箕動於穹倉 「倉」字各本作「蒼」。

淸飇振乎喬木 「乎」字晉書作「於」，連上四句同用「於」；文選則三句用「於」，一句用「乎」。

蕩埃藹之溷濁 「蕩」字叢刊本作「流」。「藹」字晉書叢刊本並作「靄」。

變陰陽之至和 「之」字晉書作「於」，與上聯「而播揚」之「而」字相配。文選作「之」，與上下句無別。

遊崇崗 「崗」字胡刻作「崗」，叢刊本晉書作「岡」。

藉蘭皐之猗靡 「蘭皐」各本作「皐蘭」。

蔭脩竹之蟬蜎 「蟬蜎」二字叢刊本从女旁。

乃吟詠而發歎 「歎」字胡刻叢刊並作「散」，善無注，向注謂發散其志。

聲駱驛而嚮連　「駱驛」晉書及五臣本作「驛驛」。「嚮」字已見上。

若夫假爲金革　「假象」二字各本並同，寫卷用別體。象字見隋李景崇造象。

訇礚聊嘈　「聊」字胡刻晉書有口旁，叢刊本从石旁。

發徵則隆冬熙蒸　「蒸」字晉書作「烝」。

騁羽則嚴霜夏彫　「彫」字各本作「凋」。

音均不恒曲無定制　「均」字五臣作韻。○此二句各本並同，叢刊本校云「善無恒字，有二曲字，」考異謂「袁本茶陵本同有此校語，非。」

行而不留　「留」字筆誤，左傳襄二十九年作「流」，各本並作「流」。

假芳氣而遠逝　「假」字用別體作假，見魏鄭義碑。

羌殊尤而絕世　「絕」字叢刊本校云「五臣作純」，翰注云「純厚也。」

甯子撿手而歎息　「撿」字晉書作「斂」，叢刊本校云「五臣作斂」，良注同。

尼父忘味而不食　「尼」字胡刻作「孔」。

百獸率儛而抃足　「儛」字胡刻叢刊本無人旁。

此音聲之至極　「此」字同晉書，胡刻叢刊並作「蓋亦」二字。

文選卷第九　上句爲嘯賦終篇，此題篇第提行。○此行下半有「鄭□(似敬字，Giles 新編目錄指爲家字，不似。)爲景點訖」六字，字體較大且草，疑卽點校及注音切者所題。○次行爲五言詩四句，字體較大，凡三行，似書手牢騷語。紙背有「撼揩」二字音訓。

附王仲宣登樓賦

此卷列伯希和目三四八〇。賦前殘存七言詩二句，賦文共十四行，後接七言古體詩落花篇。此賦夾在詩篇之中，當非文選寫本，句中「兮」字盡皆刪去，尤爲特異。而書法拙劣；但所用同音假借字別體字，亦有不宜忽畧者，因並校記如下：

登樓賦一首　**王仲宣**　今本文選卷十一題前一行標明分類爲「遊覽」，題下無「一首」二字，寫卷並異。

實顯敞而寡求　「寡」字別體，與隋太僕卿元公墓誌同。〇「求」字文選作「仇」。「仇」「求」古字通。

俠清漳之通浦　文選「挾」字，此用別體。

北彌陶沐　「沐」字文選作「牧」。

黍稷盈疇　文選「黍」字，此用別體，與漢孔宙碑同。

遭汾濁　「汾」字誤，文選作「紛」。

逾已以迄今　「已」字文選作「紀」。

涕橫墜而弗襟　「襟」字複上「開襟」，誤，文選作「禁」。

人情通于懷土　「通」字文選作「同」。

俟河清乎未期　「乎」字胡刻叢刊本並作「其」，五臣本作「乎其」。〇「期」字誤，各本作「極」，叶。

翼王道之平　各本「翼」字作「冀」，「平」上有「一」字，並是。

懼斩瓜之徙懸　「匏」字用別體，「徒」字與魏慈香造象記相似。

畏井渫　「畏」字別體。

天慘慘而竒色　「竒」字文選作「無」。

意忉惺而憯側　文選「惺」作「怛」，「側」作「惻」，並是。

盤桓以返側　「返」字誤，文選作「反」。

四、謝靈運鮑明遠樂府七首殘卷

卷列伯希和目二五五四存六十五行，爲樂府七首，白文無注，每行約十四或十五字，字極佳。卷端四行極殘闕，本文僅校其下七首，卽謝靈運會吟行，鮑明遠東武吟，出自薊北門行，結客少年場行，東門行，苦熱行，白頭吟。現行注本此數篇並在第二十八卷，無注本當在第十四卷。校勘所得，多近古義，然王重民巴黎敦煌殘卷叙錄指爲蕭統原本，恐不可信。日本狩野直喜曾在俄京見此影本，撰有跋文。

首四行上截已佚，觀所殘留，「（蘭）以秋芳，來日苦短，」數句，知爲陸士衡短歌行。案叢刊本六臣注文選陸士衡樂府十七首，短歌行居末，次接謝靈運會吟行，編次與此寫卷相同。但胡刻善單注本士衡十七首中，短歌行次第十四，盖自第九首齊謳行之下，次序卽異，故胡克家考異于陸士衡日出東南隅行校云「此亦善五臣次序不同而失著校語。」又叢刊本樂府上君子行篇五臣向曰之末接云「善本無此一篇」，此句疑爲倂六臣注者之辭。而許巽行文選筆記君子行條云「觀古詞下注『李善本古詞止三首，無此一篇，五臣本有，今附於後』」，此「附後」之句，似爲刻單注者之辭。而胡刻單注本已無此附記，且幷無此篇。蓋傳本紛歧，不易爬梳如此。

樂府一首 五言○寫卷第五行起此。○叢刊本「府」下有「詩」字。○側注「五言」二字，兩刻本並在「會吟行」之下。

會吟行 **謝靈運** 寫卷第六行如此，叢刊本則分姓字於第三行，胡刻又併總題子題姓字共一行。

迾逷皆靜寂 寫卷第八行起爲會吟行正文。○「逷」字同唐甯思眞墓誌。

敷績壺冀始 「敷」字「冀」字用別體，與魏汶山侯墓誌及唐王仲建墓誌同。

飛鷰躍廣途 兩刻本「燕」字皆無鳥旁，叢刊本校云「五臣作鷰」。

津呈窈窕容 「津」字兩刻本並作「肆」，有善注引周禮鄭注以釋肆字，高步瀛謂周禮無此鄭注，則所謂善注已大有可疑。至寫卷之「津」字，用承上句「清沚」，以下句「路」字承前句「廣途」，脉絡頗清，惜無他本可證。又西都賦「列肆侈于姬姜」句，五臣向注兩處相同，但「善曰」之下，止有鄭注而無周禮句，而日本上野藏古鈔本則「肆」字作「女」，此或可以旁參。○「容」字五臣作「客」。

自來彌世代 「世」字與五臣本同，不避唐諱，兩刻本並作「年」。

范蠡出江湖 「蠡」字用別體，近似齊李淸爲李希宗造象記。

牽綴書土風 「牽」字別體，與唐王徵君臨終口授銘同。

樂府八首　五言○寫卷總題如此，日本藏古寫本文選集注卷第五十六與此同式。（集注本此行前有「樂府」二字，乃鮑明遠謝玄暉二人樂府之總題，即其第五十六卷分目之「樂府三」也）○叢刊本「府」下贅一「詩」字，無「五言」二字。○胡刻無「五言」二字。

東武吟　**鮑明遠**　集注本姓字與「八首」總題同行。○叢刊本題下側注「五言」二字，姓字在次一行。○胡刻「吟」下側注「五言」二字。似是總題、子題、姓字三項同行，但因子題注文佔却位置，故姓字延伸在次行。

僕本寒鄉士　「僕」字用別體作僕，見周岐山縣侯姜明墓誌。

占募到河源　「占」字各本並有善注「應募爲占募」之語，集注本又引音決「占之瞻反」，及「劉良曰，占募謂投募也」。叢刊本校云「五臣作召」，注引「銑曰召募謂投募也」。集注之引五臣與六臣注之引五臣，如此紛歧，殆刪取不同，但六臣本校語指實五臣作召，似以一偏概全體，豈所見本有不同耶？

密塗亘萬里　「塗」字集注引陸善經本及各本並同。叢刊本校云「五臣作途」，下引五臣「良曰」亦作「途」。集注引五臣「張銑曰」亦作「途」。兩本文句全同，但良與銑異，集注本連姓著錄，似較可據。

要鎌刈葵藿　「要」字叢刊胡刻作「䙅」，五臣本集注本作「腰」。集注引音決「要一招反」，末云「今案音決腰爲要也」，是寫卷與音決同。

空負百年寃　「寃」字各本並作「怨」。集注引音決云「怨，於元反，或爲寃，非，」知寫卷祖本遠在音決之前。（此句善注，集注作「言怨在己，若荷負也，」今刻本作「若何負之」。）

出自薊門北行　「薊」字同集注，各本並作「薊」，魏司空王誦墓誌以「薊」爲「薊」。○「門北」二字各本並作「北門」。○叢刊本胡刻並于題下側注「五言」二字。

嚴秋筋簳勁　「簳」字各本並作「竿」。集注云「今案音決竿爲簳也」，是寫卷與音決同。

虜陣精且强　叢刊本「强」作「彊」，校云「善作强」。

天子案劍怒　「案」字各本並作「按」，惟集注引善注作「案」。

蕭鼓流漢思　「蕭」字各本並从竹頭。

旌甲被胡霜　「旌」字用別體，右下从圭，與魏北海王元詳造象同。集注本作「旍」，與唐張興墓誌相近。（胡刻曲水詩序之「綏旌」直與張興誌同。）

結客少年場行　叢刊本胡刻題下並側注「五言」二字。

去鄉卅載　「卅」字各本並作「三十」二字。

九衢平若水　「衢」字各本文注並作「塗」。

車馬如川流　「如」字各本作「若」。

苦熱行　叢刊本注「五言」二字，胡刻無。

玄蜂盈十圍　「蜂」字用別體，與集注本同；其右下从「丰」，與唐宴石淙詩石刻同。

吹蠱痛行暉　「痛」字五臣本集注本並作「病」。（五臣注云「病行客使無光暉」集注作「張銑曰」，叢刊作「良曰」。）

障氣晝熏體　「障」字各本並同。叢刊本校云「五臣作瘴」，所引「向曰」亦作「瘴」，但集注引「呂向曰」仍作「障」。

芮露夜沾衣　「芮」字刻本作「菌」，注同，集注作「茵」，引音決云「茵亡雨反」。

生軀蹈死地　「蹈」字集注作「陷」，注云「今案五家陸善經本陷爲蹈也。」

君輕君尙惜　上「君」字與集注本同，兩刻本作「財」，叢刊本校云「五臣作爵。」

白頭吟　叢刊本側注「五言」二字，胡刻無。

直如朱絲繩　「絲」字用別體，與唐魏邈墓誌同。

點白信蒼蠅　「點」字與集注同，叢刊本校云「五臣作點」。兩刻本並作「玷」。◎終卷殘闕三行，以下佚。

五、答臨淄侯牋殘紙

斯坦因目六一五〇號殘存二行止十六字，Giles 大英博物院敦煌寫卷目錄新編七三三〇號，但不知此爲文選楊德祖答臨淄侯牋，今本次卷四十，無注本當次卷二十。

而辭作暑賦彌日……而歸懀其皂者也伏想……　寫卷存二行，止得十六字如上。○下「而」字，兩刻本及古寫五臣單注，集注並無。○「懀」字胡刻作「增」，誤。○「皂」字用別體，集注本多與此同，亦與梁蕭憺碑、魏饒陽男元遙墓誌相近。○「伏想」之上無注文，當是無注本。

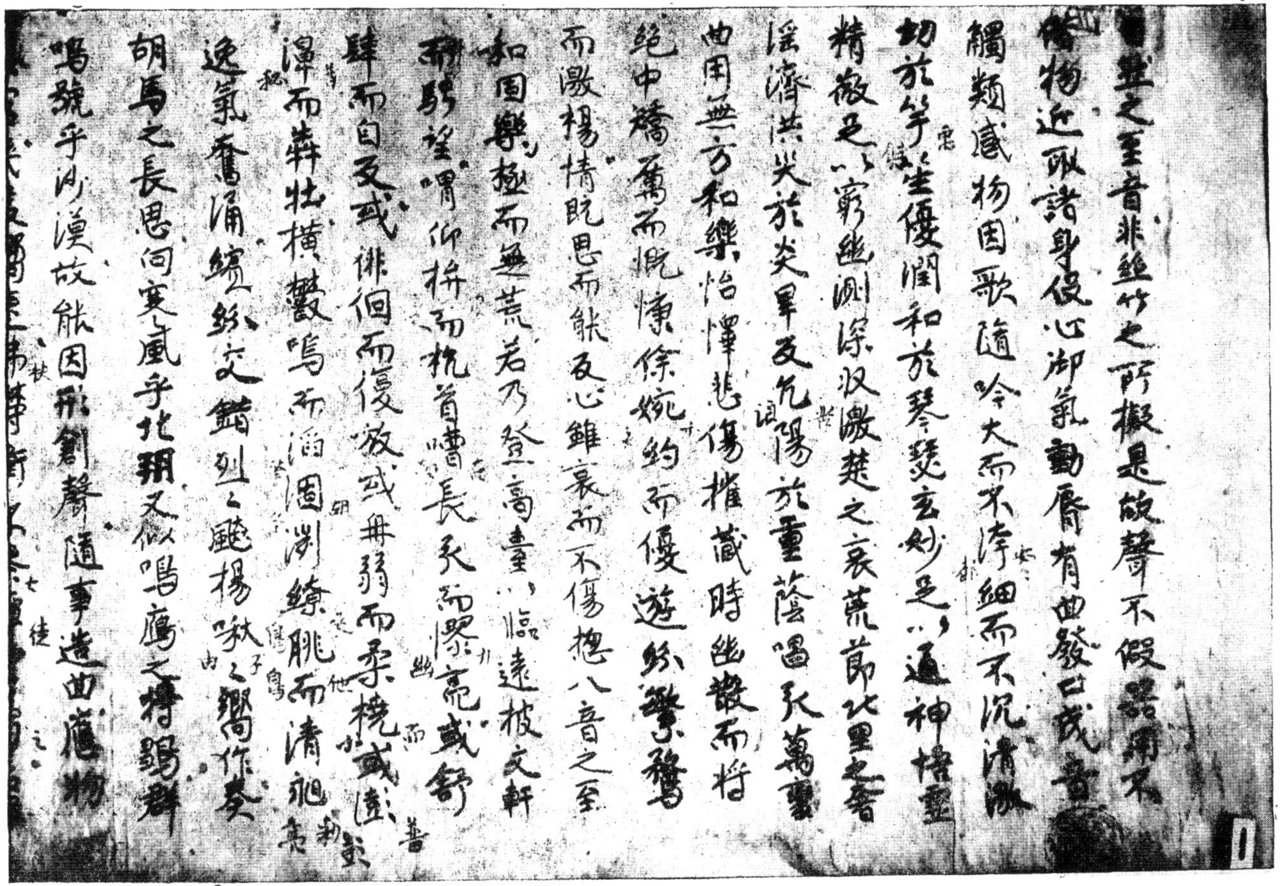
[illegible]聲之至音非絲竹之所擬是故聲不假器用不
借物近取諸身役心御氣動脣有曲發口成音
觸類感物因歌隨吟大而不洿細而不沉清激
切於竽笙優潤和於琴瑟玄妙足以通神悟靈
精微足以窮幽測深收激楚之哀荒節北里之奢
淫濟洪災於炎旱反亢陽於重陰唱引萬變
曲用無方和樂怡懌悲傷摧藏時幽散而將
絕中矯厲而慨慷徐婉約而優遊紛繁騖
而激揚情既思而能反心雖哀而不傷總八音之至
和固極樂而無荒若乃登高臺以臨遠披文軒
而騁望喟仰抃而抗首嘈長引而憀亮或舒
肆而自反或徘徊而復放或冉弱而柔撓或澎
濞而奔壯橫鬱鳴而滔涸冽縹眺而清昶
逸氣奮涌繽紛交錯列列飆揚啾啾響作奏
胡馬之長思向寒風乎北朔又似鳴鴈之將雛群
鳴號乎沙漠故能因形創聲隨事造曲應物

大英博物院藏文選十三卷本「嘯賦」殘卷(一)

（二）嘯賦殘卷

(三) 詹殘賦嘯

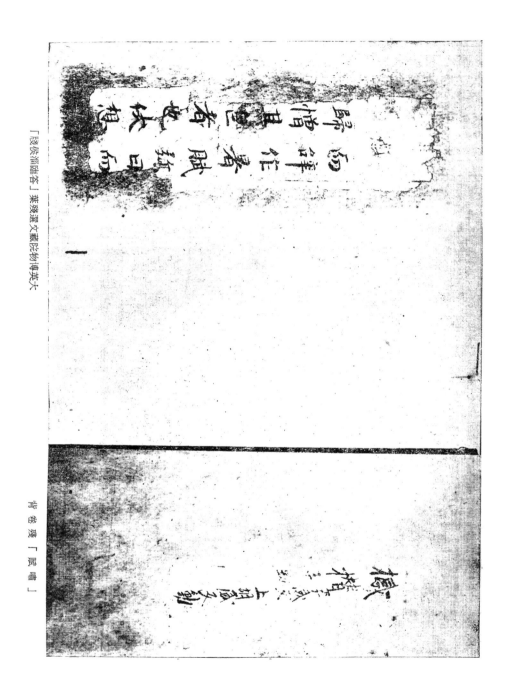

大英博物院藏文選殘葉「答臨淄侯牋」

「嘯賦」殘卷背

English Summaries:

A Review of *Wen Hsuan*

讀 文 選

(by Ch'ien Mu 錢穆*)*

Taking *Wen Hsuan* as a basis of discussion, this article covers:

(1) the sources and changes in the contents of *Han Fu*,

(2) the relationship between the Taoists Chuang Tze and Lao Tze and Chinese literature,

(3) the Chien An Period: the literary concept, creation of literary styles, and the impacts thereafter,

(4) the beginning of five-word poem and the chronological ascertainment of the *Nineteen Ancient Poems*,

(5) major differences of *shih* (詩) and *fu* (賦), and the significance of their prevalence by alteration in the Chinese literary history,

(6) major diversions of literature between the Wei Chin and Ch'i Liang Periods.

A Review of *Liu Tsung Yuan Chi*

讀 柳 宗 元 集

(by Ch'ien Mu 錢穆*)*

Under a comparative study of various kinds of the existing Sung editions of *Liu Tsung Yuan Chi*, the article discusses:

(1) that none of the existing editions was originally compiled by Liu Meng-te (劉夢得) of the T'ang dynasty because the order of essays and volumes had been rearranged by the Sung scholars,

(2) the characteristics and shortcomings of various editions,

(3) the distinguishing of sources and changes of prose styles with reference to several remarkable changes in the Chinese literary history and their intrinsic significance,

(4) the ascertainment of the original edition of *Lu Wen-shu Chi* (呂温叔集) compiled by Liu Meng-te in comparsion with the variations found in the existing Sung edition of the same book.

The article is mainly correlated with the writer's *The Classical Prose Reform Movement in the T'ang Dynasty* appeared in the previous issue of this Journal. A comparison of the two will help readers understand more about the major problems under discussion, and appreciate their importance and value in the Chinese literary history.

A Review of *T'ang Wen Ts'ui*

讀唐文粹

(*by Ch'ien Mu* 錢穆)

The article discusses the prose styles within the scope of *T'ang Wen Ts'ui* compiled by Yao Hsuan (姚鉉) of the Sung dynasty. Advantages and disadvantages of prose classifications are suggested

with additional references from *Chao Ming Wen Hsuan* (昭明文選) of the Liang period to Yao Nai(姚鼐)'s *Ku Wen Tse Lei Tsuan* (古文詞類纂) of the Ch'ing dynasty. The style classifications are concluded as having reflected the momentous changes in the Chinese literary history. The creation of the classical prose styles by Han Yu (韓愈) and Liu Tsung-yuan had great impacts on Chinese literature. A comparative reading of the article with *The Classical Prose Reform Movement in the T'ang Dynasty* of the last issue of this Journal would help readers understand more of writer's aim and interest.

The Origin, Characteristics and Development of *The San Sheng System* in the Chin Dynasties

兩晉三省制度之淵源、特色及其演變

(by Chen Ch'i-yun 陳啟雲)

The article surveys the official functions of San Sheng—Shang Shu (尙書), Chung Shu (中書), and Men Hsia (門下),—of the East Chin and West Chin dynasties and the development of relationship with the entire bureaucracy of the time. In an attempt to explain the origin, characteristics and impacts on the subsequent dynasties through a discussion of the central government of the Chin, the writer introduces the following six points of assertion:

(1) A number of extraordinary official titles appeared in Chin documents have proved that the head of Shang Shu Sheng (尙書省) was in fact a standing Tsai Hsiang (宰相) at this specified period.

(2) The specific procedures to dispose of official documents in Shang Shu Sheng have proved that it was still the highest office

initiating orders and forming policies.

(3) The correspondence system carried out by Shang Shu Sheng to link with all other offices has proved that the power of Shang Shu Sheng of tne Chin dynasty was far stronger than that of the Han dynasty.

(4) An anylytical study of the functions of San Sheng has proved that Shang Shu Sheng of the Chin dynasty was a very high-ranking office which formed policies, initiated orders and commanded all officials, while Chung Shu and Men Hsia were but two setups to render some counterbalance.

(5) A review of the decline of Chung Shu and Men Hsia system following the uprising of the Eight Lords has proved that it was a mistake to think that Chung Shu was the most powerful office among East Chin's San Sheng.

(6) Throughout the reign of the Chin dynasties for 154 years in Chinese history (266-420 A.D.) there were only ten years (291-301 A.D.) marking the superiority of Chung Shu to the other two Sheng, while Shang Shu had remained without significant changes in functions.

Vaisravana and Some Buddhist Influence on Chinese Novels

毘沙門天王父子與中國小說之關係

(by Liu Tsun-yan 柳存仁)

This is one of the topics prepared by the writer for his projected work *Relationship between Chinese Novel and Buddhism.* Among a number of the novels and dramas published in the Sung and Yuan

dynasties, there were many stories dealing with Vaisravana and Nata (毘沙門天王與哪吒). *Feng Shen Yen I* (封神演義) and *The Pilgrimage to the West* (西遊記) introduce numerous legendary characters. However, readers of these publications usually are ignorant of the characters' religious background while the reference in Buddhist classics is fragmentary and inconsistent. In this article the writer points out extensively their origin, heritage, development of creation, etc.

The vital theme of the article falls on several stories with No Cha (哪吒) as a central figure (alias Nata who is familiar to Chinese novel readers). The origin of the legends is traced. The popular ones are that No Cha was born a flesh ball, that he had returned his flesh and bones to his parents, that he was transfigured from a lotus flower, and that he had irritated his father so much that he was later imprisoned under a pagoda.

In addition the writer specifically recommends that a, the *Four Travels* actually has a Ming dynasty edition, thus refuting an early assertion of Dr. Hu Shih and Professor Sun K'ai-ti; and b, with appropriate assumption, the appearance of *Feng Shen Yen I* must have been earlier than the time that *The Pilgrimage to the West* was written by Wu Ch'eng-en.

A Critical Study of the Text of the Tun-Huang Manuscript of the *Wen Hsuan*

敦煌本文選斠證

(by Jao Tsung I 饒宗頤)

This is the second part of the article continuing the discussion of the manuscript on the following collections:

(1) Essays with Li Shan(李善)'s notes:

Ta Ke Nan (答客難) by Tung-Fang So (東方朔)
Chieh Ch'ao (解嘲) by Yang Hsiung (揚雄)

(2) Essays without Li Shan's notes:

Hsiao Fu (嘯賦), incomplete, by Cheng Kung-sui (成公綏)
Ta Lin Tse Chien (答臨淄牋) by Yang Hsiu (楊修)
Yueh Fu (樂府), by Hsieh Ling-yun and Pao Chao (謝靈運，鮑照)
Teng Lou Fu (登樓賦) by Wang Ts'an (王粲)

The study has made able to ascertain that a, the current edition *Wen Hsuan with Six Ministers' Notes* had been interpolated and mixed with notes of other versions; b, the Tun-Huang Manuscript partly conforms with the ancient edition of *Wen Hsuan Yin Chueh* (文選音決) (as remarked in the Japanese old version of *Weh Hsuan Chi Chu* (文選集注), yet is different from the current editions; and c, the phonetic notes found in the Manuscript reveal the reading sound during the Sui and T'ang dynasties. The attached photo of *Hsiao Fu* is an example.

Acknowledgement

The Research Institute of New Asia College, Hong Kong, wishes to acknowledge with cordial thanks to the Harvard-Yenching Institute for the generous contribution of fund towards publication of this Journal.

一九五八年二月一日初版

新亞學報 第三卷・第二期

定價 港幣十元 美金二元

編輯者 新亞研究所 九龍新亞書院

發行者 新亞書院圖書館 九龍土瓜灣農圃道

THE NEW ASIA JOURNAL

Volume 3 *August 1958* *Number 2*

THE NEW ASIA RESEARCH INSTITUTE